Jan Schmidt

Weblogs

Eine kommunikations-
soziologische Studie

W0055175

UVK Verlagsgesellschaft mbH

Bibliografische Information der Deutschen Bibliothek
Die Deutsche Bibliothek verzeichnet diese Publikation in der
Deutschen Nationalbibliografie; detaillierte bibliografische Daten
sind im Internet über <http://dnb.ddb.de> abrufbar.

ISBN 13: 978-3-89669-580-2
ISBN 10: 3-89669-580-0

© UVK Verlagsgesellschaft mbH, Konstanz 2006

Einband: Susanne Weiß, Konstanz
Druck: Rosch-Buch Druckerei GmbH, Scheßlitz

UVK Verlagsgesellschaft mbH
Schützenstr. 24 · D-78462 Konstanz
Tel.: 07531-9053-0 · Fax: 07531-9053-98
www.uvk.de

Inhalt

Vorwort

Wesentliche Teile der vorliegenden Studie gehen auf zwei For-
schungsaufenthalte in Österreich zurück: Von Januar bis April 2005
konnte ich Dank eines Stipendiums des Deutschen Akademischen Aus-
tauschdienstes (DAAD) vier Monate am „Zentrum für neue Medien"
der Donau-Universität Krems verbringen. In diesem Zeitraum führte
ich in Zusammenarbeit mit der Wiener Multimedia-Agentur „Knallgrau
New Media Solutions" eine qualitative Fallstudie der Weblog-
Community „twoday.net" durch und formulierte das theoretische
Modell zur Analyse von Praktiken des Bloggens. Von Juli bis September
2005 war ich Gastwissenschaftler an der Abteilung „E-Learning" der
Johannes Kepler Universität Linz. Im Rahmen dieses Aufenthalts
bereitete ich die Studie „Wie ich blogge?!" vor und organisierte
zusammen mit Bernad Batinic den Workshop „Weblogs 2005" –
Ergebnisse beider Projekte flossen in dieses Buch mit ein. Das Manu-
skript entstand größtenteils in Bamberg, wo ich an der Forschungsstelle
„Neue Kommunikationsmedien" seit Sommer 2004 zum Thema
Weblogs und Social Software forsche.

Es gibt zahlreiche Personen und Einrichtungen, denen ich zu Dank
verpflichtet bin. Dazu gehört zunächst der Deutsche Akademische
Austauschdienst (DAAD), der meinen Forschungsaufenthalt mit einem
Stipendium förderte. Thomas N. Burg ermöglichte mir die Anbindung
an das „Zentrum für neue Medien" der Donau-Universität Krems. Zusammen mit ihm, Doris Klepp, Markus Toyfl, Stefan Rinner und Christian Langreiter konnte ich das Forschungsthema auch im Zusammenhang des Projekts „TechnologyLog" verfolgen, wodurch ich wertvolle
Anregungen erhielt. In Linz unterstützten mich Bernad Batinic, Manfred
Pils, Tanja Jadin, Markus Appel, Sonja Matzinger und Silvia Weilguni
bei meinen Forschungsarbeiten. Das Team der Agentur „Knallgrau",
insbesondere Michael Schuster, Dieter Rappold, Michael Platzer und
Matthias Platzer, versorgte mich bereitwillig und umfangreich mit Informationen und dem Zugang zur twoday.net-Community. Ein besonderer Dank an Peter Zimmermann, der als Wiener Gastgeber brillierte
und mir sogar den Highscore beim „phil"-Flipper überließ.

Rüdiger Steiner vom UVK-Verlag unterstützte mich bei vielen Fragen rund um die Manuskriptgestaltung. Verschiedene Personen lieferten

Informationen, Anregungen und Kommentare, die in dieses Manuskript einflossen; ein herzlicher Dank dafür an Roland Abold, Daniel Boos, Martin Borho, Michaela Dorsch, Torben Früchtenicht, Julian Gebhardt, Sandra Huber, Andrea Kandl, Florian Mayer, Sebastian Mewißen, Ulrike Propach, Anna Raab, Johannes Raabe, Florian Renz, Martin Röll, Andreas Schepers, Klaus Schönberger, Dennis Schöneborn, Christian Stegbauer, Anna Maria Theis-Berglmair, Andreas Uhsemann, Martin Wilbers und Wolfgang Zeglovits.

Das Prinzip „Given enough eyeballs, all bugs are shallow" hat geholfen, Fehler und falsche Einschätzungen zu korrigieren. Kritik an den hier vorlegten Thesen ist dennoch einzig an mich zu richten, da ich die Verantwortung für den gesamten Text trage. Ich freue mich deswegen über Anmerkungen und Kommentare, die in meinem eigenen Weblog hinterlassen werden können: http://www.bamberg-gewinnt.de/wordpress/.

Last but not least danke ich allen Bloggern, die bereitwillig ihr Wissen mit mir teilten und weiter teilen.

Bamberg, Januar 2006   Jan Schmidt

1 Einleitung

Microsoft-Vordenker Robert Scoble und der Siemens-Vorstandsvorsitzende Klaus Kleinfeld haben eines, genauso wie die 15jährige Schülerin von nebenan. Andrea Nahles hat ihres nach knapp drei Monaten wieder eingestellt, aber morgen eröffnen möglicherweise die Schauspielerin aus New York, der Existenzgründer aus Bielefeld oder die Auszubildende aus St. Pölten ein neues. Die Rede ist von Weblogs – ein onlinebasiertes Medienformat, das sich in den letzten Jahren rasch verbreitet hat und mit dem sich vertraute medientheoretische Hoffnungen verbinden. Einschlägige Veröffentlichungen der letzten Jahre künden von einer „heimlichen Medienrevolution" (Möller 2005), in der „neue Meinungsmacher" (Zerfaß/Boelter 2005) die „soziale Rückeroberung des Netzes" (Eigner/Leitner/Nausner 2003) vorantreiben. Weblogs sollen Gegenöffentlichkeiten unterstützen, bislang marginalisierte Stimmen in die Öffentlichkeit bringen und den kooperativen Austausch zwischen Menschen mit geteilten Interessen oder Lebenswelten fördern.

Diese Szenarien verweisen sowohl auf technische Merkmale von Weblogs als auch auf geteilte Routinen ihres Gebrauchs, die sich in einer ersten Annäherung in drei Leitbildern bündeln lassen: Weblogs gelten als *authentisch*, weil sie die Persönlichkeit des Autoren[1] repräsentieren. Weblogs sind *dialogorientiert*, weil sie bidirektionale Kommunikation innerhalb eines Angebots und über einzelne Angebote hinweg technisch unterstützen. Weblogs sind schließlich eine *dezentrale* Form des Austauschs, die Merkmale der öffentlichen und der interpersonalen Kommunikation vereint und soziale Netzwerke unterschiedlicher Reichweite fundiert.

Jenseits dieser Gemeinsamkeiten differenzieren sich die Einsatzzwecke von Weblogs aber beinahe ebenso rasant aus, wie das quantitative Wachstum voranschreitet. Am Anfang dieser Studie stand das Unbehagen, eine Vielzahl von unterschiedlichen Praktiken, Fremdzuschreibungen und Selbstverständnissen mit einem einzigen Begriff – dem „Bloggen" – bezeichnen zu müssen. Dadurch verwischen nicht nur die Unterschiede, die die verschiedenen Gebrauchsweisen auszeichnen,

---

[1] Aus Gründen der verbesserten Lesbarkeit wird in diesem Text die männliche Form als geschlechtsübergreifende Bezeichnung für Autorinnen und Autoren, Leserinnen und Leser, Bloggerinnen und Blogger, etc. verwendet.

sondern man läuft auch Gefahr, bestimmte Verwendungsweisen des Weblog-Formats zu bevorzugen, vielleicht sogar zu überhöhen und so die Konsequenzen seiner Institutionalisierung verkürzt zu beschreiben. Ziel dieser Studie ist dagegen, eine kommunikationssoziologische Analyse vorzunehmen, die sowohl die Gemeinsamkeiten wie die Unterschiede in Gebrauch und Folgen von Weblogs erfasst und in einen wieteren Rahmen von Erkenntnissen unterschiedlicher theoretischer und disziplinärer Zugänge einordnet. Dabei ist der Begriff der Praktik leitend, der die situative Aneignung und überindividuelle Verfestigung von Gebrauchsweisen verbindet.

Der Aufbau dieses Buchs ist wie folgt: Das nächste Kapitel stellt Grundlagen der Weblogforschung vor und skizziert dabei sowohl die quantitative Entwicklung des Medienformats in den letzten Jahren als auch den bisherigen Stand der wissenschaftlichen Forschung sowie einige methodische Überlegungen. In Kapitel 3 wird unter Bezugnahme auf verschiedene soziologische und kommunikationswissenschaftliche Theorien ein Analysemodell für „Praktiken des Bloggens" entwickelt, das die situative Nutzung von Weblogs durch Verwendungsregeln, Netzwerke und die technische Basis der Software dreifach gerahmt sieht.

Dieser begriffliche Bezugsrahmen wird in den dann folgenden drei Kapiteln auf verschiedene Einsatzzwecke von Weblogs angewandt. Im Mittelpunkt von Kapitel 4 stehen Weblogs als persönliche Online-Journale. Sie erlauben ihren Nutzern neue Formen der Selbstdarstellung und der Pflege sozialer Beziehungen, die auch auf Veränderungen im Verhältnis von Privatsphäre und Öffentlichkeit hindeuten. In Kapitel 5 werden Weblogs als Instrument der externen und internen Organisationskommunikation diskutiert. Sie nähren dort Hoffnungen, Kundenbeziehungen zu verändern und Wissensarbeit zu erleichtern, unterliegen dabei aber einer Spannung zwischen selbstbestimmter Kommunikation und Disziplinierungsversuchen. Kapitel 6 behandelt das Verhältnis von Weblogs und öffentlicher Kommunikation, wobei insbesondere die Praktiken von Bloggern und Journalisten verglichen sowie die Veränderungen von weblogbasierten Öffentlichkeiten diskutiert werden. Ein Abschnitt zum Einsatz von Weblogs für die politische Kommunikation schließt das Kapitel ab.

Kapitel 7 stellt die Ergebnisse einer Fallstudie zur Weblog-Plattform „twoday.net" vor. Auf der Grundlage von qualitativen Interviews, die durch Ergebnisse zweier standardisierter Befragungen ergänzt werden, wird das Wachstum der Plattform als ein Prozess der Institutionalisierung von Weblog-Praktiken beschrieben. Es kann gezeigt werden, dass sich Verwendungsregeln, soziale Netzwerke und die Software wechselseitig beeinflussen und weiter entwickeln. In Kapitel 8 werden schließlich die Befunde aus den einzelnen Kapiteln zusammengefasst und vor dem Hintergrund jüngster Innovationen im Internet – Stichwort: Social Software – diskutiert.

Der Text richtet sich vorrangig an einen sozialwissenschaftlich interessierten Leserkreis, aber auch an diejenigen Blogger, die an einer wissenschaftlichen Reflexion über ihr eigenes Tun interessiert sind. Das Material für diese Studie kommt aus der wissenschaftlichen Literatur wie auch aus der Blogosphäre selbst, in der beständig über den Einsatz und die Folgen von Weblogs nachgedacht und debattiert wird. An zahlreichen Stellen werden daher Weblogs und die in ihnen diskutierten Themen vorgestellt, um die „Experten in eigener Sache" zu Wort kommen zu lassen. Dennoch soll der wissenschaftliche Anspruch nicht aufgegeben werden: unter Rückgriff auf etablierte Begriffe und Theorien die Vielzahl von partikularen Ereignissen, Sichtweisen und Diskursen zu sichten, ihre Gemeinsamkeiten und Unterschiede zu identifizieren und so Weblogs als soziales Phänomen verstehend zu erklären.

2 Grundlagen der Weblogforschung

In Verlauf weniger Jahre haben sich Weblogs als Medienformat im Internet etabliert. Es handelt sich bei ihnen um regelmäßig aktualisierte Webseiten, die bestimmte Inhalte (zumeist Texte beliebiger Länge, aber auch Bilder oder andere multimediale Inhalte) in umgekehrt chronologischer Reihenfolge darstellen. Die Beiträge sind einzeln über URLs adressierbar und bieten in der Regel die Möglichkeit, Kommentare zu hinterlassen. Dadurch sowie durch Verweise auf andere Weblogs, denen interessante Informationen entnommen wurden oder zu deren Autoren ein persönlicher Kontakt besteht, bilden sich Netzwerke von untereinander verbundenen Texten und Webseiten heraus; die Gesamtheit aller Weblogs wird auch als „Blogosphäre" bezeichnet. Um die folgenden Kapitel vorzubereiten, zeichnet der nächste Abschnitt das qualitative Wachstum der Blogosphäre nach und fasst vorliegende Erkenntnisse zur Zusammensetzung der Autoren- und Leserschaft zusammen. Abschnitt 2.2 skizziert unterschiedliche disziplinäre Zugänge der akademischen Weblogforschung, während Abschnitt 2.3 verschiedene Methoden der empirischen Sozialforschung auf ihre Eignung für die Analyse von Weblogs diskutiert.

2.1 Entwicklung von Weblogs als Medienformat

Die Ursprünge von Weblogs lassen sich bis in die Anfänge des World Wide Web zurück verfolgen.[2] Jørn Barger prägte im Jahr 1997 den Begriff als Kombination von „Web" und „Logbuch"; nach ihm ist ein Weblog eine „Web page where a Web logger ‚logs' all the other Web pages she finds interesting" (zitiert nach Blood 2004, S. 54). Vorläufer von Weblogs gab es aber schon in der ersten Hälfte der 90er Jahre: Einzelpersonen wie Tim Berners-Lee (der „Vater des World Wide Web") oder Organisationen wie das „National Center for Super-

---

[2] Weblogs haben aber auch Vorläufer in anderen Medien, die teilweise einige Jahrhunderte zurückreichen. Miller/Sheperd (2004) nennen neben den ursprünglichen Logbüchern von Schiffskapitänen oder Leuchtturmwärtern, die zum Aufzeichnen von Navigationsbewegungen dienten, vor allem Pamphlete und Flugblätter mit politischen Kommentaren, persönliche Tagebücher und „commonplace books" oder (in neuerer Zeit) Ausschnitt- und „Media Monitoring"-Dienste. Vgl. zur „Archäologie des Bloggens" auch Kantel 2002.

computing Applications" (NCSA) unterhielten regelmäßig aktualisierte Webseiten, die als Informationsfilter für das rasch wachsende World Wide Web fungierten und Verweise auf interessante Online-Quellen enthielten. Mitte der 90er Jahre entstanden auch zahlreiche journal- oder tagebuchartige Webseiten, deren Schwerpunkt auf der Darstellung und Reflexion persönlicher Themen lag (vgl. McNeill 2003).

Während die frühen Weblogs mit herkömmlichen HTML- oder Web-Editoren erstellt wurden, automatisierten auf dem Höhepunkt des Internet-Booms erste Anbieter die technischen Aspekte der Gestaltung und Veröffentlichung von Weblogs: Zählte man noch zu Beginn des Jahres 1999 erst 23 Weblogs (vgl. Blood 2000), halfen Anbieter wie Pitas, LiveJournal und Blogger, dass sich das Genre über den ursprünglichen Kreis einer kleinen Gemeinschaft hinaus verbreitete. In dieser Zeit etablierten sich einige Standards, die heute noch die Form von Weblogs prägen (vgl. Blood 2000, 2004), darunter insbesondere der „permalink": Einzelne abgeschlossene Einträge („postings") sind durch eine eindeutige Web-Adresse auffind- und referenzierbar. Andere technische Features, wie zum Beispiel Trackbacks oder die Integration von RSS-Feeds (s.u.), folgten und trugen dazu bei, dass eine hochgradig intern und mit anderen Online-Inhalten vernetzte Blogosphäre entstand.

Zwei technische Alternativen für den Betrieb von Weblogs lassen sich unterscheiden (vgl. Westner 2005): Zum einen können sie als „*stand-alone*"-Angebot mit der Hilfe von vorgefertigten Skripten erstellt werden. Dazu muss der Autor ein Software-Paket auf einem eigenen Server oder auf eigenem Speicherplatz bei einem Provider installieren. Die bekanntesten Anwendungen dieser Art sind MovableType und Wordpress, doch es existieren zahlreiche weitere Systeme, die sich in Funktionsumfang und Verbreitung unterscheiden.[3] Da die Installierung und Wartung von Weblog-Skripten gewisse technische Kompetenzen voraussetzt, bieten verschiedene Dienstleister das *Weblog Hosting* an. Dazu registriert sich der Nutzer bei einem Dienst wie Livejournal.com, blogg.de oder 20six.de und kann in der Regel innerhalb von wenigen Minuten über ein eigenes Weblog verfügen. In der einfachen Version sind diese gehosteten Weblogs meist gratis (wobei sich viele Anbieter vorbehalten, Werbung einzublenden), während für erweiterte Funktionen und Speicherplatz monatliche Gebühren fällig werden.

In den vergangenen Jahren haben mehrere „Big Player" des Internets ihr Portfolio um Weblog-Dienste erweitert. Nachdem Google 2003 Pyra Labs, das Unternehmen hinter Blogger.com, gekauft hatte, reagierten

---

[3] Vgl. die Übersicht der Features von insgesamt 21 Skripten-Systemen unter http://unblogbar.com/software.

auch Konkurrenten wie Microsoft („MSN Spaces"; Start Ende 2004) oder Yahoo („Yahoo 360"; Start März 2005).[4] Diese Dienste wenden sich vor allem an Nutzer, die vergleichsweise geringe Vorkenntnisse haben, und tragen so zur weiteren Verbreitung von Weblogs bei. Gleichzeitig führen sie diese mit anderen Anwendungen zusammen, weil man zum Beispiel direkt aus „Instant Messaging"-Diensten Texte im Weblog veröffentlichen kann. Für mehrere Systeme gibt es auch so genannte „Bookmarklets", die in den eigenen Browser integriert werden und es erlauben, die URL einer interessanten Webseite mit einem Klick im eigenen Weblog zu annotieren und zu speichern.

Zwar sind Weblogs ein vorrangig textbasiertes Format, doch viele Autoren veröffentlichen zusätzlich Bilder oder „Podcasts", also Audio-Dateien, die auf MP3-Spielern (wie dem namensgebenden IPod von Apple) angehört werden können. Dadurch erweitern sich die Darstellungsmöglichkeiten: „In a blogosphere that has grown largely on the written word, podcasts add a soundtrack" (Baker 2005; vgl. auch Crofts et al. 2005). Texte und Fotos können inzwischen auch direkt vom Mobiltelefon aus veröffentlicht werden, wodurch die örtliche Unabhängigkeit des Autoren steigt und neue Formen des „Mobile Blogging" oder „Moblogging" entstehen (vgl. Döring 2005; Goggin 2005).

Unstrittig ist, dass in den vergangenen Jahren die Anzahl der Weblogs rasant gewachsen ist. Exakte Zahlen sind jedoch schwer zu ermitteln, da verschiedene Abgrenzungs- und Messprobleme bestehen: Wie häufig muss eine Webseite aktualisiert werden, um als Weblog zu gelten? Ab wann kann ein Weblog als „inaktiv" bezeichnet werden? Sind Kommentare ein notwendiger Bestandteil von Weblogs oder nicht? Die Anzahl der Weblogs auf Hosting-Plattformen ist relativ leicht zu ermitteln, sofern die Betreiber die Zahlen freigeben oder direkt auf ihren Seiten veröffentlichen, während die Anzahl von installierten Weblog-Skripten faktisch nicht zu bestimmen ist, weil kein zentrales Verzeichnis existiert. Man ist daher immer auf Schätzungen oder Behelfsvariablen angewiesen; auch die folgenden Zahlen sind eher als informierte Schätzung über Größenordnungen in der Blogosphäre zu verstehen denn als Versuch, exakte Zahlen zu benennen.

Eine weit verbreitete Methode zur Aggregation von Weblogdaten bedient sich des ping-Verfahrens: Bei entsprechender Konfiguration sendet ein Weblog bei neuen Inhalten ein kurzes Signal (den „Ping") mit

---

[4] Im Sommer 2005 integrierte T-Online Weblogs in ihr Angebot, stellte diese Möglichkeit aber nur kurze Zeit darauf im November 2005 wieder ein (vgl. http://www.heise.de/newsticker/meldung/66640).

einigen Daten zur Aktualisierung an einen zentralen Server.[5] Meta-Such-maschinen wie technorati.com (25,3 Millionen Weblogs) oder blog-pulse.com (21 Millionen Weblogs), die die Daten indizieren und für Suchabfragen aufbereiten, gehören zu den umfangreichsten Quellen für anbieterübergreifende Zahlen. Im deutschsprachigen Raum aggregiert blogstats.de Daten zu eingehenden Links und stellt verschiedene Such-funktionen und Ranglisten zur Verfügung.[6] Ende Juni 2005 waren dort etwa 61.000 Weblogs gelistet, die sich auf verschiedene Plattformen ver-teilten (vgl. Abbildung 1). Die Hälfte dieser Weblogs wurden von myblog.de gehostet; es folgten blogg.de, 20six und twoday.net. Unter die 16 Prozent „sonstige Bloganbieter" fallen vor allem diejenigen Web-logs, die auf Stand-Alone-Skripten basieren. Allerdings sagen diese Wer-te noch nichts über die Aktivität der einzelnen Weblogs aus, denn blogstats.de gab im Sommer 2005 an, dass nur etwa 20.000 Weblogs innerhalb eines Monats mindestens einen Eintrag veröffentlicht hatten, (vgl. Abbildung 2). Das bedeutet, dass nur etwa ein Drittel der verzeichneten Weblogs zumindest gelegentlich aktualisiert wurde.

Verzeichnisse wie technorati.com oder blogstats.de basieren darauf, dass Weblogs mit technischen Mitteln erfasst und gezählt werden. Wenn ein Angebot kein Ping-Signal sendet, wird es in den Verzeichnissen auch nicht geführt, weswegen die Zahlen die tatsächliche Verbreitung von Weblogs tendenziell eher unterschätzen. Eine andere Methode ist, An-teile und absolute Zahlen aus einer Stichprobe hoch zu rechnen. Die amerikanische Beratungsfirma „Perseus" schätzte im April 2005 auf-grund der Sichtung von 10.000 Weblogs der 20 führenden Weblog-Hoster die Gesamtzahl auf etwa 31,6 Millionen und sagte ein Wachstum auf über 53 Millionen bis Jahresende voraus (vgl. Perseus 2005). Die führenden Anbieter sind demnach BlogSpot mit etwa acht Millionen und LiveJournal mit etwa 6,6 Millionen Weblogs. Eine frühere Studie des Unternehmens (im Jahr 2003, bei den acht damals führenden An-bietern) ergab aber auch, dass etwa zwei Drittel der Weblogs seit min-destens zwei Monaten nicht mehr aktualisiert worden waren und damit als eingestellt gelten mussten (vgl. Perseus 2003). Für den Weblog-

---

[5] Weitere Informationen finden sich unter http://overstated.net/05/02/22-weblog-ping-services. Weblogs.com startete als erster derartiger Dienst, legt die Zahlen über die ge-trackten Weblogs allerdings nicht offen.

[6] Blogstats.de gibt an, alle Weblogs aus dem deutschsprachigen Raum zu listen, die die Dienste weblogs.com oder blo.gs anpingen. „Wir zählen konservativ und führen nur Blogs auf, die mindestens 2 Artikel haben, bei denen der Zeitraum zwischen dem ersten und letz-ten Artikel mindestens 4 Stunden beträgt, die einen zentralen Dienst pingen, die eine valide RSS- oder Atom-Datei haben und die nicht Passwort-geschützt sind." (http://lumma.de/eintrag.php?id=1534). Seit November 2005 ist dieses Angebot aufgrund einer technischen Überarbeitung eingeschränkt, weswegen keine aktuellen Zahlen genannt werden können.

Hoster LiveJournal ermittelte Venolia (o.J.) mit Hilfe eines statistischen Schätzverfahrens einen höheren Anteil von aktiven Weblogs, der je nach Schätzparametern zwischen 49 und 52 Prozent liegt. Die „Halbwertzeit" beträgt bei LiveJournal dieser Analyse zufolge etwa ein Jahr, sodass nach diesem Zeitraum nur noch die Hälfte einer Ursprungspopulation von Weblogs aktiv ist.

Abbildung 1: Anteile verschiedener Weblog-Plattformen an der deutschsprachigen Blogosphäre (Juni 2005)

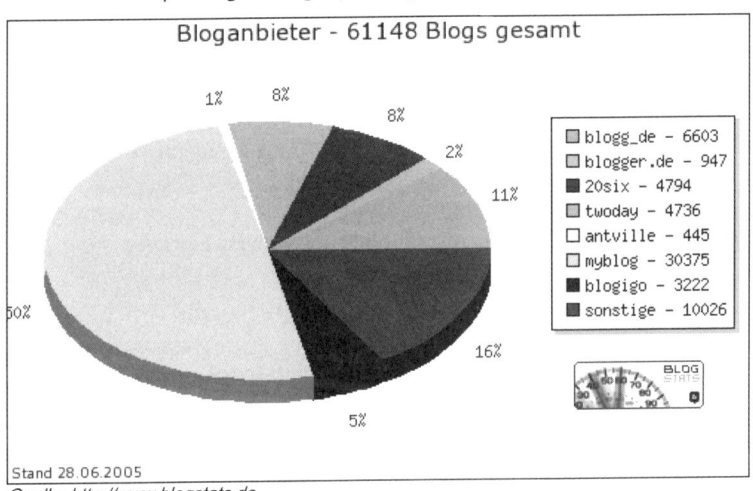

Quelle: http://www.blogstats.de.

Abbildung 2: Anzahl aktiver deutschsprachiger Weblogs (Juni 2005)

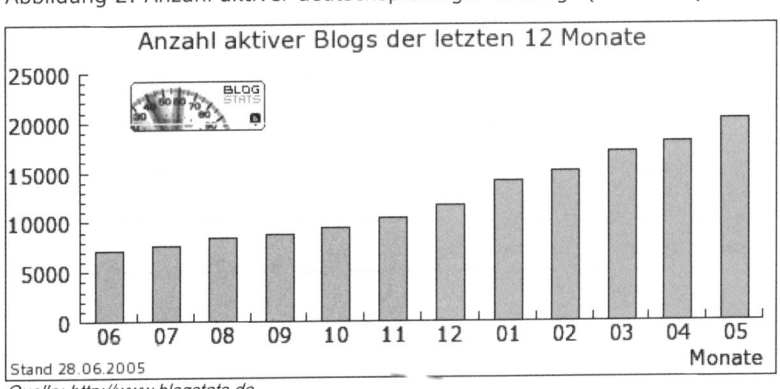

Quelle: http://www.blogstats.de.

17

Auf Basis der Daten von Technorati.com nahm David Sifry (2005) eine Bestandsaufnahme der Blogosphäre im Oktober 2005 vor. Das Verzeichnis erfasste damals etwa 19,6 Millionen Weblogs, wobei pro Tag um 70.000 neue Angebote hinzukamen, sodass die Blogosphäre ihre Größe alle fünf Monate verdoppelt. Etwa 55 Prozent aller Weblogs gelten als aktiv, weil sie in den letzten drei Monaten mindestens einen Beitrag veröffentlicht haben, und 13 Prozent aller Weblogs bringen mindestens einen Beitrag pro Woche. Die Zahlen werden jedoch durch „Spam Weblogs" oder „Splogs" verfälscht, wobei deren Anteil umstritten ist.[7] Sifry geht von etwa 5 Prozent aus, während Blackshaw (2005) vermutet, dass ca. 30 Prozent aller Weblog-Beiträge Spam darstellen. Ein anderer Indikator für das Wachstum der Blogosphäre ist die Anzahl der Beiträge; Ende Juli 2005 wurden etwa 900.000 Beiträge pro Tag veröffentlicht, wobei bestimmte Ereignisse deutliche Ausschläge nach oben erzeugen (vgl. Abbildung 3).

Abbildung 3: Wachstum der Anzahl täglicher Weblog-Einträge

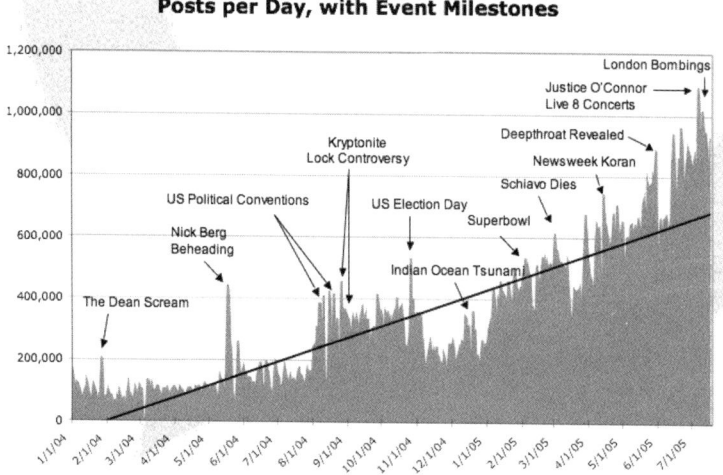

Quelle: http://www.sifry.com/alerts/archives/000333.html.

---

[7] Weblog-Spam dient vor allem dazu, den Stellenwert bestimmter Webseiten in den Verzeichnissen der Suchmaschinen zu steigern (vgl. Kesmodel 2005 sowie die Bemerkungen zum Verhältnis von Weblogs und Suchmaschinen in Abschnitt 3.2.2). Eine gängige Praxis ist, Einträge automatisch zu erstellen, indem Inhalte aus RSS-Feeds anderer Weblogs ausgelesen und neu kombiniert werden (vgl. zum Beispiel http://sammel.blogspot.com/).

Die Spannweite der zitierten Schätzungen zeigt, dass die genaue Anzahl von Weblogs nicht exakt zu bestimmen ist. Hinzu kommt, dass eine Mehrheit der automatisch identifizierten Weblogs nicht (mehr) aktiv ist oder zu Zwecken der Suchmaschinen-Optimierung automatisch erstellt wurde, ohne dass tatsächliche Autoren dahinter stehen. Dennoch ist unbestritten, dass in den letzten Jahren ein rasantes Wachstum stattgefunden hat, das noch keine Anzeichen einer Abschwächung zeigt. Selbst wenn man (deutlich konservativer als obige Berechnungen) den Anteil von aktiven Weblogs an der Gesamtzahl auf nur 20 Prozent schätzt, kommt man doch auf etwa zwei bis drei Millionen regelmäßig, das heißt etwa einmal pro Monat, aktualisierte Seiten. In Deutschland dürfte ihre Zahl zum Jahresbeginn 2006 etwa bei 40.000 Weblogs liegen.

Repräsentative Daten zur Soziodemographie von Weblog-Autoren sind aus methodischen Gründen ähnlich problematisch zu erheben wie die zur Verbreitung und Aktualisierung von Weblogs. Aus den Diffusionsverläufen anderer innovativer Informations- und Kommunikationstechnologien ist bekannt, dass die ersten Nutzer oder „early adoptors" tendenziell jung, männlich und gut gebildet sind.[8] Verschiedenen Studien zufolge machen Weblogs dabei keine große Ausnahme, wenn auch der Anteil von Männern und Frauen ausgeglichener zu sein scheint. Herring et al. (2004a) fanden in einer Stichprobe von 203 Weblogs etwa 54 Prozent männliche Autoren und etwa 40 Prozent Autoren unter 20 Jahren. Beim Anbieter LiveJournal waren im Februar 2004 etwa drei Viertel der Nutzer zwischen 16 und 24 Jahren alt (vgl. Kumar et al. 2004). Eine etwas ältere Nutzerschaft fand sich dagegen zum gleichen Zeitpunkt bei twoday.net: Nur knapp zwei Fünftel der dort registrierten Autoren (38,6 %) waren jünger als 25 Jahre; das Geschlechterverhältnis betrug 53 Prozent Männer zu 47 Prozent Frauen (vgl. auch Kapitel 7).

Die selbstrekrutierende Umfrage „Wie ich blogge?!"[9] erbrachte im Oktober 2005 folgende Ergebnisse: Unter den Weblog-Autoren macht die Altersgruppe zwischen 20 und 29 Jahren mit 41,8 Prozent die Mehrheit aus, gefolgt von 24,3 Prozent Personen zwischen 30 und 39 Jahren. 17,7 Prozent der Blogger sind im Teenager-Alter unter 20 Jahren, aber nur 5,4 Prozent sind älter als 50 Jahre. Der Männeranteil liegt bei 54,4 Prozent, was für ein vergleichsweise junges Online-Genre ein sehr nied-

---

[8]   Vgl. zum Beispiel die Daten zur Entwicklung der deutschen Online-Nutzerschaft, die in den jährlichen ARD/ZDF-Onlinestudien zusammengetragen werden (van Eimeren/Gerhard/Frees 2004).

[9]   Zur Methode vgl. den Anhang. Die Ergebnisse können aufgrund der Auswahlstrategie nicht auf die deutschsprachige Blogosphäre verallgemeinert werden, erscheinen aber als aussagekräftig für die Gruppe von aktiven Bloggern.

riger Wert ist. Besonders auffällig ist, dass in der Altersgruppe unter 20 Jahren weibliche Nutzer im Verhältnis 2:1 dominieren (vgl. Tabelle 1).

Tabelle 1: Geschlechtsverteilung von Weblog-Autoren nach Altersgruppen (in %)

N=3.558	Männlich	Weiblich
Jünger als 20 Jahre	33,9	66,1
20 bis 29 Jahre	58,5	41,5
30 bis 39 Jahre	62,0	38,0
40 bis 49 Jahre	53,1	46,9
Über 50 Jahre	58,0	42,0
Gesamt	54,4	45,6

Quelle: Umfrage „Wie ich blogge?!", Oktober 2005.

Diese Ergebnisse ergänzen Befunde des Pew Internet & American Life Project, denen zufolge in den USA Weblogs unter Teenagern überproportional verbreitet sind (vgl. Lenhart/Madden 2005): 19 Prozent der internetnutzenden Jugendlichen zwischen zwölf und 17 Jahren haben demnach ein eigenes Weblog angelegt, und 38 Prozent geben an, zumindest gelegentlich Weblogs zu lesen. Am stärksten verbreitet sind Weblogs dieser Studie zufolge unter Mädchen zwischen 15 und 17 Jahren, von denen 25 Prozent ein Weblog führen. Im Vergleich dazu beträgt der Anteil der aktiven Blogger an allen US-amerikanischen Internetnutzern nur sieben Prozent, der der Blog-Leser 27 Prozent.

Während die Datenlage für die Autoren von Weblogs schon wenig befriedigend ist, existieren noch weniger repräsentative Informationen über deren Leser. Auf der Grundlage von Daten eines Online-Panels, das das Internet-Nutzungsverhalten für Marktforschungszwecke aufzeichnen lässt, schätzt ComScore Networks (2005) den Anteil von Blog-Lesern unter allen US-amerikanischen Internetnutzern auf etwa ein Drittel.[10] Sie sind tendenziell eher jünger, haben ein höheres Einkommen und eine leistungsfähigere Internetverbindung als die übrigen Onliner. Die 21. W3B-Studie von Fittkau & Maaß erbrachte, dass zwar drei Viertel der befragten Internet-Nutzer mit dem Begriff „Weblog" vertraut sind, aber nur jeder Fünfte diese zumindest gelegentlich auch nutzt (vgl. Fittkau & Maaß 2005). Bei den Lesern handelt es sich demnach vor allem um jüngere, oft noch in der schulischen, beruflichen oder universitären Ausbildung befindliche Personen, die das Internet generell sehr

---

[10] Wie bei vielen anderen Daten, die im Bereich der kommerziellen Marktforschung erhoben werden, stehen die methodologischen Details für diese Studie nicht zur Verfügung, sodass diese Zahlen mit Vorsicht zu verwenden sind.

intensiv nutzen. Die Umfrage „Wie ich blogge?!" erbrachte keine deutlichen Unterschiede zwischen den Autoren von Weblogs und denjenigen Nutzern, die Weblogs nur als Leser verfolgen.

2.2 Wissenschaftliche Zugänge

Parallel zur steigenden Anzahl von Weblogs wächst die Aufmerksamkeit für ihre Einsatzmöglichkeiten und Folgen. Traditionell findet eine lebhafte Diskussion darüber in der Blogosphäre selbst statt, doch mittlerweile beschäftigen sich auch immer mehr akademische Disziplinen mit dem Phänomen. Erste Institutionalisierungszeichen einer Weblogforschung lassen sich ausmachen: Thematisch einschlägige Sammelbände (Gurak et al. 2004; Burg 2004, 2005) und Journal-Schwerpunkte (Schmidt/Schönberger/Stegbauer 2005a) existieren inzwischen genauso wie eigene Konferenzen (z. B. „BlogTalk" oder „Les Blogs") und innovative Veranstaltungsformen (z. B. die „BlogWalk"-Reihe).

Aus kommunikationswissenschaftlicher Sicht stellen Weblogs ein Genre (vgl. Herring et al. 2004a; Miller/Sheperd 2004) oder Medienschema (vgl. Neuberger 2005a) dar, das seinen Platz zwischen „normalen" Webseiten und asynchronen Formen der computervermittelten Kommunikation (wie E-Mail oder Diskussionsforen) einnimmt (vgl. Tabelle 2). Im Gegensatz zu Standard-Webseiten zeichnen sie sich durch eine häufigere Aktualisierung aus und bieten mehr Möglichkeiten des kommunikativen Austauschs zwischen Autor und Leser (vor allem über die Kommentarfunktion), wobei die mit diesen Rollen einhergehenden Kontrollmöglichkeiten über den Inhalt, der auf einer Webseite dargestellt wird, weiterhin asymmetrisch verteilt sind. Anders als die asynchrone interpersonale Kommunikation, die in aller Regel textbasiert ist, können Weblogs auch multimediale Elemente einbinden.

Tabelle 2: Merkmale von Weblogs im Vergleich zu anderen Online-Formaten

Standard-Webseiten	Weblogs	Asynchrone interpersonale computerverm. Kommunikation
◄──►
Seltene Aktualisierung	Regelmäßige Aktualisierung	Kontinuierliche Aktualisierung
Asymmetrisches Senden	Asymmetrischer Austausch	Symmetrischer Austausch
Multimedial	Eingeschränkt multimedial	Textbasiert

Quelle: modifiziert nach Herring et al. 2004a, S. 10.

Eine solche Verortung von Weblogs zwischen anderen Genres der computervermittelten Kommunikation erlaubt es, Anschlussmöglichkeiten zu bestehenden Forschungsfeldern zu identifizieren.[11] Die in den letzten zehn Jahren beträchtlich angewachsene Literatur zur onlinebasierten interpersonalen Kommunikation stellt eine gute Ausgangsbasis dar, um die Spezifika von E-Mail oder Diskussionsforen und Newsgroups mit den Merkmalen weblogbasierter Kommunikation zu vergleichen (vgl. u. a. Stafford/Kline/Dimmick 1999; Stegbauer 2001; Baym 2002; Döring 2003; Mayer-Uellner 2003). Besonders ergiebig scheint ein Vergleich von Weblogs mit persönlichen Homepages, die bislang vor allem aus sozialpsychologischer Perspektive untersucht wurden (vgl. Döring 2002 für eine Synopse sowie Machilek/Schütz/Marcus 2004). Dank dieser Studien wissen wir beispielsweise, dass persönliche Homepages eine wichtige Rolle für die Selbstdarstellung und Identitätskonstruktion ihrer Autoren spielen. Analoge Untersuchungen zeigen, dass auch Weblogs zur Identitätsfindung und -explorierung von Teenagern beitragen (vgl. Huffaker/Calvert 2005). In Form von Online-Tagebüchern oder -Journalen stellen Weblogs ähnlich wie private Homepages eine besondere Verknüpfung von Öffentlichkeit und Privatsphäre dar, die von den Autoren in der Regel auch reflektiert bzw. bewusst gestaltet wird (vgl. Wolf 2002). Befunde zur privaten Nutzung von Weblogs werden in Kapitel 4 diskutiert.

Die Beiträge in Schlobinski/Siever (2005) nehmen einen sprach- und kulturwissenschaftlichen Vergleich von Weblogs in verschiedenen Ländern vor. Dünne (2004) stellt aus kulturwissenschaftlicher Sicht Weblogs in die Tradition des philologischen Kommentars zu anderen Schriftstücken, während Mortensen/Walker (2002) sie als Fortsetzung von ethnographischen Feldforschungs-Tagebüchern analysieren. In eine ähnliche Richtung gehen medienpädagogische Diskussionen der Rolle von Weblogs als persönliche Lernjournale oder allgemeiner als Werkzeuge des „Personal Knowledge Management" (vgl. Paquet 2002; Fiedler 2003; Böttger/Röll 2004). Hier bestehen Berührungspunkte zu einer organisationstheoretischen Perspektive, die betriebs- oder kommunikationswissenschaftlich argumentiert und den Beitrag von Weblogs für die interne und externe Unternehmenskommunikation in den Mittelpunkt stellt (vgl. Charman 2005; Picot/Fischer 2005; Zerfaß/Boelter 2005). In Kapitel 5 werden Potenziale und Konsequenzen des Einsatzes von Weblogs durch Organisationen diskutiert.

Kommunikationswissenschaftliche Arbeiten untersuchen derzeit vor allem, welche Verschiebungen sich für gesellschaftliche Öffentlichkeit

---

[11] Vgl. auch Schmidt/Schönberger/Stegbauer 2005b.

im Allgemeinen (vgl. Matheson 2004; Neuberger 2005b) und die politische Öffentlichkeit im Speziellen (vgl. Drezner/Farell 2004; Gill 2004) ergeben. Andere Untersuchungen nehmen eine Akteursperspektive ein und betrachten die Rolle von Weblogs im Journalismus (Neuberger 2005a; Welker 2005) oder als Kommunikations- und Koordinationsinstrument in der politischen Arbeit (vgl. Hienzsch/Prommer 2004; Coenen 2005). Diese Themen stehen im Mittelpunkt von Kapitel 6.

Quer zu dieser Einteilung von Weblogforschung nach Einsatzfeldern liegt eine Unterscheidung nach der Analyseebene. Unter den kommunikationssoziologischen Arbeiten sind zwei unterschiedliche Ansätze auszumachen: *Netzwerkzentrierte Untersuchungen* konzentrieren sich auf die Gestalt und Dynamik der sozialen Netzwerke, die in der Blogosphäre entstehen. Verschiedene Studien haben gezeigt, dass die Verteilung der Verweise zwischen Weblogs einem für Netzwerkstrukturen typischen „power law" folgt: Einige wenige Weblogs vereinen eine Vielzahl von „inbound links" auf sich, während die überwiegende Mehrheit nur wenige einkommende Verweise besitzt (vgl. Shirky 2003; Tricas/Ruiz/Merelo 2003; Adar et. al. 2004; Schuster 2004). Ein anderer netzwerkzentrierter Forschungsansatz basiert darauf, computervermittelte Kommunikationsprozesse mit einer Vielzahl von Teilnehmern formal zu modellieren. Hier zeigt sich, dass die Blogosphäre andere Merkmale aufweist als zum Beispiel die Kommunikation in Newsgroups oder auch die Interaktionen zwischen Käufern und Verkäufern bei eBay (vgl. Malsch/Schlieder 2002; Lübcke/Perschke 2004).

Handlungszentrierte Untersuchungen wählen dagegen das soziale Handeln als Ausgangspunkt, um seine Merkmale und darauf aufbauende soziale Strukturen zu untersuchen. Neben einer Studie zur Formierung von Normen in Weblogs (vgl. Wei 2004) finden sich hier insbesondere Ansätze, die Motive und kommunikativen Routinen von Weblog-Autoren zu erheben. Dabei zeigt sich, dass im privaten wie im beruflich-professionellen Einsatz das Weblog als wertvolles Werkzeug dient, um Ideen zu entwickeln, diese anderen vorzustellen und so soziale Beziehungen zu pflegen (vgl. Efimova 2004; Gumbrecht 2004; Nardi et al. 2004).

2.3 Methoden der Weblogforschung[12]

Die Weblogforschung bedient sich – in Abhängigkeit von disziplinären Zugängen und Erkenntnisinteressen – unterschiedlicher Methoden, um

---

12 Dieser Abschnitt basiert auf Schmidt/Schönberger/Stegbauer 2005b. Er wurde mit freundlicher Genehmigung der beiden Ko-Autoren für dieses Manuskript übernommen und an einigen Stellen erweitert.

zu empirisch fundierten Aussagen zu gelangen. Beim jetzigen Stand der Diffusion und Institutionalisierung von Weblogs erscheint eine pragmatische, explorativ-experimentelle Handhabung der Verfahren der Datengenerierung als erfolgsversprechend. In diesem Abschnitt sollen einige der gängigen Methoden auf ihre Eignung für die Erforschung von Weblogs diskutiert werden.

Um Informationen über die Autoren und Leser von Weblogs zu erhalten, bietet sich die Aggregation von Individualdaten an, die mit Hilfe von *standardisierten Befragungen* erhoben werden (vgl. allgemein Schnell/Hill/Esser 2005, insbes. S. 319-389). Neben soziodemographischen Merkmalen sind beispielsweise Motive für das Führen oder Lesen eines Weblogs, Routinen im Umgang mit dem Format oder Erwartungen an Inhalte und Themen abfragbar. Wegen der hohen Internet-Affinität von Bloggern werden viele dieser Umfragen onlinebasiert abgewickelt; die Rekrutierung der Teilnehmer geschieht oft nach dem Schneeball-Prinzip, indem Hinweise zur Befragung in den Weblogs zirkulieren.

Erste Erfahrungen mit dieser Art der Feldansprache zeigen, dass (in Abhängigkeit von Thema und Aufbereitung der Umfrage) hohe Teilnehmerzahlen erreicht werden können (vgl. auch Schmidt 2005b): Der „MIT Blog Survey", der im Sommer 2005 durchgeführt wurde, unterstützte die Diffusion des Umfrage-Links mit fünf unterschiedlichen Grafiken, die Autoren in ihrem eigenen Weblog einbinden konnten, um weitere Personen als Teilnehmer zu gewinnen. Dadurch gelang es, etwa 35.000 ausgefüllte Fragebögen zu erhalten (vgl. Marlow 2005).[13] Für die vom Verfasser im Oktober 2005 durchgeführte Umfrage „Wie ich blogge?!" wurde dieses Vorgehen übernommen; in einem Zeitraum von vier Wochen beteiligten sich über 5.200 Personen daran (zu methodischen Details vgl. den Anhang).

Die Wahl des Zugangs zum Feld hängt von den Begleitumständen des Vorhabens und der Forschungsfrage ab. Das Schneeball-Prinzip ist angesichts der unmöglichen Abgrenzung einer Grundgesamtheit aller Weblog-Autoren oder Leser ein oft gewähltes Mittel, um Teilnehmer für eine Umfrage zu rekrutieren. Allerdings erzeugt es Stichprobenprobleme, da aufgrund der Selbstrekrutierung die Ergebnisse nur eingeschränkt repräsentativ sind (vgl. Welker/Werner/Scholz 2005, S. 31ff) und noch unklar ist, wie sich die Chance, von der Umfrage Kenntnis zu erhalten, in Abhängigkeit von der Zentralität eines Weblogs verändert. Es ist daher vor allem für explorative Forschungsdesigns geeignet, bei

---

[13] Es handelt sich dabei um die Dissertation von Cameron Marlow, die ist zum Zeitpunkt der Fertigstellung dieses Manuskript noch nicht veröffentlicht ist, aber vom Autor zur Verfügung gestellt wurde.

denen die Repräsentativität nur eine untergeordnete Rolle spielt. Steht die Verallgemeinerbarkeit im Mittelpunkt, muss auf Alternativen zurückgegriffen werden, darunter – neben offline rekrutierten Stichproben – vor allem die Kooperation mit Weblog-Hosting-Anbietern, um deren registrierte Mitglieder (komplett oder in einer Stichprobe) per E-Mail um die Teilnahme an der Umfrage zu bitten.

Standardisierte Befragungen stoßen aufgrund der reaktiven Datenerhebungssituation, die Erinnerungsvermögen, Auskunftsbereitschaft und gewisse Verbalisierungsfähigkeiten der Befragten voraussetzt, an methodische Grenzen. Als nicht-reaktives Verfahren bietet sich die *Inhaltsanalyse* an, bei der Weblogs anhand bestimmter Kategorien untersucht werden (vgl. allgemein Früh 2004; zur Inhaltsanalyse im World Wide Web v. a. Rössler/Wirth 2001). Untersuchungsgegenstand können sowohl die einzelnen Beiträge und/oder Kommentare sein, die zum Beispiel im Hinblick auf Themen, Meinungsvielfalt oder Multimedialität untersucht werden, als auch das Weblog als ganzes, indem beispielsweise Designelemente oder die Einbindung in ein umfassenderes Webangebot in die Analyse einbezogen werden.

Hierbei ist die besondere Spannung zwischen Flüchtigkeit und Permanenz, die Schneider/Foot (2004) als Merkmal des World Wide Webs im Allgemeinen bezeichnen, zu beachten. Anders als persönliche Homepages, die oft über einen längeren Zeitraum unverändert bestehen bleiben, wandelt sich die Gestalt von Weblogs bei regelmäßiger Aktualisierung in relativ kurzen Zeiträumen. Andererseits bleiben die von der Startseite verdrängten Beiträge im Archiv eines Weblogs erhalten, während Änderungen an einer Homepage in der Regel dazu führen, dass die alten Inhalte gelöscht werden und nur mit Hilfe von Diensten wie archive.org für den Forscher verfügbar sind. Weblogs erleichtern es dem Forscher also, ältere Texte für Analysezwecke abzurufen, verändern sich gleichzeitig aber so schnell, dass jede inhaltsanalytische Betrachtung von Weblogs nur einen sehr flüchtigen Einblick gestattet, wenn sie sich auf die Startseite konzentriert.

Drei weitere Verfahren erscheinen gerade für eine interdisziplinäre Weblogforschung sehr gut geeignet. Die *Netzwerkanalyse* wird, wie oben geschildert, bereits für verschiedene Forschungsvorhaben eingesetzt. Sie kann momentan allerdings nicht als ein geschlossenes methodisches Feld angesehen werden (vgl. Stegbauer 2001; Jansen 2003). Sie lässt sich grob in zwei verschiedene Zugänge (die Analyse von gesamten Netzwerken sowie die Analyse von egozentrierten Netzwerken) einteilen. Aus einer Überblicksperspektive ist eine Betrachtung der Struktur der Blogosphäre möglich, wo sich – ähnlich wie bei Untersuchungen zur

Struktur des Internet (vgl. z. B. Dill et al. 2001) – die Beziehungen zwischen Knoten (etwa ein- und ausgehende Links) vermessen lassen. Eine solche Analyse liefert Erkenntnisse über die Bedeutung einzelner Teile der Blogosphäre. Hier können sowohl ‚Cliquen' oder ‚Cluster' von eng miteinander verbundenen Weblogs als auch diejenigen Weblogs zusammengefasst werden, deren Stellung im Gesamtnetzwerk eine hohe strukturelle Äquivalenz aufweist. Diese Methoden wären zwar prinzipiell auf die gesamte Blogosphäre anwendbar, müssen aber aus forschungspraktischen Gründen in aller Regel wohl auf „Sub-Netzwerke" beschränkt bleiben, die sich zum Beispiel unter den Nutzern eines Weblog-Hosters oder in einer thematisch spezialisierten Diskursgemeinschaft bilden (vgl. allerdings zu den Abgrenzungsproblemen Efimova/Hendrick/Anjewierden 2005).

Das andere große Segment der Netzwerkanalyse betrachtet egozentrierte Netzwerke, in unserem Zusammenhang also die von einem einzelnen Weblog ausgehenden Beziehungen zu anderen Weblogs und übrigen Online-Quellen. Ein Vergleich von Größe, Reichweite und Dichte der hypertextuellen Beziehung von verschiedenen Weblogs ist ebenso möglich wie ein Vergleich unterschiedlicher Beziehungen (zum Beispiel von Verweisen durch Zitationen, Kommentare oder die Blogroll). Hierbei (wie bei allen netzwerkanalytischen Verfahren) ist zu beachten, dass die identifizierten Relationen und Strukturen aus sich heraus nur selten erklärbar sind. Die Netzwerkanalyse bedarf also einer Unterstützung durch andere Methoden und Indikatoren, um der Struktur eine Interpretierbarkeit zu verleihen.

In Bezug auf Weblogs bietet sich dazu vor allem an, die erfassbaren hypertextuellen Links als Indikator für soziale Beziehungen zu interpretieren. Qualitative und quantitative Erhebungen müssen die reine Analyse der Verlinkungen ergänzen, denn bislang fehlen noch Erkenntnisse darüber, wie aus dem „semantisch armen" Hyperlink auf die sinnhafte Vielfalt sozialer Beziehungen geschlossen werden kann. Möglicherweise wird sich dieses methodische Problem mit dem weiteren Ausbau des World Wide Web zum „semantic web" (vgl. Berners-Lee 1998) bzw. mit den zahlreichen „Web 2.0"-Initiativen (vgl. O'Reilly 2005 sowie die Diskussion in Kapitel 8) etwas lindern. Erste technische Ansätze, die durch einen Hyperlink ausgedrückte Beziehung inhaltlich zu qualifizieren, bieten zum Beispiel das „Friends of a friend"-Protokoll[14] oder einige Vorhaben im Rahmen des „microformats"-Ansatzes.[15] Diese schei-

---

[14] Vgl. http://www.foaf-project.org/.
[15] Vgl. http://microformats.org/.

nen aber bislang noch nicht systematisch mit netzwerkanalytischen Verfahren in Verbindung gebracht worden zu sein.

Ein weiterer methodischer Ansatz, die *Diskursanalyse*, kann sinnvollerweise mit ‚klassischen' inhaltsanalytischen Methoden kombiniert werden, um zum Beispiel Themen und Argumentationsmuster zu identifizieren. Netzwerkanalytische Indikatoren können mit hinzu gezogen werden, um zum Beispiel zu klären, inwiefern sich eine diskursive Hegemonie auch in besonders ausgeprägter Zentralität innerhalb von Link-Netzwerken äußert, oder ob möglicherweise andere Netzwerkmechanismen für die Chance eines Weblog-Autoren verantwortlich sind, Themen zu setzen und Meinungen zu bestimmen. Besonders ertragreich scheint auch, diskursanalytische Instrumente auf die Selbstverständigungsprozesse innerhalb der Blogosphäre selbst anzuwenden. Interessante Fragen wären hier beispielsweise, nach welchen Mustern Bedeutungen und Konventionen des Bloggens gemeinsam (re)produziert werden sowie welche diskursiven Strategien Blogger anwenden, um Fremdbeschreibungen ihres eigenen Tun (wie journalistische oder wissenschaftliche Analysen) mit dem eigenen Selbstbild abzugleichen.

Damit ist schließlich der Bogen zu einem letzten methodischen Spektrum geschlagen, das für eine interdisziplinäre Weblogforschung nutzbar gemacht werden sollte: *Qualitative Methoden* sind vor allem für einen praxistheoretischen Zugang, sei er kultur-, kommunikations- oder sozialwissenschaftlich orientiert, ein unabdingbares und dem Gegenstand angemessenes Handwerkszeug, weil sie geeigneter als standardisierte und quantitative Verfahren sind, den Sinn von Praktiken verstehend zu rekonstruieren. Dabei sind neben den verschiedenen Verfahren qualitativer Interviews (z. B. halbstandardisierte Gespräche oder Gruppendiskussionen) insbesondere auch ethnographische Ansätze zu nennen. Sie begreifen die Weblogforschung als Form einer teilnehmenden Beobachtung, in deren Verlauf der Forscher selbst ein Weblog führt und sich darüber an Diskussionen beteiligt.[16] Das Untersuchungsfeld „Blogosphäre" wirft dabei einige methodische Probleme auf, die teilweise auch aus anderen ethnographischen Analysen zur Nutzung von Informations- und Kommunikationstechnologien bekannt sind: Mit der zunehmenden Informatisierung entstehen neue Formen von alltäglichem Handeln, die auf unterschiedliche Weise den virtuellen und physikalischen Raum verbinden und dadurch unklar werden lassen, welche Form von Präsenz des Forschers bei der teilnehmenden Beobachtung

---

[16] Kennzeichen dieses Vorgehens sind „das Eintauchen des Forschers in das untersuchte Feld, seine Beobachtung aus der Perspektive des Teilnehmers, aber auch sein Einfluß auf das Beobachtete durch seine Teilnahme" (Flick 2000, S. 157).

erforderlich ist – Präsenz im physikalischen Raum oder Präsenz im virtuellen Raum? Eng damit verknüpft sind die methodischen Schwierigkeiten, individuelle Strategien und Reflexionsprozesse alltäglicher Weblognutzung zu erfassen und zu beschreiben, insbesondere in Bezug auf das nicht sichtbare oder nonverbale Alltagshandeln. In diesem Zusammenhang muss in der ethnographischen Praxis wohl erst noch eine veränderte oder zumindest angepasste Erhebungstechnik für eine adäquate und gegenstandsangemessene Erforschung entfaltet und erprobt werden.[17]

Während der Gebrauch eines Weblogs für Zwecke der akademischen Kommunikation und Reflexion inzwischen in vielen Disziplinen verbreitet ist, stehen bloggende Weblogforscher vor einem besonderen methodischen Problem: Sie sind an der Schnittstelle von zwei unterschiedlichen Varianten angesiedelt, über Weblogs zu reflektieren. Auf der einen Seite steht die dynamische Blogosphäre mit ihrer subjektiv-authentischen und hochgradig interaktiven Art zu kommunizieren und Selbstreflexion zu betreiben. Auf der anderen Seite steht die jeweilige „scientific community" mit etablierten Begriffen, einer ausgeprägten Reputationshierarchie und dem Versuch, die Subjektivität des Forschers so weit wie möglich aus der Analyse herauszuhalten, um zu intersubjektiver Verständigung über die beschriebene Wirklichkeit zu gelangen. Gehen Beiträge, die für ein wissenschaftliches Publikum verfasst werden, wieder in die Selbstbeobachtung der Blogosphäre ein (weil sie zum Beispiel von anderen Weblogs aufgegriffen und kommentiert werden), entsteht doppelte Reaktivität, weil a) das Beobachtungsfeld vom Beobachter selbst beeinflusst wird und b) seine Deutung der Praktiken von den Bloggern bestätigt, bestritten, erweitert oder verworfen wird.

Warneken/Wittel (1997) beschreiben dieses Problem am Beispiel von Forschungen in der Unternehmensethnographie. Sie bezeichnen Untersuchungssituationen, in denen die Probanden einen ähnlichen bis höheren Status als die Feldforscher besitzen und diese nun um ihren Status als anerkannte Wissenschaftler ringen müssen, als „research up". Weblogforscher, die sich ihrem Untersuchungsgegenstand als teilnehmende Beobachter nähern, können nicht von vorneherein davon ausgehen, dass sie aufgrund ihres Wissenschaftler-Status über einen Wissensvorsprung oder ein höheres kulturelles Kapital (im Sinne des formell zertifizierten Bildungsniveaus) verfügen, sondern müssen sich vielmehr damit auseinandersetzen, dass ihre „Untersuchungsobjekte", die Blog-

---

[17] Hierfür gibt es eine Reihe von Erhebungstechniken, die über das, was gemeinhin als teilnehmende Beobachtung firmiert, hinausgehen und sich sowohl im Themenfeld „Informatisierung der Arbeit" wie auch hinsichtlich privater Internetnutzung als hilfreich erwiesen haben (vgl. Schönberger 2005b).

ger, möglicherweise über ähnliche Kompetenzen und einen ausgeprägten Reflexionsgrad verfügen. Hierbei kann es durchaus zu Spannungen kommen, zum Beispiel wenn der jeweilige methodische Zugang von Bloggern mit einem anderen fachlichen Hintergrund kritisiert wird. Ein anschauliches Beispiel für die Konflikte und Verständigungsschwierigkeiten, die sich aus dieser Spannung ergeben, liefert die in verschiedenen Weblogs geführte Diskussion im Anschluss an eine Tagung des Karlsruher „Zentrums für Kunst und Medientechnologie" Ende September 2005. Im Verlauf dieser Debatte resümierte ein Blogger kurz und knapp: „Die Labormäuse schlagen zurück".[18] Letztlich muss der Weblogforscher darauf vertrauen (und in der Forschungspraxis nachweisen), dass ihn seine wissenschaftlichen Kompetenzen zu einem Grad an Objektivation und Distanz befähigen, der über die partikularen Erfahrungen von Bloggern hinausgeht.

---

[18] Vgl. http://rebellmarkt.blogger.de/stories/330930/#331095. Als Ausgangspunkt mit Verweisen zu anderen Diskussionsbeiträgen kann dieser Eintrag dienen: http://www.bamberg-gewinnt.de/wordpress/archives/285.

3 Praktiken des Bloggens

Die folgenden Überlegungen verstehen sich als Beitrag zu den „New Media Studies", einem interdisziplinären Forschungsfeld, das bei der Analyse neuer Informations- und Kommunikationstechnologien über eine rein technikzentrierte Sichtweise hinausgeht und die Wechselwirkung von technischen und sozialen Phänomen untersucht. Lievrouw/Livingstone (2002) definieren den Gegenstandsbereich wie folgt:

> „By new media we mean information and communication technologies and their associated social contexts, incorporating the artifacts or devices that enable and extend our abilities to communicate; the communication activities or practices we engage in to develop and use these devices; and the social arrangements or organizations that form around the devices and practices" (S. 7).

Diese Studie teilt die zentrale Annahme, dass neue Medien ein soziotechnisches Ensemble von Artefakten, Handlungen und Formen der sozialen Organisation darstellen. Trotz der wachsenden Anzahl wissenschaftlicher Arbeiten zum Thema „Weblogs" steht ein Analysemodell noch aus, das in der Lage ist, die handlungs- und netzwerkzentrierten Perspektiven zu integrieren und möglichst anschlussfähig an andere Disziplinen zu sein. In Abschnitt 3.2 wird ein solches Modell zur Analyse von Form und Konsequenzen weblogbasierter Nutzungsepisoden entwickelt, das als Grundlage für die Diskussion unterschiedlicher Weblog-Praktiken in den Kapiteln 4 bis 6 dient. Zunächst werden jedoch im folgenden Abschnitt Elemente aus drei Theorietraditionen vorgestellt, auf denen die Überlegungen aufbauen:

1. Konzepte der Institutionalisierung interpersonaler computervermittelter Kommunikation,
2. allgemeine sozialtheoretische Elemente einer Theorie der Praxis, die Handlungs- und Strukturperspektive integriert sowie
3. techniksoziologische Argumente, welche die soziale Konstruktion von Gebrauchsweisen zum Gegenstand haben.

3.1 Bausteine einer praxisorientierten Theorie computervermittelter Kommunikation

Eine wichtige kommunikationssoziologische Erkenntnis besagt, dass die Diffusion von Informations- und Kommunikationstechnologien zu einer Institutionalisierung führt, die sich als Wechselspiel der Öffnung und Schließung von Handlungsoptionen darstellt. Joachim Höflich (1996, 2003) hat diesen Gedanken besonders deutlich herausgearbeitet und in Anlehnung an Erving Goffman (1976, 1977) den Institutionalisierungsprozess als Rahmung dargestellt, den er auf Situationen der computervermittelten Kommunikation überträgt. Bei onlinebasierten Interaktionen existieren demnach genauso wie bei face-to-face-Begegnungen kulturell vorgeformte Situationsdefinitionen („Computerrahmen"), die den Interaktionsablauf beeinflussen, weil sie den Teilnehmern vorgeben, welches Verhalten adäquat und erwartbar ist. Je nach Verwendungszweck leiten dabei andere Erwartungen und Regeln die Nutzungsepisoden an, sind also unterschiedliche Computerrahmen aktiviert:

- Als *Abrufmedium* ähnelt das Internet stark der massenmedialen Kommunikation, die öffentlich und an ein disperses Publikum gerichtet ist. Vor allem im World Wide Web findet sich diese Form der Nutzung, die durch dominierende Einseitigkeit und nur marginales Feedback von Seiten der Rezipienten gekennzeichnet ist.

- Als *Kontakt- und Diskussionsmedium* gebraucht, stellt das Internet ebenfalls Öffentlichkeit her, doch herrscht hier die Erwartung vor, dass aktive Benutzer in einer abgegrenzten Gemeinschaft (zum Beispiel einer Newsgroup oder einem Web-Forum) gegenseitig aufeinander Bezug nehmen, auch wenn „Lurker" passiv partizipieren können.

- Als *Medium interpersonaler Kommunikation* schließlich ermöglicht das Internet den persönlichen Austausch, beispielsweise über E-Mail. Auch hier findet eine wechselseitige Bezugnahme statt, bei der die individuellen Erwartungen jeweils abgeglichen werden, doch anders als im Gebrauch als Kontakt- und Diskussionsmedium wäre bei der interpersonalen Kommunikation das Lurking eine Form des abweichendes Verhaltens.

Der computervermittelten Kommunikation fehlen bestimmte Kontextinformationen (wie nonverbale Signale oder räumliche Merkmale der Kommunikationssituation), die in der Präsenzsituation „nebenbei" anfallen. Dennoch ist sie nicht per se defizitär, weil Interaktionen auf verschiedene Arten rekontextualisiert werden: Emoticons oder Mail-Sig-

naturen sind neue Formen der Para-Sprache, die den Kommunikationspartnern genauso Orientierung bieten wie es bestimmte Metaphern für
Online-Interaktionsumgebungen tun – man denke an die Konnotatio-
nen der Bezeichnungen „digitales Rathaus" oder „virtueller Marktplatz".
Schließlich trägt onlinebasierte interpersonale Kommunikation zur Stabilisierung individueller Medienidentitäten bei, die Personen auf der
Grundlage von teils gewollt, teils unbeabsichtigt präsentierter persönlicher Merkmale und des bisherigen kommunikativen Verhaltens identi-
fizierbar machen. Diese Medienidentität muss nicht unbedingt mit den
„tatsächlichen Eigenschaften" der kommunizierenden Person überein-
stimmen und kann bewusst spielerisch oder auch in täuschender Ab-
sicht konstruiert werden.[19] In jedem Fall macht sie das kommunikative
Verhalten des Gegenübers zu einem gewissen Grad erwartbar und trägt
dazu bei, dass Kommunikation auch in sehr reduzierten virtuellen Umgebungen erfolgreich ablaufen kann.

Computerrahmen beinhalten Regeln und Erwartungen, die spezifische Situationen der computervermittelten Kommunikation rahmen.
Höflich unterscheidet zwei Regelvarianten: *Adäquanzregeln* legen fest,
welches Medium zu welchem Zweck zu nutzen oder abzulehnen ist, geben also Aufschluss über die Eignung spezifischer Internet-Dienste für
bestimmte kommunikative Zwecke. E-Mail hat sich zum Beispiel für
viele Formen des privaten Austauschs etabliert, gilt aber weiterhin als
inadäquat für Kondolenzschreiben. *Prozedurale Regeln* beeinflussen demgegenüber den Ablauf der Kommunikation, sobald ein bestimmtes Medium bzw. ein bestimmter Dienst für einen bestimmten Zweck gewählt
wurde – sie bestimmen also zum Beispiel den Einsatz von Emoticons
oder Aktionswörtern beim Chatten oder die Form einer geschäftlichen
Anfrage per E-Mail. Als Regelkomplexe rahmen sie das Medienhandeln
als aktive und bewusste Selektion von Medienangeboten seitens der Rezipienten, um bestimmte kommunikative Gratifikationen zu erfüllen.

Vor dem Hintergrund dieser regelorientierten Perspektive lassen sich
onlinebasierte Vergemeinschaftungsprozesse kommunikationswissenschaftlich fassen: Gemeinsam geteilte Adäquanz- und prozedurale Regeln sind das entscheidende Merkmal von „virtual communities".[20] Ihre

---

[19] Folgt man Sherry Turkle (1998), birgt das Internet das emanzipatorische Potenzial, die
     Konstruktion multipler Identitäten zu unterstützen (siehe auch Kapitel 4.1). Aus dieser
     Perspektive ist das Spiel mit Identitäten im Internet kein abweichendes, sondern vielmehr
     ein befreiendes Verhalten, das auch therapeutische Wirkung haben kann.
[20] Dieses regelorientierte Verständnis steht in Kontrast zu anderen Modellen virtueller Ge-
     meinschaften, beispielsweise der mittlerweile klassischen Definition von Howard
     Rheingold (1994), der sozioemotionale Nähe als wichtiges Merkmal ansah, oder dem
     Gebrauch des Begriffs im Marketing, wo er vor allem für Zielgruppen von E-Commerce-
     Angeboten verwendet wurde (vgl. Hagel/Armstrong 1997).

Angehörigen, seien es Teilnehmer einer Mailingliste, regelmäßige Besucher eines Chatraums oder registrierte Mitglieder eines thematisch spezialisierten WWW-Angebots, verpflichten sich auf gemeinsame Gebrauchsweisen, um ihre Interaktionen erwartbar und Gratifikationen erfüllbar zu machen. Die prozeduralen Regeln fungieren gleichzeitig als Partizipationsregeln, weil sie bestimmen, wie das Medium zu nutzen ist, um zur Kommunikationsgemeinschaft dazu zu gehören. Abweichendes Verhalten wird sanktioniert, wobei die Bandbreite von Ignorieren über konstruktive Kritik bis hin zum aggressiven „Flaming" reichen kann. Virtuelle Gemeinschaften sind nach diesem Verständnis Interpretations- und Verwendungsgemeinschaften, in denen durch beständige Interaktionen ein symbolischer Bezugsrahmen entsteht, der den einzelnen Nutzungsepisoden einen Sinn gibt.

Der praktische Gebrauch des Internets ist für Höflich also technisch, vor allem aber soziokulturell und motivational gerahmt. Individuelle Nutzer leisten ihren Beitrag zur Definition der Mediensituation und zur Konstitution von Nutzungsgemeinschaften, weil sie im Mediengebrauch mit geteilten Bedeutungen und Regeln operieren. Dadurch reproduzieren sie im individuellen Handeln strukturelle Elemente der Situation. Dieser sozialtheoretisch bedeutsame Gedanke soll im Folgenden präzisiert werden, wobei zwei Fragen im Mittelpunkt stehen: Welche Dimensionen handlungsrelevanter Strukturaspekte lassen sich unterscheiden? Wie kann der Gegensatz zwischen handlungsdeterminierenden und handlungsabhängigen Strukturvorstellungen überwunden werden?

In seiner Synthese zahlreicher klassischer und zeitgenössischer Sozialtheorien arbeitet Reckwitz (1997, 2003) heraus, dass zwei unterschiedliche Strukturdimensionen existieren:

„Handlungsakte und ganze Handlungsmuster scheinen erst begreifbar, sobald rekonstruiert wird, in welchem Kontext von Regeln – Normen und kulturellem Wissen gleichermaßen – sie hervorgebracht werden, und sobald beobachtet wird, in welchen Zusammenhang von handlungsrelevanten Regelmäßigkeiten – kollektiven psychischen Dispositionen, Ressourcenverteilungen und Prozessen unintendierter Handlungsfolgen – sie entstehen" (Reckwitz 1997, S. 108f.).

Regeln und Regelmäßigkeiten umfassen wiederum verschiedene Aspekte, die sich unterschiedlich auf die einzelne Handlungsepisode auswirken. Die erste Strukturdimension der Regel ist in der Soziologie vor allem mit dem Konzept der Norm verbunden. Normen bestehen aus situationsübergreifenden Erwartungen an das Verhalten von Akteuren und legen bestimmte Arten des Handelns gegenüber anderen nahe. Sie werden dadurch handlungsleitend, dass sie beim Akteur in Form von

Erwartungserwartungen internalisiert sind und durch interne wie externe Sanktionen abgesichert werden. Sie variieren in verschiedenen Dimensionen, darunter zunächst im Grad ihrer Implizit- oder Explizitheit: An den Enden dieses Kontinuums stehen formalisierte Normen, insbesondere das gesatzte Recht, denjenigen informellen Normen gegenüber, die im Handeln implizit bleiben und nur durch Versprachlichung einer Reflexion zugänglich gemacht werden können. Eine zweite Variation besteht in der Reichweite von Normen, verstanden als a) der Anzahl von Situationen, in denen sie gelten, b) dem Grad der „präskriptiven Intensität" bzw. Ausmaß der offen gelassenen Handlungsspielräume und c) dem Grad der Verknüpfung mit anderen Normen und Verdichtung zu Rollen. Schließlich variiert die Einstellung der Adressaten von Normen zu ihrem präskriptiven Gehalt, weil Menschen Normen aus unterschiedlichen Gründen befolgen können, zum Beispiel aufgrund von Wertbindungen oder von strategischen Überlegungen.

Regeln erschöpfen sich jedoch nicht in Normen, sondern besitzen kognitiv-evaluative Komponenten, die durch geteiltes Wissen fundiert werden.

„Es ist die sinnhafte Matrix des kollektiv geteilten Wissens, die spezifische kognitive Perspektivierung der ‚Realität' durch den Filter der – meist implizit bleibenden – Weltbilder und kulturellen Modelle, die für die Akteure nicht allein ‚Wirklichkeit fabrizieren', sondern vor allen Dingen ihnen die sozialen Praktiken, die sie hervorbringen, erst nahe legen und andere soziale Praktiken als undenkbar ausschließen. Der kulturelle Habitus generativer Regeln verleiht den Akteuren gewissermaßen erst die Disposition, so zu handeln, wie sie handeln" (Reckwitz 1997, S. 129).

Erst indem man diesen Regeltypus gleichberechtigt neben Normen stellt, wird man dem sozialwissenschaftlichen Anspruch gerecht, Handeln verstehend zu erklären. Kollektives, implizites Wissen ist ähnlich präskriptiv wie Normen, aber nicht im Sinne von „sozialen Tatsachen" dem Akteur extern, sondern vielmehr im Bewusstsein der Akteure verankert. Es wirkt einerseits generativ im Sinne eines „knowing how", andererseits interpretativ im Sinne eines symbolischen Horizonts, der es den Akteuren gestattet, Ereignisse und Handlungen mit einem Netz von Bedeutungen zu versehen. Auch kognitiv-evaluative Regeln haben unterschiedliche Reichweiten, sowohl was die Anwender als auch was die Anwendung angeht. „Wissensgemeinschaften" können von Dyaden und Kleingruppen bis hin zur ganzen Menschheit reichen, und bestimmte Wissensbestände können in vielen verschiedenen oder nur sehr spezifischen Situationen anwendbar sein.[21]

Während Regeln den Akteuren zumindest implizit im Handeln zugänglich sind, gerät der zweite, analytisch gleichberechtigte Strukturtyp der Regelmäßigkeiten nur aus einer Beobachterperspektive in den Blick. Drei Varianten von Regelmäßigkeiten lassen sich unterscheiden:

1) *Unbewusste psychische Dispositionen:* Die Sozialwissenschaften müssen psychische Dispositionen im Sinne von kollektiv geteilten Affekt- und Motivationsstrukturen in die strukturelle Analyse einbeziehen, weil diese – wie kognitiv-evaluative Regeln – dem Handeln einen (ermöglichenden oder einschränkenden) Rahmen vorgeben. Anders jedoch als die vorbewussten Regelstrukturen von geteilten Wissen- und Symbolbeständen (die kollektiv *gelten*) gruppieren sich psychische Dispositionen nur zu unbewussten Regelmäßigkeiten (die kollektiv *existieren*). Norbert Elias (1939) hat beispielsweise in seiner Theorie der Zivilisierung die bedeutsame Rolle von solchen Dispositionen, insbesondere von Affekten und ihrer Kontrolle, deutlich herausgearbeitet. Gerhard Schulze (1992) verwendet unterschiedliche Muster des psycho-physischen Erlebnisempfindens zur Abgrenzung von Milieus in der Erlebnisgesellschaft.

2) *Ressourcenverteilungen:* Erst geeignete Handlungsmittel versetzen den Akteur in die Lage, das durch Normen, Wissen sowie psychische Dispositionen nahe gelegte Handeln auch auszuführen. Als Ressourcen kommen dabei nicht nur materiell-technologische, sondern ebenso immaterielle Mittel in Frage. Bourdieu (1983) weist mit seiner Unterscheidung von ökonomischem, sozialem und kulturellem Kapital ebenso auf diese wichtige Erweiterung des Ressourcenbegriffs hin, wie Giddens (1988) mit der Gegenüberstellung von allokativen und autoritativen Ressourcen (unter letzteren versteht er insbesondere das Vermögen, andere Akteure zu bestimmtem Verhalten zu bewegen, also letztlich Machtmittel). Die Verteilung von Ressourcen in einem gegebenen Kollektiv ist eng mit Regeln verbunden: Einerseits können bestimmte Ressourcenverteilungen bestimmte Regelkomplexe stabilisieren (weil sie zum Beispiel die Mittel für die Sanktionierung abweichenden Verhaltens bereitstellen), andererseits schreiben erst Regelstrukturen bestimmten Ressourcen einen Wert zu, der sie als Handlungsmittel relevant macht.

---

[21] Vgl. zum Unterschied von Alltags- und Expertenwissen auch Hitzler/Honer/Maeder 1994 sowie Degele 2000.

3) *Prozessgesetze*: Schließlich existieren in der sozialen Realität eigendynamische Muster von Handlungsfolgen, die kollektiv auftreten und zu Bedingungen weiteren Handelns werden. Von allgemeinem Interesse sind vor allem die Prozessgesetze:[22] Handlungsmuster eines sozialen Feldes können zu unintendierten Folgen im selben oder einem anderen sozialen Feld führen, wo sie als Bedingungen neuen Handelns fungieren, die stabilisierend oder destabilisierend auf das Ursprungsfeld zurückwirken können. Georg Simmel (1895/1995) hat dieses Prozessgesetz am Beispiel des Modekarussells beschrieben, das einem Verlaufsmuster von abgrenzender ästhetischer Innovation in der Avantgarde, Imitation durch den Massengeschmack und darauf reagierender neuer Abgrenzung folgt. Als „Regelmäßigkeit 2. Ordnung" sind Prozessgesetze in besonderem Maße auf spezifische Konstellationen von normativen und kognitiv-evaluativen Regeln, Affektstrukturen und Mustern der Ressourcenverteilung angewiesen. Fälle der „self-destroying prophecy" zeigen, dass zum Beispiel die Veränderung des Wissens über die Folgen des Handelns zu einem Wegfall der Handlungsmuster führen kann.

Regeln und Regelmäßigkeiten sind sowohl notwendige Voraussetzung als auch kontingentes Ergebnis von Handeln, sodass weder die Mikro-Ebene des Handelns noch die Makro-Ebene der Strukturen analytisch vorzuziehen sind.[23] Aus diesem Grund ist es zwingend notwendig, die zeitliche Dimension einzubeziehen, die gerade bei einer strukturfixierten Analyse oft ausgeklammert wird: Handeln ist eine Abfolge von Ereignissen, und jedem Handeln gehen zeitlich Regeln voraus; letztlich sind Akteure ja erst durch existierende Regeln – insbesondere kognitiv-evaluativer Art – und Ressourcen zum Handeln fähig, weil diese einen Rahmen vorgeben, was überhaupt in einer Situation gedacht und getan werden kann. Gleichzeitig sind aber diese Regeln stets abhängig von Interpretation und Aktivierung in spezifischen Situationen. Das Handeln besitzt also immer auch eine performative Komponente, die eine Reaktion auf unvorgesehene Umstände sein kann, aber auch als persön-

---

[22] In Anlehnung an Giddens (1988) lassen sich noch zwei andere Typen unintendierter Handlungsfolgen unterscheiden: Zum einen der Fall, dass eine singuläre Handlung eine Sequenz nicht beabsichtigter Folgen auslöst, zum anderen der Fall, dass das Zusammentreffen unterschiedlicher Handlungen ein von den Akteuren nicht intendiertes Ergebnis erzeugt.

[23] Forschungspragmatisch kann es für bestimmte Analysezwecke dennoch durchaus sinnvoll sein, eine der beiden Ebenen hervorzuheben (vgl. Heintz 2004): In wenig institutionalisierten Handlungsfeldern ist ein Blick auf die Mikro-Perspektive und damit auf wechselseitige Aushandlungsprozesse zwischen Akteuren sinnvoll. Im Fall hoher Institutionalisierung sinkt jedoch die Kontingenz des Handelns und es ist möglich, strukturelle Merkmale zu analysieren, ohne auf die Handlungsebene selbst zu rekurrieren.

liche Reaktion auf die „Langeweile" denkbar ist, Dinge immer wieder auf die gleiche Weise zu tun (vgl. Feldman/Pentland 2003). Erst das Zusammenspiel von regelhaften und performativen Komponenten macht das Handeln aus – ähnlich wie ein Musikstück aus Partitur und Aufführung besteht. Die ursprünglichen Regelstrukturen unterliegen durch diese situative Aktivierung einer beständigen, oft schleichenden Modifikation, wobei selektionstheoretische Kriterien der Variation, Selektion und Retention über das Ausmaß von struktureller Stabilität und Wandel entscheiden.

Die verschiedenen Strukturdimensionen – normative und kognitiv-evaluative Regeln sowie Regelmäßigkeiten in Form geteilter psychischer Dispositionen, Ressourcenverteilungen und Prozessgesetze – überlagern sich im Handeln. Schon innerhalb einer Strukturdimension können unterschiedliche Muster gleichzeitig in einer Situation relevant werden, also zum Beispiel normative Regeln einander ergänzen, sich gegenseitig verstärken oder auch in Widerspruch zueinander stehen – man denke an die verschiedenen Formen der Rollenkonflikte. Aber auch das Verhältnis der einzelnen Strukturdimensionen zueinander kann konfliktreiche Situationen erzeugen, zum Beispiel wenn soziale Normen einem Akteur Handlungen vorschreiben, die seine kognitiv-evaluativen Regeln nicht erstrebenswert erscheinen lassen. Schließlich entstehen Überlagerungen dadurch, dass Strukturkomplexe unterschiedliche Reichweiten haben und es Konstellationen gibt, in denen sich zwei Gruppen (z. B. soziale Milieus) in ihren Regeln unterscheiden, aber dieser Unterschied von anderen Strukturkomplexen (z. B. gesamtgesellschaftlichen Ressourcenverteilungen) überlagert wird.

Auf den Bereich der computervermittelten Kommunikation übertragen hilft das sozialtheoretische Begriffsinstrumentarium, Höflichs Gedanken präziser zu fassen: Episoden computervermittelter interpersonaler Kommunikation sind von Regelstrukturen gerahmt und in Regelmäßigkeiten eingebettet. An verschiedenen Stellen des Kommunikationsprozesses werden unterschiedliche Regeltypen wirksam: Adäquanzregeln bestimmen die Medienwahl und sind vor allem kognitiv-evaluativer Art, weil sie den Akteuren vor dem Hintergrund geteilter Wissensbestände bestimmte Medien und/oder Anwendungen nahe legen, um kommunikative Ziele zu erreichen. Sie besitzen aber auch normative Komponenten, da bestimmte Medienwahlen sanktioniert werden. Prozedurale Regeln beziehen sich dagegen auf den Mediengebrauch und sind in stärkerem Maße normativ: Nur wenn sie befolgt werden, kommt es zu erfolgreicher Kommunikation und zum Erhalt gesuchter Gratifikationen. Handlungsfeldspezifisch stabilisieren sich normative und kognitiv-evaluative Regeln zu Computerrahmen, die den Einsatz der Technologie als Abruf-, Transaktions- und interpersonales Medium strukturieren.

Weil Praktiken der computervermittelten Kommunikation per definitionem eine Auseinandersetzung des Akteurs mit einem technischen Artefakt, nämlich dem Computer und der darauf laufenden Software beinhalten, müssen Technologien als regelhafte Ressource in die kommunikationssoziologische Analyse einbezogen werden. Viele Studien haben ihnen dabei den Status einer unabhängigen Variable zugeschrieben, also beispielsweise untersucht, wie ihr Einsatz zu bestimmten gesellschaftlichen Folgen führt[24] oder in einzelnen Handlungsfeldern bestimmte Handlungsweisen ermöglicht und andere einschränkt.[25] Unter das Stichwort „Digital Divide" fallen Analysen zu Ausmaß und Konsequenzen des ungleichen Zugangs zu Informations- und Kommunikationstechnologien (vgl. u. a. Wresch 1996; Compaine 2001; TNS Infratest 2005). Das Internet gilt aus dieser Perspektive als eine zentrale Ressource fortgeschrittener Gesellschaften. Empirische Befunde, dass bestimmte gesellschaftliche Gruppen (z. B. Ältere oder formal weniger Gebildete) und (Welt-)Regionen das Internet unterproportional nutzen, werden als Indikatoren für eine mangelhafte Inklusion in die Informationsgesellschaft gedeutet.

Obwohl bereits in den 80er Jahren Studien zum „Social Shaping of Technology" (SST) den Einfluss menschlichen Handelns auf Gestalt und Einsatzfelder von Technologien aufgezeigt haben (vgl. Bijker/ Hughes/Pinch 1987; einführend auch Degele 2002), blieben Internet, Computer und Software in vielen Analysen als externes Objekt sozialen Prozessen konzeptionell weitgehend entzogen. Dadurch rückten die Schlußfolgerungen zu Konsequenzen der Informations- und Kommunikationstechnologien nahe an technikdeterministische Positionen heran:

„From the SST point of view, to talk about the 'impacts' of technology on society, as though technology is the hammer and society is the nail, is to accept implicitly the basic premise of technological determinism" (Lievrouw 2002, S. 185).

Auch wenn technikdeterministische Fehlschlüsse regelmäßig in gesellschaftlichen Diskursen auftauchen, vor allem wenn es um neue Medien geht, verzerren sie doch die tatsächlichen Abläufe der Institutionalisierung einer Technologie (vgl. Münch/Schmidt 2005). Diese sind

---

[24] Vgl. z. B. die Ausführungen von Castells 2001 zur Netzwerkgesellschaft, die maßgeblich auf der Verbreitung von Informations- und Kommunikationstechnologien beruhe.

[25] Vgl. z. B. die Synopse früher Studien zur computervermittelten Kommunikation in Organisationen bei Baym 2002.

nämlich in zweifacher Weise, in Hinblick auf Technikgenese und Technikaneignung, das Resultat sozialen Handelns.

Die Forschung zur Technikgenese hat den Blick dafür geschärft, dass technische Innovationen aus einer Reihe von schrittweisen Veränderungen bestehen, die in Akteursnetzwerken mit teilweise konfliktären Konstellationen gemacht werden (vgl. Rammert 1993; Stöber 2003). Innovationsprozesse sind – von Ausnahmen abgesehen – eingebunden in die Praktiken professioneller Experten, die über spezialisiertes Wissen und Kompetenzen verfügen (vgl. z. B. Glock 2003 für technische Designprozesse). Sie setzen ein gewisses Maß der arbeitsteiligen Differenzierung und organisatorischen Koordination voraus. Dies gilt auch für Informations- und Kommunikationstechnologien, deren materielle Komponenten – also die Hardware der Computer, Glasfaserkabel, Sendemasten und Empfangsgeräte – ebenso das Ergebnis sozialer Praktiken sind wie die Software – also das Set von Prozeduren oder Regeln, das als solches immateriell ist, aber zu seiner Ausführung das materielle Element des Computers voraussetzt (vgl. Mansell/Silverstone 1996; Winston 1998; Schmidt 2005a, insbes. S. 24-46).

Soziale Praktiken beeinflussen zudem die Aneignung von Technologien, weil sie diese erst zu einer Ressource, also zu einem für spezifische Zwecke wertvollen Handlungsmittel machen, indem sie bestimmte Verwendungsweisen nahe legen. Am Beispiel der „Digital Divide" kann dieser Gedanke deutlich gemacht werden (vgl. Marr 2004): Der ungleich verteilte Zugang zum Internet ist per se noch nicht problematisch. Nur der Kontext der Verwendung der Technologie bestimmt, ob gesellschaftlich relevante Inhalte, für die es keine funktionalen Äquivalente in der Offline-Welt gibt, online zur Verfügung stehen und faktisch auch genutzt werden. Erst wenn dem so ist, wenn also zum Beispiel Internet-Nutzer die Gelegenheit wahrnehmen, sich online politisch zu informieren und Partizipationsangebote zu nutzen, die anderen Personen nicht zur Verfügung stehen, ist fehlender Zugang ein Handicap.

Wir können in diesem Zusammenhang das Argument hinter Höflichs Konzept des Computerrahmens erneut aufgreifen und verallgemeinern: Technologien werden zur Ressource in sozialen Praktiken von Verwendungsgemeinschaften, die auf der Basis geteilter Wissensbestände akzeptierte Verwendungsweisen nahe legen und diesen einen bestimmten Wert zuschreiben. Sie sind empfänglich für Umdeutungen und neue Verwendungsweisen: Die gesellschaftlich akzeptierten und im Alltag angenommenen Verwendungsweisen einer Technologie werden oft erst in ihrem Gebrauch sichtbar, weil Menschen „interpretative Flexibilität" besitzen, sich also von den intendierten oder routinisierten Gebrauchsweisen und Vorstellungen eines technologischen Artefakts lösen und so seinen Sinn und Zweck umdeuten können (vgl. die Studien zum Fahrrad, zur Glühbirne und zum Kunststoff Bakelit bei Bijker 1995 oder zum Telefon bei Rammert 1993).[26]

Wandel, sowohl in Form von technischer Innovation als auch in Form veränderter Nutzungsweisen, ist im Bereich der Informations- und Kommunikationstechnologien die Regel und nicht die Ausnahme. Zwei Spezifika von neuen Medien spielen dafür eine besondere Rolle (vgl. Lievrouw/Livingstone 2002): Der Computer als Universalmaschine und das Internet als offenes Netzwerk miteinander verbundener Rechner sind „unter-determiniert", eröffnen also viele Nutzungsoptionen. Sie sind gleichzeitig „rekombinant", ermöglichen also die Modifikation, Innovation und Neukombination einzelner Bestandteile technologischer Systeme. Angesichts dieser Merkmale ist auch verständlich, dass sich gewisse gesellschaftliche Diskurse über Einsatz und Folgen von neuen Medien regelmäßig wiederholen, die das Neue, das Innovative, das Revolutionäre herausheben (vgl. Stöber 2003; Münch/Schmidt 2005). Diese Diskurse folgen gerade in frühen Phasen, in denen noch keine massenhafte Verbreitung und Stabilisierung von Nutzungsweisen stattgefunden hat, vergleichsweise extremen utopischen oder dystopischen Szenarien als in späteren Phasen, wenn die Diagnosen in stärkerem Maße empirisch fundiert und nicht mehr von Werturteilen geleitet sind.

Diese Merkmale treffen auch auf Weblogs zu: Sie sind unter-determiniert, weil sie auf Grundlage eines technischen Formats unterschiedliche Praktiken zulassen. Sie sind rekombinant, weil sie Elemente und Nutzungsweisen verschiedener Anwendungen (insbesondere von Homepage und Diskussionsforum) auf eine neue Art zusammenführen und dadurch innovative Praktiken ermöglichen, in denen neue und alte Bedeutungen zusammenfließen. Die Institutionalisierung von Weblogs vereint somit Elemente der Persistenz und Rekombination (vgl. Schönberger 2005), von Determination und Kontingenz (vgl. Lievrouw 2002), oder noch allgemeiner: der Öffnung und Schließung von Handlungsoptionen. Um diese Prozesse beschreiben und erklären zu können, wird im folgenden Abschnitt ein Modell der Institutionalisierung von Weblogpraktiken entwickelt, das die Dialektik von Öffnung und Schließung

---

[26] Ein auf den ersten Blick abseitiges Beispiel, das aber zahlreiche Menschen aus ihrer Alltagserfahrung kennen, ist die Zweckentfremdung von Objekten zum Öffnen von Bierflaschen. Vgl. auch Fußnote 87.

im individuellen Handeln und den daraus entstehenden Strukturen sozialer und technischer Art einbezieht.

3.2 Ein kommunikationssoziologisches Analysemodell

Um den Umgang mit dem Weblog-Format näher zu charakterisieren, haben verschiedene Autoren Typisierungen von Weblog-Autoren vorgeschlagen. Exemplarisch soll hier die „Typologie der Blogger" von Zerfaß/Boelter (2005, S. 50f.) genannt werden, die vier Typen nach der vorherrschenden Nutzungsweise unterscheidet:

- *Beobachter/Kommentatoren* verfolgen Diskussionen in der Blogosphäre, beteiligen sich aber nur selten durch eigene Beiträge oder Kommentare daran.

- *Autoren/Erzähler* nutzen ihr (meist privat betriebenes) Weblog, um Konversationen mit ihnen bekannten Personen zu betreiben.

- *Themenanwälte/Vernetzer* konzentrieren sich auf spezifische Inhalte, für die ihr Weblog eine Fokussierungsfunktion übernehmen kann.

- *Botschafter/Moderatoren* sind diejenigen Autoren, die im stärksten Maße sichtbar sind, weil sie eine Vielzahl von aktuellen Informationen filtern und kommentieren.

Solche Typologien entstehen zwar auf der Grundlage von beobachteten Praktiken, ohne dass jedoch auf deren kommunikationssoziologische Konsequenzen näher eingegangen wird. Unter Praktiken des Bloggens sollen im Folgenden Handlungssequenzen verstanden werden, in denen sich Nutzer bestimmter Software-Technologien bedienen, um kommunikative Ziele (die Rezeption oder Publikation von Texten) zu realisieren, wobei korrespondierende Regeln und Relationen das Handeln rahmend beeinflussen und in diesem Handeln (re)produziert werden. Die drei das Handeln rahmenden Strukturdimensionen werden im Folgenden diskutiert.

3.2.1 Regeln

In einzelnen Nutzungsepisoden kommt es zu einer Anwendung von spezifischen Regeln, also von Handlungsschemata, die situationsspezifisch bestimmte Handlungen und Erwartungen nahe legen. Am augenfälligsten sind diese Regeln in ihrer Verdichtung als Rollen, wobei im Zusammenhang mit Weblog-Praktiken die Unterscheidung von Autoren-, Kommentatoren- und Leser-Rolle nahe liegt. Diese ist jedoch nur bedingt trennscharf, weil Weblog-Leser selbst auch eigene Weblogs füh-

ren können: Ende 2004 hatten sieben Prozent der amerikanischen Internet-Nutzer ein eigenes Blog und 27 Prozent gaben an, Weblogs als
Leser zu verfolgen (vgl. Rainie 2005). Zwölf Prozent haben bereits einen
Kommentar in einem Weblog hinterlassen, also aus der Rolle eines Lesers heraus zu einem Weblog-Beitrag eigene Gedanken hinterlassen.

Quer zu dieser Unterscheidung von Regeln nach Nutzerrollen liegen
die beiden Typen der Adäquanz- und der prozeduralen Regeln. Adäquanzregeln positionieren Weblogs im Verhältnis zu anderen Mediengattungen und anderen Kanälen der Online-Kommunikation, indem sie
angeben, welche Gratifikationen durch bestimmte kommunikative Praktiken erwartbar erfüllt werden können. Sie basieren auf interpretativem
Wissen über Einsatzzwecke, die gesellschaftsweit oder innerhalb bestimmter Gruppen akzeptiert sind und als normal gelten. Adäquanzregeln lassen sich als Motive oder Erwartungen an einzelne Medien ope-
rationalisieren; Nardi et al. (2004) haben mit Hilfe von qualitativen Interviews fünf Motive für die Nutzung des Weblog-Formats identifiziert,
die bei Autoren einzeln oder in Kombination vorliegen können: (1) Um
das eigene Leben zu dokumentieren, (2) um eigene Meinungen auszudrücken, (3) um persönliche Erlebnisse und Gefühle zu verarbeiten, (4)
um Ideen und Gedanken beim Schreiben zu entwickeln, (5) um den
kommunikativen Austausch in einer Gruppe von Nutzern zu fördern.
Die Umfrage „Wie ich blogge?!" erbrachte eine Rangfolge verschiedener
Motive (vgl. Tabelle 3). Die beiden intrinsischen Motive „zum Spaß"
und „weil ich gerne schreibe" dominieren zusammen mit dem Wunsch,
durch ein Weblog Ideen und Erlebnisse für sich selbst festzuhalten. Andere, stärker nach außen gerichtete Motive wie das Bereitstellen von
Wissen oder Pflege und Knüpfen von Kontakten werden demgegenüber
von weniger Befragten genannt.

Tabelle 3: Motive für das Führen eines Weblogs

N=4309	Prozent
Zum Spaß	70,8
Weil ich gerne schreibe	62,7
Um eigene Ideen und Erlebnisse für mich selbst festzuhalten	61,7
Um mich mit anderen über eigene Ideen und Erlebnisse auszu-tauschen	49,0
Um mir Gefühle von der Seele zu schreiben	44,5
Um mein Wissen in einem Themengebiet anderen zugänglich zu machen	33,4
Um mit Freunden und Bekannten in Kontakt zu bleiben	33,2
Um neue Bekanntschaften und Kontakte zu knüpfen	27,2
Aus beruflichen Gründen	12,7
Aus anderen Gründen	10,7

Quelle: Umfrage „Wie ich blogge?!", Oktober 2005.

Die Adäquanzregeln von Weblog-Lesern sind vor allem für den Gebrauch als Informationsmedium untersucht. In einer (selbstrekrutierten) Stichprobe von „heavy blog users" (Internet-Nutzer, die mehrheitlich fünf oder mehr Weblogs täglich verfolgen und dafür zehn oder mehr Stunden pro Woche aufwenden), fand Copeland (2004) einige Indizien. Bei den Befragten handelt es sich um Personen mit einer hohen generellen Affinität zum Internet, über das sie – im Durchschnitt – mehr als die Hälfte ihrer Informationen beziehen, während die klassischen Massenmedien nur zwischen zehn und 16 Prozent ausmachen. Weblogs erfüllen für diese Personen einige besondere Zwecke: Etwa 80 Prozent der Befragten lesen sie, um an Nachrichten zu gelangen, die über keine andere Quelle zu beziehen sind, und 78 Prozent geben an, durch Weblogs eine bessere Perspektive auf aktuelle Geschehnisse zu erhalten. Etwas geringere Anteile der Befragten erwarten von Weblogs schnellere Neuigkeiten (66%) und eine größere Ehrlichkeit der Berichterstattung (61 %).

Eine Umfrage unter deutschen Internetnutzern ergab eine etwas geringer ausgeprägte Informationsorientierung (vgl. Proximity 2005): 68 Prozent derjenigen Personen, die Weblogs lesen, wollen sich so über neuesten Trends, News und Meinungen informieren beziehungsweise an Informationen kommen, die sonst nirgends zu finden seien (58 %). Allerdings stehen auch bei dieser Gruppe für die Informations- und Meinungsbildung per Internet andere Kanäle (insbesondere E-Mail-Newsletter und herkömmliche Webseiten) höher im Kurs. Darüber hinaus liegen kaum quantitative Daten vor, die einen systematischen Vergleich von Weblogs mit anderen Mediengenres ziehen und die Prozesse der Medienwahl in einer kanalreichen Medienumgebung thematisieren. Allerdings zeigen qualitative Studien, dass einige spezifische Medienmerkmale von Weblogs für viele Autoren und Leser einen besonderen Vorzug gegenüber anderen Kanälen darstellen (vgl. Gumbrecht 2004): Weblogs fördern die häufige Aktualisierung von Inhalten (anders als vergleichsweise statische „klassische" Homepages), legen aber keine so hohen Erwartungen an unmittelbares kommunikatives Feedback nahe, wie synchrone Kommunikationsumgebungen (z. B. Instant Messaging oder Chat). Gleichzeitig erlauben sie den Autoren eine ausgeprägte Kontrolle über die eigenen Inhalte, sodass das eigene Weblog Züge eines „protected space" annimmt (vgl. insbesondere Kapitel 4).

Prozedurale Regeln betreffen Weblog-Nutzungsepisoden im engeren Sinne und rahmen den eigentlichen Gebrauch des Mediums, nachdem eine Entscheidung für seinen Einsatz gefallen ist. Sie lassen sich in verschiedener Hinsicht differenzieren, darunter nach dem Grad ihrer

Explizitheit. Die Spannweite reicht dabei von formalisierten Regeln, wie sie in den „Allgemeinen Geschäftsbedingungen" und Nutzungsvereinbarungen von Weblog-Dienstleistern niedergelegt sind, über „blogging guidelines", die Organisationen für ihre Mitarbeiter formulieren, bis hin zu informellen Konventionen, die sich in Weblog-Verwendungsgemeinschaften herausbilden. Eng damit verbunden, aber nicht deckungsgleich ist die Unterscheidung von prozeduralen Regeln nach Sanktionierungsaspekten. In den Nutzungsbedingungen von Weblog-Dienstleistern finden sich üblicherweise Hinweise darauf, welche Arten von Inhalten auf einer Plattform erlaubt sind.[27] Die Grenzen werden hier vor allem durch die Meinungsfreiheit gezogen, wobei viele Dienste zusätzlich kommerzielle Aktivitäten explizit ausschließen. Das Brechen der Nutzungsvereinbarungen können die Anbieter sanktionieren, indem sie betreffende Weblogs sperren oder in Extremfällen (z. B. bei strafrechtlich relevanten Inhalten) Anzeige erstatten. Verletzen Autoren organisatorische Richtlinien zum Bloggen, können die Konsequenzen bis hin zur Kündigung reichen, wie verschiedene Fälle aus den letzten Jahren zeigen (vgl. Kapitel 5).

Darüber hinaus existieren in den Verwendungsgemeinschaften eine Vielzahl von impliziten normativen Regeln unterschiedlicher Reichweite: Leser stellen an Autoren Erwartungen an die Häufigkeit von Aktualisierungen sowie an formale und inhaltliche Merkmale der Beiträge, während umgekehrt Autoren Erwartungen an ihre Leser stellen können. So gilt es beispielsweise als „guter Stil", andere Weblogs, die als Quelle für eine Information dienen, im eigenen Beitrag zu verlinken (wodurch als Nebeneffekt auch die Diffusion von Themen in der Blogosphäre nachvollzogen werden kann). Von Lesern wird üblicherweise erwartet, dass sie ihre Kommentare namentlich kennzeichnen und selbst gewisse sprachliche und argumentative Regeln einhalten.[28] Geteilte Erwartungen können bis hin zu sprachlichen Konventionen reichen; so ist es in weiten Teilen der Blogosphäre üblich, sich zu duzen.

Solche informellen prozeduralen Regeln einer „Netiquette des Bloggens" fungieren als Partizipationsregeln: Nur wer ihren kognitiv-evaluativen Gehalt im Sinne eines „know how" kennt und ihrem präskriptiven Gehalt folgt, gilt als Teil der Verwendungsgemeinschaft und eröffnet sich so die Chance, Gratifikationen zu erfüllen. Als Sanktionierungsinstanz fungieren in diesem Fall die Nutzer selbst, die gewissermaßen

---

[27] Vgl. z.B. die Nutzungsbedingungen von Livejournal unter http://www.livejournal.com/legal/tos.bml und ihre für Nutzer aufbereitete Fassung unter http://www.livejournal.com/support/faq.bml.

[28] Nutzer, die sich nicht an diese Regeln halten und Autoren oder andere Leser provozieren, werden oft als „Trolle" bezeichnet. (vgl. http://de.wikipedia.org/wiki/Troll_(Internet)).

„von unten" ihr eigenes Verhalten regulieren. Dabei fließen auch Erfahrungen und Routinen aus der Nutzung anderer Medien der computervermittelten Kommunikation ein, sodass wir hier eine Überlappung unterschiedlicher Regelstrukturen feststellen können. Dies wird beispielsweise an der andauernden Kontroverse deutlich, inwieweit Weblogs journalistische Funktionen übernehmen können (vgl. Kapitel 6).

Um konfligierende Erwartungen klären zu können, haben verschiedene Blogger Prinzipien einer „Weblog-Ethik" vorgeschlagen.[29] Diese sind gleichzeitig Ausdruck faktischer prozeduraler Regeln wie normative Richtlinien mit Aufforderungscharakter, werden aber nicht durchgängig befolgt, auch weil sie selten die gesamte Bandbreite möglicher Weblog-Praktiken abdecken können. So haben Koh et. al. (2005) in einer Befragung von über 1.200 Weblog-Autoren festgestellt, dass sich Personen, die ihr Weblog als persönliches Online-Journal verstehen, vor allem am Prinzip „minimizing harm done to others" orientieren, sich also darum bemühen, in ihren Beiträgen die Privatsphäre anderer Personen zu respektieren und keine vertraulichen Informationen über Dritte Preis zu geben. Dagegen geben Blogger, die sich eher an eine Öffentlichkeit wenden, in stärkerem Maße an, auch Prinzipien der ehrlichen Berichterstattung und der Nennung von Quellen zu befolgen.

Eine Sonderstellung unter den Regeln nimmt die Weblog-Software ein (vgl. auch Abschnitt 3.2.3). Je nach Umfang und Ausgestaltung der funktionalen Merkmale einer spezifischen Weblog-Software sind bestimmte Nutzungsoptionen möglich oder eingeschränkt, beispielsweise im Hinblick auf die Sicherheit der Inhalte, ihre Darstellung und Verwaltung oder die Interaktion mit anderen Nutzern (vgl. Westner 2005). In Form des Software-Codes sind diese Regeln zwar explizit formuliert, doch bleibt diese Ebene üblicherweise für den Nutzer verborgen bzw. wird durch ein Interface vermittelt.

Prozedurale Regeln unterscheiden sich schließlich in der Hinsicht, auf welche Komponenten der Handlungsepisode sie Bezug nehmen. Analytisch lassen sich die Akte der Rezeption von Inhalten, der Aufbereitung für die Publikation sowie der Verlinkung und expliziten Referenzierung anderer Inhalte trennen. Dadurch lassen sich drei Regeltypen voneinander abgrenzen, die Teil unterschiedlicher Strategien sind (vgl. Tabelle 4).

---

[29] Vgl. zum Beispiel Kuhn 2005 oder die Vorschläge zur „Blog Etiquette" im Weblog „Spreeblick" unter http://www.spreeblick.com/2005/08/08/zeit-fur-eine-blog-etiquette/.

Tabelle 4: Typen prozeduraler Regeln beim Bloggen

Regeltyp	Inhalt	Kontext
Rezeptionsregeln	Welche Inhalte werden über welche Kanäle rezipiert?	Informations-management
Publikationsregeln	Welche Themen werden wie für das Weblog aufbereitet?	Identitäts-management
Vernetzungsregeln	Wann wird in welcher Form auf welche anderen Inhalte verwiesen?	Beziehungs-management

Rezeptionsregeln rahmen die Auswahl von Medieninhalten, in diesem Zusammenhang also vor allem die Entscheidungen darüber, welche Weblogs und welche anderen Quellen gelesen werden. Die Entscheidung darüber, welche Inhalte rezipiert werden, wird nicht jedes Mal neu und allein auf der Grundlage des Angebots getroffen, sondern ist routinisiert, weil Erfahrungen aus früheren Nutzungsepisoden mit einfließen. Auch die lebensweltliche Nähe, zum Beispiel durch private oder berufliche Beziehungen zu einzelnen Autoren, beeinflusst die Rezeption von Weblogs. Technische Hilfsmittel, insbesondere RSS Feeds[30], erleichtern das Informationsmanagement, weil sie es dem Einzelnen erlauben, eine Vielzahl von Quellen zu beobachten, ohne jede einzelne Seite gesondert aufrufen zu müssen. Spezialisierte Suchmaschinen wie technorati.com oder blogstats.de ermöglichen es darüber hinaus, ausschließlich in Weblogs nach bestimmten Begriffen zu suchen.

Publikationsregeln geben dem Autor beispielsweise vor, welche Themen er in seinem Weblog behandelt, inwieweit er Verweise auf Quellen mit zusätzlichen Kommentaren ergänzt oder in welcher Form er andere multimediale Inhalte wie Bilder oder Tondateien integriert. Für das Aussehen eines Weblogs kommen, vor allem bei den Hosting-Plattformen, gestalterische Vorgaben in Form von so genannten „Templates" (Layout-Vorlagen) zum Tragen, die einen Rahmen für persönliche Designvorlieben darstellen. Inhaltlich dominiert bei aller Varianz individueller und gruppenspezifischer Publikationsroutinen eine Leiterwartung das Bloggen: Ob es um Verweise auf andere Seiten, um Kommentare zu aktuellen Themen oder um die Darstellung von Alltagserlebnissen und Gefühlen geht, wird von einem Weblog-Autor erwartet, authentisch und mit „seiner eigenen Stimme" zu kommunizieren. Dies gilt nicht nur für privat geführte, sondern auch für diejenigen Weblogs, die Teil der ex-

---

[30] RSS steht wahlweise für „Really Simple Syndication" oder „Rich Site Summary". Bei RSS-Feeds handelt es sich um ein spezielles Format, die Inhalte einer Webseite darzustellen. Sie sind nicht für das Betrachten im Browser gedacht, können aber mit speziellen „Feed Readern" abonniert werden. Diese rufen in regelmäßigen Abständen die vorgemerkten Seiten auf und laden bei einer Aktualisierung entweder den gesamten neuen Beitrag oder eine Vorschau in eine Übersicht. Der Anwender kann dort schnell eine Vielzahl von neuen Beiträgen einsehen und bei Interesse weiter verfolgen. Vgl. für weiterführende Informationen auch http://de.wikipedia.org/wiki/RSS.

ternen Organisationskommunikation (vgl. Kapitel 5.1) oder der politischen Kommunikation sind (vgl. Kapitel 6.3). Von ihnen wird insbesondere erwartet, dass sie keine Marketing- und PR-Sprache (sei sie ökonomisch oder politisch motiviert) verwenden, sondern den persönlichen Standpunkt des jeweiligen Autoren deutlich machen und auch Raum für (Selbst-)Kritik bieten. In all diesen Fällen kommen Mechanismen des Identitätsmanagements zum Tragen, also der Präsentation des eigenen Selbst gegenüber anderen Personen.

Im Akt des Bloggens fallen die Selektion von Inhalten, ihre Aufbereitung für die Publikation und die Verlinkung zu anderen Online-Quellen zusammen. Um Gestalt und Dynamik der sich formierenden Netzwerke zu erfassen, bietet es sich an, *Vernetzungsregeln* gesondert zu betrachten. Sie beeinflussen die explizite Referenzierung anderer Internet-Adressen in Beiträgen, Kommentaren oder an anderer Stelle im Weblog und regeln insbesondere Fragen wie: Wann verlinkt man auf welche Texte in anderen Weblogs oder sonstigen Online-Quellen? Führt man zusätzlich zu den eigentlichen Beiträgen noch eine „Blogroll", in der man auf andere Weblogs verweist, die man regelmäßig liest – und wann nimmt man Weblogs in diese Liste auf? Verweist man im Kommentar zu einem Eintrag auf das eigene Weblog? Stellt man seine Beiträge auch in anderen Formaten, z. B. als RSS-Feed zur Verfügung und unterstützt man so die Rezeption der eigenen Inhalte durch andere?

Vernetzungsregeln gehen über den rein technischen Aspekt (auf welche Weise definiert man einen Hyperlink?) hinaus, weil sie die Gestalt von Beziehungen oder Relationen beeinflussen, die entweder inhaltlicher Art (der Link zu einem Weblogeintrag als kommunikative Referenz, die Anschlusskommunikation ermöglicht) oder sozialer Art sein können (der Link zu einem Weblogeintrag als soziale Referenz, die eine Beziehung zum verlinkten Autor ausdrückt). Sie sind daher ein Element des Beziehungsmanagements der jeweiligen Akteure. Die analytische Unterscheidung von Rezeptions- und Publikationsregeln einerseits und Vernetzungsregeln andererseits erscheint deswegen sinnvoll, weil ihre Anwendung in wiederholten Handlungsepisoden zu zwei unterschiedlichen Resultaten führt: Rezeptions- und Publikationsregeln bestimmen vor allem Gestalt und Gesamtbild eines Weblogs, Vernetzungsregeln beeinflussen dagegen die Gestalt der Blogosphäre als Netzwerk miteinander verbundener Weblogs.

Verschiedene technische Merkmale der Weblog-Kommunikation unterstützen den Aufbau von Relationen und damit die Konstitution inhaltlich-textlicher und sozialer Netzwerke. Im Zentrum steht dabei der „Permalink": Beiträge erscheinen zwar gemeinsam auf einer Startseite des Weblogs, sind aber jeweils durch eigenständige URLs adressiert und erreichbar – man spricht daher auch von „microcontent". Diese technische Besonderheit fördert die gezielte Verlinkung einzelner Beiträge, anstatt auf einer vergleichsweise hohen Aggregationsebene Weblogs als ganzes miteinander zu verbinden. Ähnlich wichtig für die Formierung dichter Netzwerke ist die „Trackback"-Funktion, die zuerst für die Weblog-Software „Movable Type" angeboten wurde, inzwischen aber bei vielen Software-Systemen zum Standard gehört. Sie löst das Problem, dass ein Hyperlink prinzipiell nur einseitig ausgerichtet ist und ein Link von Seite A auf Seite B nicht wieder zu Seite A zurückführt.

Im Fall von Weblogs erschwert diese Unidirektionalität das Nachverfolgen von Diskussionen und Kommentaren über mehrere Weblogs hinweg, denn wenn sich ein Beitrag in Weblog B auf einen Beitrag in Weblog A bezieht und diesen auch verlinkt, wird in Weblog A davon niemand etwas merken, wenn nicht Autor B in den Kommentaren von Weblog A einen entsprechenden Verweis hinterlässt. Der „Trackback" automatisiert nun genau diesen Verweis, indem Autor B in seinem Beitrag seine Quellen gesondert referenziert. Bei Veröffentlichung des Beitrags wird der zitierte Text in Blog A automatisch um einen Hinweis ergänzt, dass sich ein anderes Weblog auf sie bezogen hat. Dadurch fällt es Weblog-Nutzern leichter, die Verbreitung von Informationen in „verteilten Konversationen" (s.u.) nachzuverfolgen.

Andere technische Mittel unterstützen den Aufbau von Relationen durch die Aggregation verschiedener Quellen.[31] Die „Blogroll" enthält Verweise auf andere Weblogs, meist als Leseempfehlungen oder Listen befreundeter oder regelmäßig gelesener Autoren. Etwa die Hälfte der Weblog-Autoren (55 %) der „Wie ich blogge?!"-Studie führen eine Blogroll auf ihrer Startseite, mit denen sie überwiegend Weblogs verweisen, die sie selbst lesen (85 %) und/oder die Freunde von ihnen führen (60 %). 39 Prozent verlinken thematisch ähnliche Weblogs, während 26 Prozent einer Reziprozitätsnorm folgen und solche Weblogs aufnehmen, die auf das eigene verweisen. Da die Blogroll in der Regel permanent auf der Startseite eines Weblogs sichtbar ist, besitzen diese Relationen einen stärkeren Stellenwert gegenüber den vergleichsweise flüchtigen Verweisen in Einzelbeiträgen, die nach einer gewissen Zeit von der Startseite verschwinden und nur noch im Archiv aufzufinden sind. Da-

---

[31] Zu den hier genannten Instrumenten, die eine gewisse Verbreitung in der gängigen Weblog-Software erreicht haben, kommt eine wachsende Anzahl sogenannter „Mikroformate". Dabei handelt es sich um technische Spezifikationen für die Codierung inhaltlicher Information, die auf den Prinzipien des „semantic web" aufbauen und es Nutzern zum Beispiel erlauben, soziale Beziehungen näher zu qualifizieren (vgl. http://www.microformats.org/).

für spricht auch, dass die Mehrheit der Autoren ihre Blogroll nur gelegentlich, das heißt mehrmals im Monat (30 %) oder mehrmals im Jahr (46 %) aktualisiert.

Viele Weblog-Plattformen nehmen Aggregationen auf ihren Portalseiten vor und listen die zuletzt hinzugefügten Beiträge auf, wodurch sie in den oft mehrere tausend oder zehntausend Weblogs umfassenden Communities zumindest kurzfristige Sichtbarkeit für einzelne Texte erzeugen. Manche Plattformen, wie z. B. LiveJournal oder Multiply.com, integrieren zusätzlich Funktionen zum Knüpfen von sozialen Netzwerken, indem sie es Nutzern ermöglichen, andere registrierte Mitglieder der Community als „Freunde" zu deklarieren und Beiträge mit unterschiedlichen Sichtbarkeitsebenen zu versehen (vgl. Kapitel 4 sowie Donath/Boyd 2004). Das Management von Beziehungen in sozialen Netzwerken unterschiedlicher Nähe wird somit von immer differenzierteren technischen Lösungen unterstützt und durch korrespondierende Rezeptions-, Publikations- und Vernetzungsregeln abgestützt.

Zwischen den beiden Strukturdimensionen der Relationen und der Regeln besteht ein wechselseitiger Zusammenhang: Die Vernetzungsregeln bestimmen die Gestalt (Größe, Dichte, Reziprozität) des Beziehungsgeflechts, während innerhalb der solcherart formierten sozialen Netzwerke unterschiedliche Regelkomplexe gültig sein können. Die Ausdifferenzierung von Praktiken des Bloggens meint daher immer auch die Ausdifferenzierung von spezifischen Verwendungsgemeinschaften im Sinne von sozialen Netzwerken, die bestimmte Regeln teilen.

Wie kommt es zu dieser Übereinstimmung von Regeln? Nach dem „social identity model" entstehen Gruppennormen durch aktive Kommunikations- und Aushandlungsprozesse in einer Gruppe, in deren Verlauf die Akteure Praktiken anderer Akteure beobachten und für eigenes Handeln übernehmen (vgl. Postmes/Spears/Lea 2000; Matzat 2003). In computervermittelten Interaktions-Umgebungen sind diese diskursiven Norm-Formierungen besonders wahrscheinlich, weil kaum externe oder „historische" Hinweise über Gruppenidentitäten vorliegen und diese vorrangig aus den kommunikativen Handlungen und Reaktionen selbst geschlossen werden müssen.

Auch im Gebrauch von Weblogs finden solche Normformierungs- und Sozialisationsprozesse statt, in deren Verlauf Autoren wie Leser gruppenspezifische Verwendungsweisen erlernen und aushandeln. Erfolgreiche Lernprozesse erhöhen die Chance, in der Weblog-Kommunikation gesuchte Gratifikationen zu erhalten, weil man sich des Formats kompetent bedienen kann. Neben dem unbewusst und unbeobachtet

ablaufenden „Learning by Doing" bzw. dem „Learning by Lurking"
manifestiert sich die Formierung von Publikations- und Vernetzungsregeln in zahlreichen Selbstverständnis- oder Selbstvergewisserungs-
debatten, die zum Beispiel die Abgrenzung zum Journalismus oder zu
als unauthentisch erlebter Organisationskommunikation vornehmen.

Geteilte Verwendungsregeln werden meist erst dann thematisiert,
wenn gegen sie verstoßen wird und die verletzten Erwartungen von
Autoren oder Kommentatoren in Sanktionierungsdebatten explizit gemacht werden. Dabei geht es auch um die Aushandlung von Wissensbeständen, denn zum generativen Wissen des „knowing how" tritt das
interpretative Wissen, das den Kommunikationspartnern ein Urteil darüber erlaubt, ob Weblogs „richtig" eingesetzt wurden. Bei solchen Regelsetzungsdiskursen haben Autoren mit einer zentralen Stellung in der
Blogosphäre eine höhere Chance, ihr Verständnis von Verwendungsregeln gegenüber anderen durchzusetzen. Dies liegt zum einen in stärkeren Sichtbarkeit begründet, die sie zu Vorbildern im Sinne von „Rol-
lenmodellen" für gelungenes Bloggen macht, zum anderen können sie
aber aus ihrem Status auch eine gewisse Autorität ableiten, mit der sie
das (Durch-)Setzen von Regeln beeinflussen (vgl. dazu die Fallstudie in
Abschnitt 7.2).[32] Nichtsdestotrotz bleibt ihr Einfluss beschränkt, weil
letztlich nur der einzelne Autor (in den Grenzen von Nutzungsbedingungen und Gesetzen) über die Verwendung des Formats entscheidet.

3.2.2 Netzwerke

Weblogs unterstützen den Aufbau und die Pflege von sozialen Netzwerken und verstärken damit einen allgemeinen Trend des relativen Be-
deutungsverlusts räumlich begrenzter und eng verbundener Gemeinschaften zugunsten von eher locker verbundenen und geographisch
dispersen Netzwerken (vgl. u. a. Wellman 1999a; Castells 2000, 2001;
Hepp 2004). Informations- und Kommunikationstechnologien unterstützen und beschleunigen diesen Wandel der sozialen Beziehungen,
weil sie die Transaktionskosten für den Aufbau und die Pflege von
Kontakten senken und das Potenzial besitzen, Menschen aufgrund von
frei wählbaren Merkmalen über geographische Distanzen hinweg zu
verbinden. Computervermittelte soziale Netzwerke existieren daher inzwischen im privaten Bereich genauso wie innerhalb und zwischen wirt-
schaftlichen, politischen oder zivilgesellschaftlichen Organisationen,
sind also zu einer wichtigen Form der Strukturierung sozialer Beziehun-

---

[32] Dies kann durchaus ironisch erfolgen, vgl. zum Beispiel die Hinweise „Erfolgreich bloggen
– so geht's" (http://www.spreeblick.com/2005/07/12/erfolgreich-bloggen-so-gehts/).

gen geworden (vgl. Wellman/Hampton 1999, Wellman 2001). Drei Konsequenzen dieser Entwicklung sind im Zusammenhang mit Weblog-Praktiken hervorzuheben: Weblogbasierte soziale Netzwerke unterstützen (1) die Formierung von Sozialkapital, (2) die Kanalisierung von Aufmerksamkeit sowie (3) darauf aufbauend die Fundierung von Teilöffentlichkeiten.

Zunächst zu den Auswirkungen auf das Sozialkapital, worunter allgemein die Möglichkeit eines Akteurs verstanden werden soll, aufgrund seiner Position in einem sozialen Beziehungsgeflecht bestimmte Ressourcen zu mobilisieren (vgl. allgemein Burt 1992; Coleman 1990; Lin 1999; Braun 2001). Je nach Art und Stärke der vorherrschenden Beziehungen stehen andere Ressourcen zur Verfügung: „Strong ties" existieren in eng geknüpften, durch multiplexe Beziehungen gekennzeichneten Netzwerken und eröffnen die Möglichkeit, Solidarität und emotionale Unterstützung zu mobilisieren. „Weak ties", die vor allem in locker geknüpften Netzwerken mit uniplexen Beziehungen auftreten, dienen dem Informationsaustausch und der Einflussnahme.[33]

Netzwerke, die durch starke und schwache Beziehungen gebildet werden, stellen je nach ihrer Struktur unterschiedliche Formen von Sozialkapital zur Verfügung (vgl. Putnam 2000): Ein Akteur hat umso mehr „bonding social capital", je stärker er in ein enges Netzwerk eingebunden ist, dessen Mitglieder untereinander ebenfalls möglichst eng verbunden sind. „Bridging social capital" bezeichnet dagegen die Ressourcen derjenigen Netzwerkpositionen, die eine hohe strukturelle Autonomie besitzen und „strukturelle Löcher" zwischen verschiedenen Gruppen überbrücken. Sie können zum Beispiel über einen Informationsvorsprung oder vermittelnde Handlungsmöglichkeiten verfügen und als Makler fungieren. Ein Akteur besitzt demnach umso mehr „bridging social capital", je mehr Beziehungen er zu anderen Akteuren unterhält, die untereinander möglichst unverbunden sind.

In beiden Fällen profitieren Personen dabei indirekt auch von den Beziehungen, die ihre Kontakte haben:

„Der Umfang des Sozialkapitals, das der einzelne besitzt, hängt (…) sowohl von der Ausdehnung des Netzes von Beziehungen ab, die er tatsächlich mobilisieren kann, als auch von dem Umfang des (ökonomischen, kulturellen oder symbolischen) Kapitals, das diejenigen besitzen, mit denen er in Beziehung steht" (Bourdieu 1983, S. 191).

---

[33] Die Unterscheidung von starken und schwachen Beziehungen stammt aus der klassischen Netzwerk-Studie von Granovetter (1973), der den Einfluß sozialer Kontakte auf Karriereverläufe untersucht hat.

Anders gesagt: Es kommt nicht nur darauf an, wie viele Personen man selbst kennt, sondern auch, wen diese Personen wiederum kennen. Vermittelt über das Sozialkapital stellen soziale Beziehungen also eine Ressource dar, die für bestimmte Zwecke mobilisiert werden kann. Dabei sind drei Aspekte von besonderer Bedeutung für weblogbasierte Kommunikation, die in den Abschnitten 4 bis 6 näher erläutert werden.

1. Innerhalb von sozialen Netzwerken findet durch interpersonale Kommunikation zwischen den Mitgliedern ein *Informationsfluss* statt, der zum Beispiel die Bildung von politischen Einstellungen, die Diffusion von Innovationen oder auch die berufliche Mobilität (durch die Kenntnis von Karrieremöglichkeiten) beeinflussen kann (vgl. u. a. Katz/Lazarsfeld 1955; Granovetter 1973; Rogers 1983). Zahlreiche kommunikationswissenschaftliche Forschungsarbeiten zu Agenda Setting und Meinungsführerschaft belegen, dass die interpersonale Kommunikation in sozialen Netzwerken einen wichtigen Einfluss darauf hat, wie sich Meinungen bilden und verbreiten (vgl. die Überblicke bei Schenk 1995 und Rössler 1997 sowie Burt 1999).

2. Das Ausmaß von *Unterstützung*, die in Alltagsangelegenheiten wie in Notlagen mobilisiert werden kann, ist vor allem von der Größe und Heterogenität eines sozialen Netzwerks sowie von der Erreichbarkeit der Kontakte abhängig, während die Dichte des Netzwerks geringeren und die Zusammensetzung nach sozioökonomischem Status kaum einen Einfluss hat (vgl. Wellman/Gulia 1999). Dabei erfüllen unterschiedliche Mitglieder des Netzwerks unterschiedliche Zwecke: „The specialized provision of support in communities means that people must maintain differentiated portfolios of ties to obtain a variety of resources. They can no longer assume that any or all of their network members will help them, no matter what the problem." (Wellman 1999b, S. 24).

3. Soziale Netzwerke können schließlich ein Gefühl der *sozialen Zugehörigkeit* unterstützen, indem sich in ihnen eine Gruppenidentität entwickelt oder verstärkt. Diese ist ein wichtiger Bezugspunkt für die Stabilisierung der persönlichen Identität, die sich im Wechselspiel von individuellen Selbstbildern und kollektiven Fremdbildern herausbildet (vgl. Mead 1968).

Stärke, Dichte und Reichweite von sozialen Netzwerken in der Weblog-Kommunikation hängen sowohl von der Regelmäßigkeit und Dauer der weblogbasierten Kontakte, als auch vom thematischen Zuschnitt des Weblogs und damit von der Art der Rollenbeziehungen zwischen Autor und Leser ab. Starke Bindungen bestehen oft schon vor bzw. neben der

Weblog-Kommunikation, in Form von freundschaftlichen oder verwandtschaftlichen Beziehungen. Weblogs helfen, diese Kontakte aufrecht zu erhalten und, wenn nötig, Unterstützung zu mobilisieren. Schwache Bindungen sind dagegen deutlich lockerere Kontakte, die beispielsweise durch gelegentliche Verweise oder Kommentare gebildet werden. Sie sind in der Blogosphäre von besonderer Bedeutung, weil eine Grundlage für die Kanalisierung von Aufmerksamkeit darstellen.

Diese Fokussierungsleistung von weblogbasierten Netzwerken ist ein Beispiel für ein Prozessgesetz im oben beschriebenen Sinn: Aus den einzelnen Handlungen des Verlinkens und Bezugnehmens entsteht unintendiert eine hypertextuelle Struktur, die einzelne Inhalte besser auffindbar macht als andere und dadurch zukünftige Rezeptionen beeinflusst.[34] Hierbei spielen soziale Beziehungen und technische Prinzipien auf unterschiedliche Weise und auf unterschiedlichen Ebenen zusammen: Auf der Ebene des Weblogs setzen Mechanismen des „collaborative ranking" an, bei denen Nutzer einzelne Beiträge oder ganze Weblogs bewerten können. Eine relativ einfache Lösung bot die Weblog-Plattform 20six.de, deren Autoren „Bonbons" an andere Autoren vergeben konnten, um gelungene Beiträge auszuzeichnen.[35] Ein vergleichsweise ausgefeiltes System der kollaborativen Bewertung ist auf „Slashdot" implementiert, wo Nutzer die Kommentare (nicht aber die eigentlichen Beiträge) in verschiedenen inhaltlichen Kategorien, z. B. „insightful" oder „funny", bewerten können. Eine zusätzliche Ebene der „Metamoderation" erlaubt die Kontrolle der Bewertungen (vgl. Poor 2005). Aus der Aggregation dieser Daten entstehen Rangfolgen, die besonders beliebte Texte hervorheben.

Innerhalb der Blogosphäre begünstigen gängige Publikations- und Vernetzungsregeln die Herausbildung von so genannten „focal points", das heißt von einer kleinen Anzahl leserstarker Weblogs, die selbst nicht notwendigerweise Themen oder Argumente produzieren müssen.[36] Autoren weniger stark verlinkter Weblogs veröffentlichen Informationen oder Argumente nicht nur auf den eigenen Seiten, sondern kommentieren gelegentlich auch in aufmerksamkeitsstarken Blogs, um dort auf die eigene Seite aufmerksam machen. Deren Autoren können

---

[34] „Unintendiert" meint hier, dass die tatsächliche Gestalt der Blogosphäre nicht vom Einzelnen geplant werden kann. Viele Weblog-Autoren beziehen aber deren besondere Struktur in ihre Publikations- und Vernetzungsroutinen mit ein, um einen Beitrag zur Fokussierung von Aufmerksamkeit zu leisten.

[35] 20six.de ist Mitte Dezember 2005 in der Weblog-Plattform myblog.de aufgegangen, die die Bewertungsfunktion nicht mehr anbietet.

[36] Drezner/Farell (2004) zeigen dies am Beispiel von politisch-journalistisch ausgerichteten Weblogs. Ähnlich argumentiert Paquet (2002), der auf Parallelen zwischen der Verlinkung von Weblog-Beiträgen und der Struktur akademischer Zitations-Netzwerke hinweist.

wiederum entscheiden, ob sie über den Link im Kommentar hinaus auch noch in einem eigenen Beitrag auf den Ursprungstext verweisen und dadurch zusätzliche Leser dorthin lenken.

„This may lead to a self-enforcing equilibrium in which readers coordinate on focal point blogs, because they know that they will find links to many interesting stories, and bloggers will seek to interest focal point blogs in their stories, because they know that they are likely to find more readers if they are successful." (Drezner/Farell 2004, S. 13).

Über die Blogosphäre hinaus trägt schließlich die hohe Affinität zwischen Verlinkungsstrukturen in Weblogs und der Funktionsweise von „Google", der meist gebrauchten Suchmaschine[37], dazu bei, Aufmerksamkeit zu strukturieren. Google benutzt einen patentierten Algorithmus, um die Ergebnisse einer Suche in einer Rangfolge darzustellen: Der PageRank, also die Position einer Seite in den Ergebnissen, beruht nicht nur auf der Relevanz ihres Inhalts in Bezug auf die Suchbegriffe, sondern auch auf der Bedeutung der Seite in Bezug auf andere Seiten:

„In essence, Google interprets a link from page A to page B as a vote, by page A, for page B. But, Google looks at more than the sheer volume of votes, or links a page receives; it also analyzes the page that casts the vote. Votes cast by pages that are themselves ‚important' weigh more heavily and help to make other pages ‚important'" (http://www.google.com/technology/index.html).

Eine Seite erreicht also einen hohen PageRank und damit eine vergleichsweise hohe Sichtbarkeit in Google-Recherchen, wenn sie von vielen Seiten verlinkt wird, die selbst wiederum einen hohen PageRank haben. Weil Weblogs aus einer Vielzahl von einzeln adressierbaren Seiten bestehen, die untereinander stark verlinkt sind, haben sie eine hohe Relevanz im PageRank-Algorithmus und damit für die Sichtbarkeit von Inhalten (vgl. Hiler 2002a).[38]

Die Kanalisierung von Aufmerksamkeit beruht darauf, dass die Links innerhalb der Blogosphäre nicht gleichmäßig verteilt sind, sondern einem „Power Law"[39] folgen: Eine relativ kleine Anzahl von Weblogs

---

[37] Ende 2002 verwendeten 69 Prozent der deutschen Web-Nutzer Google als Hauptsuchmaschine (vgl. Machill et al. 2003, S.156).

[38] Dieser Umstand macht Weblogs zu einem beliebten Ziel von Manipulationsversuchen, z. B. in Form von „comment spam" oder eigens eingerichteten Weblogs, deren einziges Ziel es ist, als „Linkfarm" zu dienen (vgl. Fußnote 52).

[39] Das „power law" oder Potenzgesetz drückt aus, dass eine Verteilung einem exponentiellen Wachstum folgt. Liegt in Bezug auf die Verteilung von Relationen innerhalb von Netzwerken ein solches Potenzgesetz vor, spricht man auch von einem „skaleninvarianten Netzwerk" oder „scale-free network". Barabasi (2002) hat die Existenz solcher Verteilungen in einer Vielzahl von physikalischen und sozialen Netzwerke nachgewiesen.

vereint eine große Zahl von eingehenden Links auf sich, während die überwiegende Mehrheit nur eine geringe Anzahl besitzt. Dieses Muster ist in verschiedenen Studien nachgewiesen worden (vgl. Kottke 2003; Shirky 2003; Tricas/Ruiz/Merelo 2003; Schuster 2004). Für die deutschsprachige Blogosphäre ist in Abbildung 4 dargestellt, wie viele Verweise Mitte November 2005 auf die meistverlinkten Weblogs entfielen. Es ist deutlich eine Spitzengruppe zu erkennen, in der „Industrial Technology & Witchcraft" mit über 3.100 eingehenden Links vor einer Gruppe von fünf weiteren Weblogs zwischen etwa 2.200 und 1.700 Verweisen liegt.[40] Danach folgt eine Reihe von Weblogs mit sinkender Anzahl von eingehenden Links. Da nur die 100 meistverlinkten Weblogs erfasst werden, bricht die Verteilung am rechten Rand bei etwa 120 Verweisen ab. Würde man die über 50.000 bei blogstats.de verzeichneten Weblogs vollständig auftragen, erhielte man eine Verteilung, die bis zu denjenigen Weblogs reicht, die nur ein oder gar keine eingehenden Links besitzen.

Abbildung 4: Verteilung der eingehenden Links unter den Top 100 der deutschsprachigen Blogosphäre (Stand: 13.11.2005)

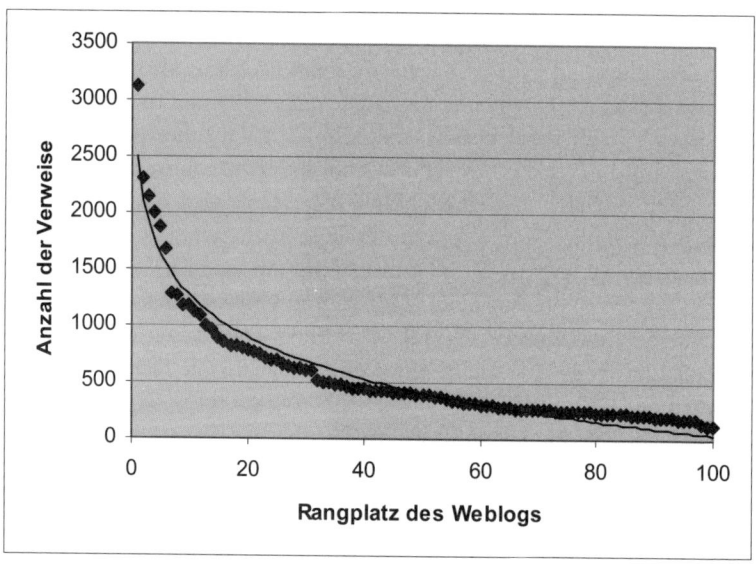

Quelle: http://www.blogstats.de; eigene Darstellung.

Wie kommt es zu dieser Verteilung? Barabasi (2002) identifiziert zwei Faktoren, die Power-Law-Verteilungen in Netzwerken begünstigen: Das inkrementelle Wachstum der Anzahl von Relationen im Lauf der Zeit

---

[40] In absteigender Reihenfolge: „Spreeblick", „Lummaland", „PlastikThinking", das „BILDblog" sowie „wirres.net".

und das „preferential attachement", nach dem die Chance einer weiteren Verbindung eines Knotens proportional zur Anzahl von Relationen ist, die er bereits besitzt – plakativ ausgedrückt: „The rich get richer". Auf Weblogs übertragen bedeutet dieser Gedanke, dass vielfach vernetzte Weblogs nicht nur eine höhere Aufmerksamkeit erzielen als schwach vernetzte, sondern dass auch ihre Chance größer ist, weitere Verlinkungen auf sich zu ziehen. Weil die zentralen Knoten nicht jedes der auf sie verweisenden Weblogs mit einem reziproken Link bedenken, entsteht eine Netzwerkstruktur, die durch wenige zentrale Knoten mit einer hohen Zahl eingehender Links und viele Knoten mit relativ wenigen Verbindungen (der so genannte „long tail") gekennzeichnet ist. In Simulationsexperimenten konnten die Konsequenzen für das „Aufmerksamkeitsregime" der Blogosphäre nachgewiesen werden: Inhalte oder „Meme" verbreiten sich in Weblogs besonders schnell und analog zu Epidemien vor allem über die zentralen Netzwerkknoten (vgl. Adar et. al. 2004, Wu/Hubermann 2004).

Die Netzwerke der Blogosphäre, die aus einer Vielzahl von Verlinkungen und schwachen Beziehungen bestehen, konstituieren Teilöffentlichkeiten unterschiedlicher Reichweite, in denen bestimmte Themen publiziert und diskutiert werden. Durch die wechselseitige kommunikative Bezugnahme von verschiedenen Beiträgen und Kommentaren über verschiedene Weblogs hinweg entstehen verteilte Konversationen („distributed conversations"). In der beispielhaften Analyse der Konversation in einem Weblogcluster zum Thema „Wissensmanagement" identifizierten Efimova/de Moor (2005) 32 Personen, die sich mit insgesamt 30 Beiträgen und 59 Kommentaren an einer Diskussion zu einem spezifischen Beitrag beteiligten. Der Rhythmus der Konversation zeigte eine erste Phase von lebhafter Diskussion zwischen zwölf Teilnehmern innerhalb von 14 Tagen nach dem Ursprungsbeitrag, eine Pause von etwa einer Woche und anschließend ein erneutes Aufleben der Diskussion, an der allerdings weniger Personen teilnahmen. Die kommunikative Bezugnahme über Weblogs hinweg nahm verschiedene Formen an; neben den Kommentaren identifizierten die Autoren drei Formen des Verlinkens: Als Zitat einer anderen Quelle, auf die Bezug genommen wird; als Referenz innerhalb einer Zusammenfassung bisher angebrachter Meinungen und Informationen; sowie als Verweis auf eigene frühere Beiträge.

Indem Konversationen solcherart „ausfasern", sich über verschiedene Weblogs verteilen und möglicherweise auch auf andere Medien interpersonaler Kommunikation (wie E-Mail, Instant Messaging oder auch das Telefon) übergreifen, konstituieren sie hypertextuelle oder netzwerkartige Konversationen, die nicht dem idealtypischen Modell von dialogischer, chronologisch ablaufender Kommunikation entsprechen.[41] Dabei existieren ersten Analysen zufolge einige spezifische Verlaufsmuster bzw. Themenkarrieren. So untersuchten Gruhl et al. (2004) die Beiträge von über 11.000 Weblogs in einem Zeitraum von etwa einem Monat auf den Verlauf von Diskussionen und identifizierten dabei drei Typen von Themenkarrieren:

- „Spikes" sind Themen, denen vergleichsweise kurz (wenige Tage) Aufmerksamkeit geschenkt wird.

- „Spiky Chatter" sind Themen, die über einen längeren Zeitraum diskutiert werden, wobei die Aufmerksamkeit (oft von externen Ereignissen abhängig) in Wellenbewegungen ab- und zunimmt.

- „Mostly Chatter" sind Themen, die auf einem vergleichsweise stabilen, aber niedrigen Level diskutiert werden.

Aus dieser ersten Annäherung lassen sich einige Spezifika von Weblog-Konversationen bestimmen. Ihr Rhythmus und ihre Gestalt sind soziotechnisch bestimmt, denn sie werden durch Merkmale der Weblog- und Online-Architektur wie durch spezifische Publikations- und Vernetzungsregeln gleichermaßen beeinflusst. Sie sind, im Gegensatz beispielsweise zu Diskussionen in Foren oder über E-Mail, weniger gut sichtbar, da die Kommunikationsbeiträge über verschiedene „virtuelle Orte" verteilt sind. Während die Kommentare zu einem Beitrag noch gut zu überblicken sind, fällt es deutlich schwerer, kommunikative Bezugnahmen in anderen Weblogs zu verfolgen. Zwar ist leicht ersichtlich, auf welche Quellen sich ein Weblogeintrag bezieht, da diese in der Regel auch verlinkt werden; Anschlusskommunikationen an einen solchen Eintrag in anderen Weblogs werden jedoch nur durch spezifische technische Hilfsmittel (wie den „Trackback") sichtbar gemacht. Auf einer höheren Ebene der Aggregation entstehen durch die weblogbasierte Kommunikation Teilöffentlichkeiten in verschiedenen ausdifferenzierten gesellschaftlichen Subsystemen, darunter insbesondere in Wirtschaft und Politik (vgl. die Diskussion in den Kapiteln 5 und 6).

---

[41] Die Forschergruppe „Communication-Oriented Modelling" (COM) an der TU Hamburg führt zur Zeit Studien durch, um die Kommunikationsprozesse in verschiedenen Genres der computervermittelten Kommunikation zu modellieren und zu vergleichen. Erste Ergebnisse bestätigen die strukturellen Unterschiede der Kommunikationsprozesse in Weblogs von denen in Newsgroups oder auch in Online-Auktionen (vgl. Malsch/Schlieder 2002; Lübcke/Perschke 2004; Perschke/Lübcke 2005).

3.2.3 Software

Der Software-Code als technische Basis ist im praxistheoretischen Sinn eine die Nutzungsepisode rahmende regelhafte Ressource, deren Funktionalitäten und Architektur (also Zusammensetzung und –spiel verschiedener Komponenten und Module) Handlungsmöglichkeiten eröffnen oder beschränken. Weblogs sind jedoch in mehrerer Hinsicht „verwendungsoffen" und können für unterschiedliche Zwecke eingesetzt werden. Um den technikdeterministischen Fehlschluss zu vermeiden, den Code als dem Handeln vorgängige und nicht beeinflussbare Instanz aufzufassen, soll diesem Abschnitt gezeigt werden, inwiefern Software selbst Resultat von spezifischen Praktiken ist (vgl. auch Quintas 1996). Dazu wird im Folgenden a) die Entwicklung von Software-Code als spezifischer Aushandlungsprozess zwischen Personen mit unterschiedlichen Wissensbeständen (Technikgenese) dargestellt und b) die interpretative Flexibilität der Anwender (Technikaneignung) diskutiert.

Software-Entwicklung ist ein mehrstufiger Prozess, der dem gängigen „Wasserfall-Modell"[42] zufolge in sechs Phasen unterteilt werden kann: Bedürfnisanalyse, Design, Implementation, Testen, Integration und Wartung. In jeder Phase findet ein wechselseitiger Abgleich der von Entwicklern konzipierten und programmierten Funktionalitäten mit den anwendungsbezogenen Erwartungen und Erfahrungen der Endnutzer statt. Anforderungen an die Software werden zunächst in Verhandlungen und Lastenheften formuliert, dann im Code spezifiziert und in den späteren Testphasen durch weiteres Feedback optimiert. Neuere Konzepte wie das „Spiral-Modell"[43] oder das „Konzept der iterativen und inkrementellen Entwicklung"[44] sehen auch die Möglichkeit vor, bestimmte Phasen der Software-Entwicklung mehrmals zu durchlaufen, um die Erwartungen an die eigentliche Nutzung besser abstimmen zu können. Ziel ist in jedem Fall, die zu Beginn eines Software-Projekts vorhandene Optionsvielfalt zu reduzieren, also aus der Vielzahl von prinzipiell möglichen Funktionalitäten und Leistungen diejenigen auszuwählen und umzusetzen, die für die Anwendung relevant sind.[45]

---

[42] Vgl. http://en.wikipedia.org/wiki/Waterfall_model.
[43] Vgl. http://en.wikipedia.org/wiki/Spiral_model.
[44] Vgl. http://en.wikipedia.org/wiki/Iterative_and_incremental_development.
[45] Oft tragen nicht nur die Erwartungen der Nutzer, sondern auch organisatorische Zwänge zur Schließung bei. Investitionen in Software-Entwicklung und -Wartung oder Schulungen sind „sunk investments" und erzeugen einen Druck, eingeführte Systeme auch weiter zu führen. In welche Dimensionen Entscheidungen für oder gegen einen Software-Wechsel vordringen können, zeigt das Beispiel der Stadt München, wo bis ins Jahr 2008 etwa 14.000 Arbeitsplätze der Stadtverwaltung von Microsoft-Betriebssystemen auf die Open-Source-Lösung Linux umgestellt werden, wobei geschätzte 30 Millionen Euro Kosten anfallen (vgl. http://www.muenchen.de/linux).

Ein grundsätzliches Problem der Software-Entwicklung ist, dass bei den beteiligten Akteuren unterschiedliche Wissensbestände vorhanden sind: Dem professionellen Expertenwissen der Programmierer steht das anwendungs- oder alltagsbezogene Wissen der Nutzer gegenüber. Ein maßgeblicher Teil der Entwicklungsarbeit besteht darin, diese Wissensbestände abzugleichen, eine gemeinsame Sprache zu finden und das richtige Maß von Objektivation und Kontrolle einerseits und Offenheit und Flexibilität andererseits zu finden. Aufgrund der Wissens- und Sprachdifferenzen sowie der Organisation von Softwareentwicklungsprozessen ist in vielen Projekten die Interaktion zwischen Nutzern und Entwicklern auf die Designphase (wo Funktionen spezifiziert werden) und die Testphase (wo eine geringe Anzahl von Personen die Funktionsweise der Software überprüft) beschränkt. Zwischen der Veröffentlichung neuer Versionen einer Software liegen oft lange Zeiträume, sodass Feedback von den „Endnutzern" einer Software nur mit großer Verzögerung seinen Weg in modifizierte Versionen findet.

In Gestalt der „Open Source"-Bewegung hat in den letzten Jahren jedoch ein Paradigma der Software-Entwicklung an Bedeutung gewonnen, das einige grundlegend Unterschiede zu bisher gängigen Prinzipien aufweist (vgl. Möller 2005, S. 55-113). Bei Open-Source-Software liegt der Quellcode eines Programms offen und kann so ständig auf Fehler und Verbesserungsmöglichkeiten überprüft werden. Eric Raymond (1999) stellte dieses „Basar-Modell" von Open-Source-Projekten dem „Kathedralen-Modell" gängiger Software-Entwicklung gegenüber und formulierte, in Anspielung an Linus Torvalds, den führenden Entwickler des Betriebssystems Linux, „Linus's law": „Given enough eyeballs, all bugs are shallow". Darin drückt sich aus, dass ein Offenlegen des Quellcodes dessen Qualität steigert, weil ein größerer Kreis von Personen (die notwendige Expertise vorausgesetzt) die Funktionsweise einer Software überprüfen und anhand des Quellcodes nachvollziehen kann. Über Mailing-Listen und spezifische Projektmanagementwerkzeuge wird die Weiterentwicklung einzelner Module koordiniert und dokumentiert, was Open-Source-Projekten organisatorische Stabilität verleiht, obwohl sie keine formalen Mitgliedschaften aufweisen und die beteiligten Personen oft wechseln (vgl. Morner 2003).[46] Aus rechtlicher Sicht ist Open-Source-Software meist „Freie Software", das heißt ihre Eigentumsrechte liegen nicht bei bestimmten Personen oder Organisationen (wie es bei proprietärer Software der Fall ist), sondern es handelt es sich um freies

---

[46] Das wichtigste Werkzeug zur Koordination ist die webbasierte Anwendung „sourceforge", über die mehr als 100.000 Open-Source-Projekte verwaltet werden (vgl. http://sourceforge.net/).

geistiges Eigentum, dessen Kopieren und Modifizieren ausdrücklich erlaubt sind.[47]

Auch im Feld der Weblog-Software haben die Ideen der Open-Source-Bewegung große Bedeutung. Etwa zwei Drittel der Stand-Alone-Skripte stehen explizit unter einer freien Software-Lizenz wie GPL, BSD oder CC.[48] Viele von ihnen haben einen (unterschiedlich großen) Kreis von Personen, die über verschiedene Kanäle Feedback liefern, technische Fragen diskutieren und weitere Entwicklungsarbeit leisten. Am Beispiel der verbreiteten Software „Wordpress" wird deutlich, wie die Kommunikation zwischen Entwicklern und Nutzern auf verschiedenen Ebenen stattfindet. Auf der Homepage www.wordpress.org stellt ein Weblog der leitenden Entwickler neue Funktionen und andere nützliche Informationen vor, ohne allerdings eine Kommentarfunktion anzubieten. Damit schützen die Autoren diesen Kanal vor der Überflutung mit Fragen zur Bedienung der Software – diese werden in insgesamt sieben Foren diskutiert, die mit Stand Anfang Dezember 2005 etwa 50.000 Themen abdecken und über 260.000 Beiträge beinhalten.

Eine dritte Informationsquelle ist das Wiki „WordPress Codex", das als Dokumentation der Software dient.[49] Hier finden sich zum Beispiel systematische Überblicke über grundlegende und fortgeschrittene Funktionen, ein Protokoll der Versionsgeschichte sowie Hinweise für die Programmierung ergänzender Anwendungen (so genannter „Plugins"). Dieses Hypertext-Dokument kann prinzipiell auch von allen Nutzern geändert werden, um eigene Erfahrungen oder Hinweise für Andere zur Verfügung zu stellen. Die Weiterentwicklung der Software, insbesondere die Koordination der verschiedenen Programmierer, wird durch eine eigene Mailing-Liste und ein Projektmanagementsystem sichergestellt.[50] Der Code von Wordpress ist in besonderem Maße darauf ausgelegt, dass die Nutzer ihr eigenes Weblog durch externe „Plugins" (zusätzliche Software-Module) und „Themes" (also Designvorlagen) nahezu beliebig modifizieren und den eigenen Anforderungen anpassen können. Eine rege Nutzergemeinschaft veranstaltet Wettbewerbe, um die besten Design-Vorschläge oder Plugins zu prämieren.[51] Außerdem werden regelmäßig so genannte „blacklists" veröffentlicht, die zur Abwehr von Weblog-Spam eingesetzt werden können.

---

[47] Auf die Prinzipien, Bedingungen und gesellschaftlichen Folgen von Freier Software kann hier nicht näher eingangen werden; vgl. näher dazu Grassmuck 2004.

[48] Vgl. den Überblick und die Erläuterungen auf http://unblogbar.com/software/index.php.

[49] Vgl. http://codex.wordpress.org/Main_Page.

[50] Vgl. http://trac.wordpress.org/timeline bzw. http://lists.automattic.com/mailman/listinfo/wp-testers.

[51] Vgl. http://www.alexking.org/index.php?content=software/wordpress/styles.php bzw. http://weblogtoolscollection.com/archives/2005/04/04/wordpress-Plugin-competition/

Wie das Beispiel von Wordpress zeigt, entstehen in den Weblogs und Foren der Entwickler soziale Netzwerke verschiedener Größe und Stabilität, die von der Ad-hoc-Öffentlichkeit einer Frage und ihrer Antwort bis zur virtuellen Gemeinschaft der engagiertesten Programmierer und Software-Tester reichen. Sie sind ein weiterer Beleg dafür, wie online-basierte Kommunikation Netzwerke fundieren kann, die den beteiligten Personen Sozialkapital zur Verfügung stellen kann – in diesem Fall geht es vor allem um informationelle Unterstützung, denn mit Hilfe dieser Netzwerke kann die Differenz zwischen Experten- und Laienwissen überbrückt werden. In den Foren können unerfahrene Anwender Fragen stellen, die von erfahrenen Nutzern beantwortet werden, das Wiki fungiert als beliebig erweiterbares Nutzerhandbuch und in den Mailing-Listen der Entwickler werden technische Fragen der Programmierung diskutiert. Weil mit der Diffusion der Weblognutzung der Anteil der Nutzer sinkt, die über fortgeschrittene technische Kompetenzen verfügen, ist diese Differenzierung von Wissensräumen bei gleichzeitiger kommunikativer Kopplung von Experten und Laien eine erfolgreiche Strategie.

Unter Rückgriff auf unterschiedliche Wissensbestände lässt sich auch der oben gemachte Unterschied zwischen den zwei grundsätzlichen technischen Varianten des Weblogs näher qualifizieren: Weblog-Skripten wie Wordpress setzen zur Installation und Modifikation eine gewisse Erfahrung im Umgang mit Webservern und online-basierten Anwendungen voraus. Wer entsprechendes Know-How und Kompetenzen besitzt oder sich in der Kommunikation mit anderen Nutzern erwirbt, erhält dafür eine stärkere Kontrolle über den Code und damit mittelbar über die Funktionen und das Aussehen seines Weblogs.

Das Wachstum der Blogosphäre geschieht allerdings überwiegend im Bereich der Weblog-Hosting-Provider, wodurch sich das Bloggen auch in der Hinsicht normalisiert, dass man kein Experte mehr sein muss, um ein Weblog einzurichten, sondern dies buchstäblich in fünf Minuten erledigen kann. Die Einfachheit geht jedoch auf Kosten des individuellen Spielraums, die Funktionen seines Blogs wesentlich zu erweitern oder die gespeicherten Daten problemlos zu anderen Anbietern zu übertragen. In der Regel kann man zwischen wenigen Design-Vorgaben wählen, in denen nur an bestimmten Stellen Personalisierungen möglich sind. Diese Einschränkungen dienen dazu, die Kontingenzen fortgeschrittener Systeme und ihres Codes zu reduzieren, um sie für den unerfahrenen Nutzer bewältigbar zu machen.

Der hohe kommunikative Aufwand, der in der Entwicklung eines Software-Produkts steckt und der von vielen Entwicklern der Weblogszene bewusst gesucht und gefördert wird, belegt die soziale Konstruktion des Codes und den Einfluss von Erwartungen, Regeln und Netzwerken auf dieses nur scheinbar neutral-objektivierte Artefakt im Vorgang der Technikgenese. Es stellt eine bestimmte Art „geronnenen Wissens" von Entwicklern und Anwendern dar, nämlich Wissen über Handlungen und ihre Folgen, das letztlich in Form von einzelnen Prozeduren und Algorithmen bestimmte Nutzungsweisen antizipiert und ermöglicht bzw. ausschließt.

Der Code kann dabei spezifische Aneignungen der Technologie fördern, indem zum Beispiel durch die Gestaltung der Auswahlmenüs und der Optionen bestimmte Nutzungen nahe gelegt werden. So unterschieden sich die beiden ersten Weblog-Plattformen Blogger.com und Pitas in einem scheinbar kleinen Detail, das aber weit reichende Auswirkungen auf die entsprechenden Nutzungsweisen hatte (vgl. Blood 2004): Pitas bot dem Nutzer zwei Eingabefelder: Eines für die verlinkte URL und eines für den dazugehörigen Kommentar. Diese Eigenschaft des Codes (genauer: des Nutzer-Interfaces) legte die Praxis nahe, Weblogs als eine kommentierte Linkliste zu führen. Die Eingabemaske von Blogger.com bestand dagegen aus nur einem Feld für Text; Verweise auf andere Seiten mussten mit HTML-Tags gesondert gekennzeichnet werden. Dadurch förderte Blogger.com einen Stil, der weniger mit Verweisen auf andere Seiten arbeitete und eher der Journal-Tradition entsprach.

Wie die nächsten Kapitel zeigen, unterstützt die relative Offenheit des Formats die Aneignung von Weblogs für unterschiedliche Zwecke und Praktiken, lässt also Raum für interpretative Flexibilität der Anwender. Zusätzlich macht die technisch bedingte Fokussierungsleistung der Blogosphäre (s.o.) Weblogs empfänglich für besondere Umdeutungen. So hat beispielsweise die gute Eignung von Weblogs für das Steigern des PageRanks einer Webseite dazu geführt, dass bei manchen Providern so genannte „Link Farms" oder „Spam Blogs"[52] eingerichtet wurden: Durch die hohe Anzahl von aufeinander verweisenden Seiten und (automatisch erstellten) Kommentaren können bestimmte Webseiten einen vorderen Rang in Suchmaschinen wie Google „erschleichen". Diese Praxis wird als „Suchmaschinen-Spamming" geächtet, und die Such-

---

[52] Als Linkfarm bezeichnet man „eine Ansammlung von Webseiten oder ganzen Domänen im Web (…), die primär einem Zwecke dient: möglichst viele Hyperlinks auf eine andere Webpräsenz zu legen. Dabei sind die einzelnen Seiten einer solchen Linkfarm vielfach einander sehr ähnlich oder überhaupt identisch" (http://de.wikipedia.org/wiki/Linkfarm). Spam Blogs sind Weblogs "that are created in order to influence results on a search engine by filling the results with spam or fake postings." (http://www.sifry.com/alerts/archives/000335.html).

maschinen-Betreiber haben verschiedene Kontrollmechanismen[53] einge-
baut. Allerdings ist ähnlich wie bei E-Mail-Spam ein ständiger Wettlauf
zwischen Weblog-Entwicklern und Community-Betreibern einerseits
und unseriösen „Suchmaschinenoptimierern" andererseits zu beobachten.

Eine andere Variante des Umgangs mit dieser Systemeigenschaft ist
das „Google bombing", bei dem bestimmte Suchbegriffe mit spezifischen Inhalten besetzt werden (vgl. Hiler 2002b). Wenn genug Seiten
unter einem bestimmten Schlüsselbegriff auf eine URL verweisen, wird
diese bei der Suche auch entsprechend weit vorne auftauchen. Waren
die ersten „google bombs" noch spaßeshalber durch den Wunsch motiviert, zum Beispiel den PageRank des eigenen Namens zu erhöhen, kam
es bald zu „justice bombs": Weblogs verlinken mit einer gebräuchlichen
Suchphrase zum gewünschten Inhalt (z. B. einem kritischen Bericht
über ein Unternehmen), um ihn in der Ergebnisliste von Google nach
oben zu bringen. Ein anschauliches Beispiel einer „justice bomb" ereignete sich im Zusammenhang mit dem in Abschnitt 5.1 näher
beschriebenen „Fall Jamba": Als das SAT1-Magazin „Planetopia" Anfang Januar über die deutsche Weblogszene berichtete, ließ es aus Sicht
vieler Zuschauer die nötige Objektivität vermissen. Einer der portrai-
tierten Weblogger, der reichweitenstarke „Schockwellenreiter" (Jörg
Kantel), verfasste daraufhin einen Beitrag unter dem Titel „Planetopia
lügt", um seine Sicht der Angelegenheit zu schildern.[54] Da in den
folgenden Tagen eine Vielzahl von anderen Weblogs diesen Beitrag verlinkten und die Referenz „Planetopia lügt" verwendeten, taucht bei einer
Google-Suche mit dem Stichwort „Planetopia" der kritische Beitrag zur
Zeit an zweiter Stelle nach der Homepage des Magazins auf.

3.3 Zusammenfassung

In den letzten Jahren sind zahlreiche Einsatzfelder für Weblogs entstanden, die eine differenzierte Analyse verlangen. Die zentrale These dieser
kommunikationssoziologischen Studie ist, dass ein praxistheoretischer
Ansatz dem Phänomen am besten gerecht werden kann, weil er Grundlagen für den Vergleich von unterschiedlichen Gebrauchsweisen und

---

[53] Vgl. die Hinweise für Webmaster unter http://www.google.de/intl/de/webmasters/
guidelines.html.
[54] Vgl. http://blog.schockwellenreiter.de/7793.

daraus resultierender Folgen liefert, die individuelles Handeln und strukturelle Resultate gleichberechtigt einbeziehen (siehe auch Abbildung 5). Weblog-Praktiken sind als eine Form der computervermittelten Kommunikation dreifach gerahmtes soziales Handeln: Technische Merkmale, die mehr oder weniger viele Optionen eröffnen, geteilte Vorstellungen und Regeln zum Gebrauch von Weblogs, die sich in Form von Adäquanz- und prozeduralen Regeln innerhalb von Verwendungsgemeinschaften äußern, sowie die hypertextuellen und sozialen Netzwerke, die im Gebrauch entstehen, geben der individuellen Nutzungsepisode einen Rahmen vor. Dieser wird durch die kommunikativen Handlungen selbst wieder bestärkt oder verändert.

Die geteilten Regeln, die sich im Laufe des Gebrauchs von Weblogs ergeben, haben eine präskriptiv-normative und eine kognitive Komponente, sind also in Wissen und Kompetenzen abgesicherte Vorgaben für das individuelle Handeln. In Form von Adäquanzregeln bestimmen sie die Medienwahl, indem sie angeben, für welche Zwecke das Weblog anderen kommunikativen Formen vorzuziehen ist. In Form von prozeduralen Regeln bestimmen sie den Gebrauch des Weblogs, wobei Rezeptionsregeln, Publikationsregeln und Vernetzungsregeln zu unterscheiden sind. Vor allem bei der Auswahl von Themen fallen Erwartungen und Erwartungserwartungen aus zwei Rollen zusammen: Einerseits bestimmt das Selbstverständnis als Autor, welche Inhalte in welcher Art publiziert werden, andererseits bestimmen Routinen als Leser von Weblogs, auf welche Inhalte man überhaupt aufmerksam wird. Kleinster gemeinsamer Nenner ist die persönliche Authentizität, die Produzenten wie Rezipienten von Texten erwarten und die als ein Leitbild für gelungene Weblog-Kommunikation gilt.

Den Autoren stehen verschiedene soziale und technische Möglichkeiten des Identitätsmanagements zur Verfügung, indem Inhalt und Gestaltung des Weblogs im Belieben des Einzelnen stehen, wenn auch – je nach Kontext des Weblogs – übergeordnete Regeln und Vorgaben zum Tragen kommen. In der Leserrolle herrschen Strategien und Erwartungen des Informationsmanagements vor, die ebenfalls durch soziale Faktoren (z. B. lebensweltliche Nähe, gesuchte Themen) und technische Mechanismen (z. B. Aggregation auf Portalen, RSS) gerahmt sind. Für die Strukturierung von Aufmerksamkeit spielen die aus zahlreichen soziotechnischen Relationen geknüpften Netzwerke in der Blogosphäre eine zentrale Rolle. Hypertextuelle Verbindungen bilden die Grundlage für verschiedene Teil-Öffentlichkeiten, deren Ausmaß von nahezu massenmedialer Dimension über thematische spezialisierte verteilte Konversationen bis hin zu Mikro-Öffentlichkeiten von wenigen

Personen reicht. Aufgrund der spezifischen Netzwerkstruktur verbreiten sich einzelne Informationen sehr schnell, und aufgrund der wechselseitigen Beobachtung von Massenmedien und Blogosphäre können manche Informationen auch an eine gesellschaftsweite Öffentlichkeit gelangen. Soziale Verbindungen machen Weblogs zu einer Quelle von Sozialkapital, das innerhalb von Nutzergemeinschaften für Informationsfluss oder Unterstützung mobilisiert werden kann. Sie sind daher auch Werkzeug des Beziehungsmanagements.

Die Software, die beim Bloggen zum Einsatz kommt, bildet die technische Basis und gleichzeitig einen weiteren stabilisierenden Rahmen der Nutzungsepisode, da sie gewisse Handlungsoptionen eröffnet und andere ausschließt. Sie unterstützt die Selektion und Präsentation von Inhalten sowie die Vernetzung mit anderen Quellen, bleibt dabei aber offen für soziale und technische Innovationen. Ihre (Weiter-)Entwicklung basiert auf Interaktionen zwischen Personen mit unterschiedlichem Expertenwissen, denn die Entwickler beziehen ihr Feedback aus (oft weblogbasierten) Netzwerken, die sie mit erfahrenen und Hilfe suchenden Nutzern teilen. Je nach Kompetenz und gewählter Software können Nutzer die Funktionen eines Weblogs modifizieren und an die eigenen Bedürfnisse anpassen, wobei Innovationen aus unvorgesehenen Nutzungspraktiken möglicherweise Änderungen in neuen Versionen nach sich ziehen und sich so stabilisieren. In den Worten von Rebecca Blood:

„When any sizable number of bloggers start doing something, someone, it seems, will construct a tool to automate it – further popularizing the activity" (Blood 2004, S. 55).

Durch das rasante Wachstum des Genres in den letzten Jahren ist das Feld weblogbasierter Kommunikation hoch dynamisch und derzeit in einem Institutionalisierungsprozess befindlich, in dem sich zwei scheinbar gegensätzliche Tendenzen dialektisch aufheben: 1) Die kreative Schaffung neuer Handlungsalternativen durch technische und soziale Innovationen (Öffnung; Rekombination; Kontingenz) und 2) die Verfestigung existierender oder neuer Handlungsalternativen in Routinen, sozialen Beziehungsstrukturen und Software-Code (Schließung; Persistenz; Determination). In den folgenden Kapiteln stehen drei verschiedene Praktiken im Mittelpunkt, die sich auf der Grundlage des Weblog-Formats herausgebildet haben und noch herausbilden, indem sie Elemente anderer Kommunikationsformen und Kulturmuster aufgreifen und diese mit eigenen Verwendungsregeln und Erwartungen kombinieren.

Abbildung 5: Analysemodell für Praktiken des Bloggens

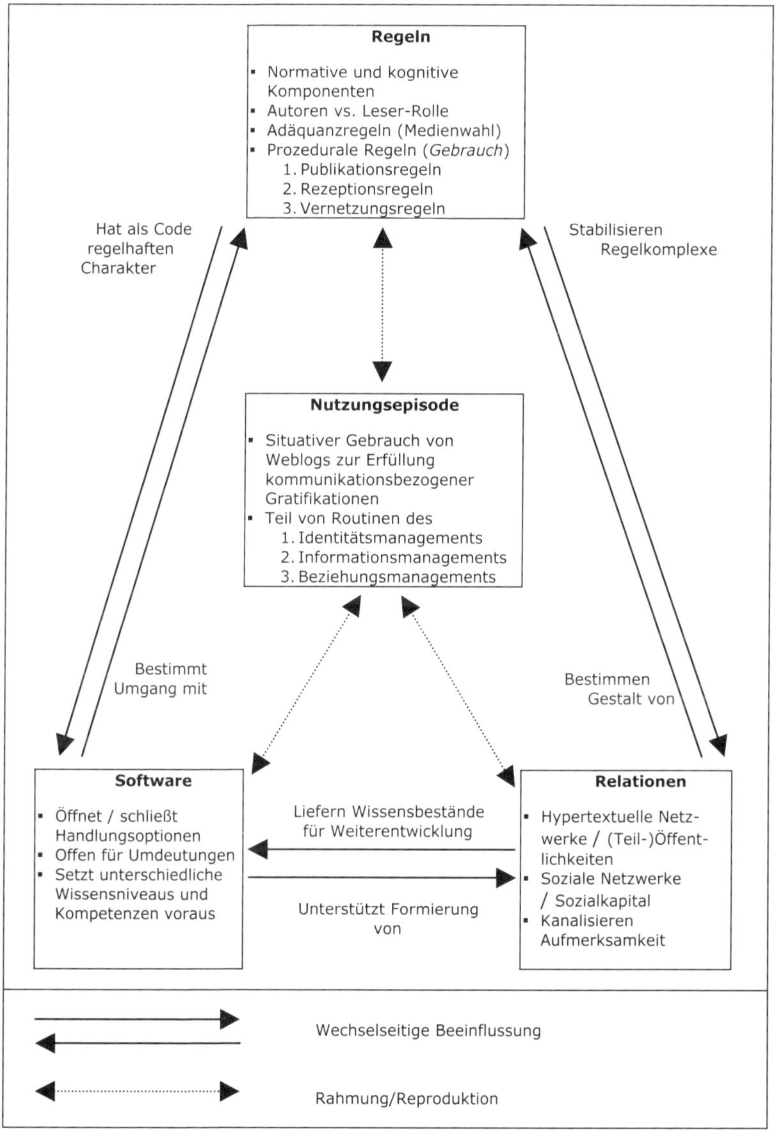

Regeln

- Normative und kognitive
  Komponenten
- Autoren vs. Leser-Rolle
- Adäquanzregeln (Medienwahl)
- Prozedurale Regeln (*Gebrauch*)
  1. Publikationsregeln
  2. Rezeptionsregeln
  3. Vernetzungsregeln

Hat als Code
regelhaften
Charakter

Stabilisieren
Regelkomplexe

Nutzungsepisode

- Situativer Gebrauch von
  Weblogs zur Erfüllung
  kommunikationsbezogener
  Gratifikationen
- Teil von Routinen des
  1. Identitätsmanagements
  2. Informationsmanagements
  3. Beziehungsmanagements

Bestimmt
Umgang mit

Bestimmen
Gestalt von

Software

- Öffnet / schließt
  Handlungsoptionen
- Offen für Umdeutungen
- Setzt unterschiedliche
  Wissensniveaus und
  Kompetenzen voraus

Liefern Wissensbestände
für Weiterentwicklung

Unterstützt Formierung
von

Relationen

- Hypertextuelle Netz-
  werke / (Teil-)Öffent-
  lichkeiten
- Soziale Netzwerke
  / Sozialkapital
- Kanalisieren
  Aufmerksamkeit

Wechselseitige Beeinflussung

Rahmung/Reproduktion

4 Weblogs als persönliche Online-Journale

Auch wenn keine aktuellen repräsentativen Zahlen vorliegen, ist davon auszugehen, dass die überwiegende Mehrheit der Weblogs von Privatpersonen geführt werden, die die einfach zu bedienende Technologie nutzen, um persönliche Eindrücke, Gedanken und Erlebnisse im Internet zu publizieren, ohne damit einen Anspruch auf öffentliche Relevanz zu erheben. Dieser Typ soll im Folgenden als „Online-Journal" bezeichnet werden; im Jahr 2003 machte er schätzungsweise 70 Prozent aller Weblogs aus (vgl. Herring et al. 2004a).[55] Einer der führenden Anbieter, LiveJournal, verzeichnete im September 2005 mehr als 8,3 Millionen Weblogs, von denen etwa 1,4 Millionen in den vergangenen 30 Tagen aktualisiert worden waren, also als aktiv gelten können.

Trotz der absoluten und relativen Dominanz von Online-Journalen wird dieser Weblog-Typ im öffentlichen Diskurs vielfach nicht ernsthaft wahrgenommen, weil seine Vertreter entweder als „irrelevante Online-Tagebücher" abgewertet werden oder gegenüber anderen, eher auf externale Reflexionen ausgerichteten Typen (wie dem oft journalistisch orientierten Filter-Weblog oder dem als Wissensspeicher verwendeten „knowledge-log") marginalisiert sind (vgl. Herring et al. 2004b; Schönberger 2006). Letztere erhalten mehr Aufmerksamkeit in Berichten von Massenmedien, der wissenschaftlichen Auseinandersetzung und auch in der Blogosphäre selbst. Gründe dafür sind der höhere Nachrichtenwert von Einträgen in external ausgerichteten Weblogs für andere Medien sowie die zentralere Stellung, die sie aufgrund einer höheren Zahl von eingehenden Links innerhalb des Blogosphäre besitzen. Letztlich wird dadurch jedoch (unintendiert) ein Verständnis von Weblogs konstruiert, das auf einer vergleichsweise gering verbreiteten Praxis beruht und den Blick auf wesentliche Veränderungen verstellt, die das quantitative Wachstum von Weblogs für Kommunikation und Interaktionen mit sich bringt:

> „Excluding personal journals – defining them as less important or
> ‚not weblogs' – not only minimizes women's and teens' contributions

---

[55] Bevor der Begriff „Weblog" geprägt wurde, existierten bereits „Online Diaries" im Web. Es gibt keine klare Abgrenzung zwischen diesen beiden Typen; McNeill (2003) zitiert eine Autorin, die sowohl ein Weblog als auch ein Online-Tagebuch im engeren Sinne führt und letzteres als weniger schnell und spontan, sondern reflektierter und zeitaufwändiger beschreibt.

to the evolution of blogging, but overlooks broader human motivations underlying the weblog phenomenon" (Herring et al. 2004b, o.S.).

Online-Journale sind also nicht nur aufgrund ihrer großen Zahl wichtig, sondern an ihrem Beispiel können bestimmte Elemente und Konsequenzen von Praktiken des Bloggens besonders deutlich gemacht werden. In diesem Kapitel wird zunächst diskutiert, inwiefern Weblogs die Selbstdarstellung und Identitätsbildung unterstützen (Abschnitt 4.1). Die Verbindung von Elementen der persönlich-privaten und der öffentlichen Kommunikation in Online-Journalen führt zu Spannungen, die in Abschnitt 4.2 diskutiert werden. Abschnitt 4.3 beleuchtet schließlich die Konsequenzen von privaten Weblogs für den Aufbau von persönlichen Netzwerken und Sozialkapital.

4.1 Selbstdarstellung und Identitätsmanagement in Weblogs

Wie der Soziologe Erving Goffman (1976, 1977) herausgearbeitet hat, betreiben Menschen in allen Interaktionssituationen „impression management", stellen also gewisse Aspekte des eigenen Selbst stärker heraus als andere, um den situativen Anforderungen und Erwartungen gerecht zu werden. Die „Definition der Situation" dient als Drehbuch für das soziale Handeln und bündelt die gesellschaftlich akzeptierten Vorgaben an die Interaktionspartner; Begriffe wie „soziale Rolle" oder „Vorder- und Hinterbühne", die Goffman für die Analyse sozialer Situationen verwendet, drücken die Ähnlichkeiten zum Theaterspielen aus. Neben den explizit vermittelten Informationen („information given") beziehen Menschen auch die unbewusst vermittelten Informationen („information given off") mit ein, insbesondere Elemente der nonverbalen Kommunikation und des räumlichen Kontexts einer Interaktion.

Computervermittelte Kommunikation ändert an diesen Grundprinzipien des sozialen Handelns nichts, denn auch hier orientieren sich die Menschen an Hinweisen, die sie wissentlich oder unwissentlich von sich geben. Die Diskussion um Kanalreduktions- und Filter-Modelle der computervermittelten Kommunikation (vgl. zusammenfassend Höflich 2003; Döring 2003, S. 149ff) hat gezeigt, dass bei Online-Interaktionen zwar bestimmte Sinnesreize entfallen, dafür aber andere Hinweise (z. B. Emoticons) an ihre Stelle treten und sich die Interaktionspartner zusätzlich durch Informationen orientieren, die sie aufgrund von Medienwechseln oder vorherigen Kontakten besitzen. Darüber hinaus existieren zahlreiche Versuche, durch technische Mechanismen den Interaktionspartnern Kontextinformationen zur Verfügung zu stellen, beispielsweise durch eine Visualisierung der Kommunikationsstrukturen in Newsgroups (vgl. Smith 2003) oder der Aktivität und Kopräsenz von Akteuren in Chat-Umgebungen (vgl. Donath/ Viégas 2002). Es sind also soziale Übereinkünfte und Merkmale der Software-Architektur, die gleichermaßen bestimmen, auf welche Weise sich Menschen im Internet anderen darstellen und zusammen interagieren können (vgl. auch Boyd 2001, Lueg/Fisher 2003).

Merkmale der Selbstpräsentation und des Identitätsmanagements im Internet sind bislang vor allem für persönliche Homepages sowie dialogorientierte Formen computervermittelter Kommunikation (Chat, Diskussionsforen, MUDs) untersucht worden (vgl. die Übersichten bei Döring 2003; Misoch 2004; Renner/Schütz/Machilek 2005; Beck 2006). Weil diese Befunde eine Grundlage liefern, um die besondere Rolle von Weblogs charakterisieren zu können, sollen sie hier etwas ausführlicher vorgestellt werden.

Homepage-Autoren können mit relativ geringem Aufwand sowohl ein sehr großes als auch ein sehr spezialisiertes Publikum erreichen, das heißt sowohl bislang unbekannten Personen einen Eindruck über die eigene Person als auch Bekannten und Freunden zusätzliche ergänzende Informationen vermitteln. Frühe Kontroversen, ob private Homepages die Persönlichkeit vollständig und/oder authentisch widerspiegeln, sind weitgehend gegenstandslos geworden (vgl. Döring 2002): Die Selbstpräsentation auf einer Homepage ist generell reflexiver und der Grad der Vollständigkeit und Authentizität einer Selbstdarstellung hängt nicht vom verwendeten Medium, sondern von den damit verbundenen Motiven und Kompetenzen ab.

Die Autoren von persönlichen Homepages nehmen Studien zufolge eine Positivselektion von Eigenschaften vor, die sie im Internet darstellen wollen und verfolgen dabei – analog zum „impression management" in Offline-Interaktionen – die Strategie, als kompetent und sympathisch wahrgenommen zu werden (vgl. Machilek/Schütz/Marcus 2004). Lediglich diejenigen Personen, die außerhalb des Internets mangelnder sozialer Integration oder Gefühlen von Einsamkeit und wahrgenommener Einflusslosigkeit unterliegen, nutzen das Internet tendenziell eher für Experimente mit alternativen Identitäten. Die überwiegende Mehrheit von Autoren persönlicher Homepages verfolgt das Ziel, Aspekte des eigenen Selbst authentisch darzustellen (vgl. Misoch 2004, S.173ff). Die Offenlegung von persönlichen Merkmalen („self-disclosure") erfüllt dabei wichtige Funktionen:

„These may include (1) self-clarification, which occurs when individuals think about and focus attention on themselves in preparation of speaking about themselves to others; (2) social validation, in which individuals hope to obtain feedback and advice about the appropriateness or correctness of their beliefs or behaviors from those to whom they open up and reveal themselves; (3) relationship development, in which the disclosure of information as a commodity may occur as a form of interpersonal exchange; and (4) social control, in which the discloser essentially engages in impression management by selectively and strategically revealing certain pieces of information to influence others' opinions" (Calvert 2000, S. 83/84).

Die Identität eines Menschen entwickelt sich im Zusammenspiel von situativen Erfahrungen und übersituativer Verarbeitung dieser Erfahrungen (vgl. Haußer 1995). Die situativen Komponenten der Selbstwahrnehmung, Selbstbewertung und der personalen Kontrolle als dem Bedürfnis, auf die Umwelt Einfluss zu nehmen, werden zu Identitätskomponenten generalisiert: Selbstkonzept, Selbstwertgefühl und Kontrollbewusstsein. Gegenüber dem klassischen Identitätskonzept, das die Stabilität und Einheit der persönlichen Identität betonte, setzt sich immer mehr ein dynamisches Identitätsverständnis durch:

„Identität wird heute als komplexe Struktur aufgefasst, die aus einer Vielzahl einzelner Elemente besteht (*Multiplizität*), von denen in konkreten Situationen jeweils Teilmengen aktiviert sind oder aktiviert werden (*Flexibilität*)" (Döring 2003, S. 325; Kursivsetzung im Original).

Dieses Verständnis wird der Tatsache gerecht, dass Menschen in heutigen ausdifferenzierten Gesellschaften einerseits in eine Vielzahl von Rollenbeziehungen eingebunden sind, die unterschiedliche Kompetenzen und Erwartungen vereinen, andererseits aufgrund steigender biographischer Risiken und Flexibilitätsanforderungen zu verschiedenen Zeiten des Lebens in Situationen kommen können, die eine Modifikation oder Neudefinition der eigenen Identität erforderlich machen.[56]

Zusammen mit dem hohen Stellenwert, den die Herausbildung einer individuellen Identität in modernen Gesellschaften hat („Individualität" als gesellschaftliches Leitbild), führen diese makrosoziologischen Entwicklungen dazu, dass Identitätstransformationen, also Veränderun-

---

[56] Unter den klassischen Soziologen hat Georg Simmel (1908/1999) am Deutlichsten herausgearbeitet, wie die gesellschaftliche Differenzierung eine Bedingung für Individualisierung und Identitätsbildung in der modernen Gesellschaft ist: Die Vielzahl von spezialisierten Rollenbeziehungen verringert die Bindung des Einzelnen an spezifische Gruppen, eröffnet ihm gleichzeitig aber die Chance der Einzigartigkeit und Individualität. im Schnittpunkt sozialer Kreise.

gen im Selbstverständnis und Handeln, auch im Erwachsenenalter immer häufiger werden (vgl. Siegert/Chapman 1987). Neuere Theorien betonen daher die Flexibilität von Identitätskonstruktionen, mit denen der Einzelnen den gesellschaftlichen Anforderungen an unterschiedliche Alltagssituationen mit ihren zum Teil widersprüchlichen Erwartungen gerecht zu werden versucht (vgl. Misoch 2004, S. 91ff.). Kohärenz des eigenen Selbst wird demnach vor allem durch Selbstnarrationen erreicht, also durch Erzählungen, mit deren Hilfe Menschen ihrer Identität einen Rahmen geben und sie in ihre Lebenswelt einbetten.

Für diese Identitätsarbeit spielen Massenmedien (vor allem bei Jugendlichen) eine wichtige Rolle, weil sie bestimmte kollektive oder individuelle Identitäten als Vorbilder und Wirklichkeitsentwürfe präsentieren.[57] Das „Hybridmedium Internet" (Höflich 1997) eröffnet zusätzliche Optionen, weil es Elemente massenmedialer und interpersonaler Kommunikation vereint und seine verschiedenen Dienste es erlauben, in jeweils spezifischer Art und Weise zusammen mit anderen Personen Identitäten zu konstruieren. Auch wenn die Trennung zwischen einer „Online"- und einer „Offline"-Welt eher analytisch ist, hilft sie, Veränderungen der Identitätskonstruktionen durch das Internet deutlich zu machen (vgl. Döring 2003, S. 347-401). Dieses bietet die Möglichkeit, Teilidentitäten selektiv zu aktivieren, sich also beispielsweise in Diskussionsforen und Chats als Experte zu beruflichen Themen oder als Fan einer Musikrichtung zu beteiligen. Manche Personen widmen ihren Hobbies umfangreiche Webseiten und gelangen darüber in Kontakt mit anderen Gleichgesinnten, was sie in ihrer jeweiligen „Fan-Identität" bestärkt.

Die relative Anonymität und die geringen Hürden, die geographische Distanz für Online-Interaktionen hat, empfinden vor allem Angehörige von marginalisierten oder stigmatisierten Gruppen als befreiend, weil sie im Internet praktische Hilfestellungen und emotionale Unterstützung finden können. McKenna/Bargh (1998) zeigten am Beispiel des Usenet, dass in „marginalisierten newsgroups"[58] die Kommunikation intensiver und positiver war, als in „mainstream-newsgroups". Für diejenigen Personen, die sich regelmäßig an Diskussionen beteiligten, stellten die onlinegestützten Interaktionen mit anderen marginalisierten Personen So-

---

[57] So haben beispielsweise Paus-Haase et al. (1999) in einer Untersuchung der Talkshow-Nutzung von Jugendlichen unterschiedliche Rezeptionsstile (abhängig von Geschlecht und Bildungsniveau) identifiziert, die den Umgang mit den gesendeten Inhalten beeinflussen. Vgl. auch die umfangreichen Befunde zur Mediensozialisation Heranwachsender bei Süss 2004.

[58] Untersucht wurden die Newsgroups alt.drugs, alt.homosexual, alt.sex.spanking und alt.sex.bondage.

zialkapital bereit, das individuell zu einer höheren Selbstakzeptanz und verringerter sozialer Isolation führte, was wiederum Rückwirkungen auf die Offline-Identität hatte.

Das Internet erlaubt es schließlich auch, neue (Teil)Identitäten beziehungsweise Identitätsaspekte zu konstruieren, also beispielsweise Alter, Geschlecht oder körperliche Attribute anders zu präsentieren, als es der Offline-Realität entspricht. Die Bewertung solcher Vorgänge hängt dabei von den Erwartungen der jeweiligen Verwendungsgemeinschaften ab, wobei im Kontext bestimmter Dienste eine flexiblere Präsentation der eigenen Identität eher akzeptiert wird. So hat Sherry Turkle (1998) gezeigt, wie in Chaträumen und insbesondere in MUDs[59] die spielerische Konstruktion von Identitäten akzeptiert, im zweiten Fall sogar durch die Interaktionsumgebung gefordert wird. Dennoch werden Online-Identitäten in diesen Fällen nicht völlig beliebig, weil Nutzer nach wie vor ein Interesse daran haben, eine gewisse Konsistenz der Selbstpräsentation zu erreichen, um für andere Interaktionspartner wahrnehmbar, wiedererkennbar und respektabel zu sein (vgl. Gebhardt 2001).

In anderen Kommunikationsumgebungen, zum Beispiel in themenbezogenen Diskussionsforen, erwarten die Teilnehmer dagegen eine authentische Selbstpräsentation (was Anonymität oder Pseudonymität nicht ausschließt), gerade wenn es um die Diskussion persönlicher Angelegenheiten und die Bereitstellung von wechselseitiger Unterstützung und Anteilnahme geht. Ein „Fake", also eine absichtsvoll künstlich erschaffene Online-Identität, wird als Vertrauensbruch gesehen und entsprechend negativ sanktioniert. Den möglichen positiven, weil befreienden Wirkungen von Identitätskonstruktionen im Internet steht also die Gefahr des Zerfalls von sozialen Bindungen entgegen, wenn die Kommunikationspartner die kontextabhängigen Erwartungen an Authentizität und Wahrhaftigkeit nicht erfüllen (vgl. Reid-Steere 2000).

Um die bisherigen Gedanken zusammenzufassen: Der Gebrauch verschiedener Formen der computervermittelten Kommunikation, namentlich vor allem Chats, Foren, MUDs und persönliche Webseiten, erfordert vom Nutzer eine bestimmte, mehr oder weniger reflektierte Art der Selbstdarstellung. Ähnlich wie in Face-to-Face-Interaktionen er-

---

[59] „MUDs" ist die Kurzfassung von „Multi User Dungeon". Dabei handelt es sich um Online-Spiele, in denen die Teilnehmer (meist in einem Fantasy- oder Science-Fiction-Setting) bestimmte Aufgaben erfüllen und Rätsel lösen, wodurch ihre Spielfigur mehr Fähigkeiten erhält. Die textbasierten MUDs haben an Popularität eingebüßt, seit in den letzten Jahren grafisch ausgefeiltere und spieltechnisch komplexere „Massively Multiplayer Online Role-Playing Games" (MMORPG) wie „World of Warcraft" oder „Second Life" auf den Markt gekommen sind.

neuert jede situative Selbstdarstellung im Internet Facetten der eigenen Identität, wobei das Ausmaß, in dem eine konsistente Identität reproduziert oder davon abweichende Identitätskonstruktionen bestärkt werden, von den jeweiligen Motiven und den Kompetenzen der Person sowie den Erwartungen der Verwendungsgemeinschaften abhängt, mit denen sie interagiert. Zusätzliche Kontextinformationen, die die Prozesse der Selbstdarstellung und Identitätskonstruktion beeinflussen, gehen teils durch Medien- bzw. Kanalwechsel, teils technisch unterstützt in die Interaktionen ein.

In einem Übersichtsartikel zur Forschung über private Homepages resümiert Döring (2002, o.S.):

„No other medium seems more exactly suited than the personal home page to fulfilling the present-day demands of identity work on the charged field of differentiation on the one hand and construction of coherence and meaning on the other."

Diese Einschätzung müsste inzwischen revidiert werden, denn Weblogs scheinen sogar noch besser geeignet, die Identitätsarbeit zu unterstützen. Wie die folgenden Abschnitte zeigen, fördern sowohl kommunikationsleitende Regeln und Erwartungen als auch die spezifische Kommunikationsarchitektur von Weblogs eine kontinuierliche Präsentation des eigenen Selbst sowie die Auseinandersetzung mit anderen über dieses Selbstbild.

Die Selbstdarstellung erfolgt in Online-Journalen über verschiedene Mechanismen. Der Titel des Weblogs und, sofern vorhanden, der „Nickname" (der Benutzername, unter dem man bei einem Weblog-Anbieter registriert ist) geben einen ersten Aufschluss über Ausrichtung und Interessen eines Weblog-Autors, zum Beispiel „Mein Lebenspuzzle", „Aus Anobellas Welt", „Engelsflug", „Aus dem Leben eines Taugenichts" oder „Endlich Alleine - Single mit Kind". Die Themen von Online-Journalen werden aus der unmittelbaren Lebenswelt ausgewählt, umfassen also z. B. Berichte über Ereignisse und Probleme in Schule, Studium, Beruf oder Freizeit, aber auch Schilderungen der eigenen Stimmung oder Reflexionen sozialer Beziehungen zu Partner, Freunden oder Bekannten.

Der Umgang mit Sprache ist unterschiedlich und hängt von den generellen sprachlichen Kompetenzen der Autoren ab. Reichmayr (2005) fand in einer qualitativen Analyse sowohl umgangssprachliche Muster mit Dialekt- oder Slangausdrücken als auch Fälle mit einer gehobenen Umgangssprache. Dabei übernehmen insbesondere jüngere Blogger viele parasprachliche Besonderheiten aus anderen Modi der computervermittelten Kommunikation (wie Chat, SMS oder Instant Messaging), zum Beispiel Akronyme oder Emoticons (vgl. Schlobinski/Siever 2005). Ein exemplarischer Weblogeintrag lautet etwa wie folgt:

Heute war ein blöder Tag...Bio ist zu mein Nicht-mag-Fach geworden...und mein Biolehrer zu meinen Nicht-Mag-Lehrer ó.Ò...
Ich mag nix Genetik...ich werde es nie mögen. ;____;
NAAAIIIINNN!

Diese Woche ist total blöde...sau viel lernen...bläh...
Aber nächste Woche sind schon FERIEN!!!
Nur noch 4 Tage!
hibbl Bin schon richtig ferienreif...

Abgesehen davon war ich heute in der Zeitung xD
Fand ich sehr lustig ^-^

mhm...was noch?

Hab mir gestern 3 Paar gaaaaaanz schicke Schuhe bestellt ^-^

Das Wetter spielt bei uns auch ganz verrückt...Sonne, Regen, Wolken, Sonne, Regen, Wolken...o.O Heute früh hab ich sogar nen tollen REGENBOGEN gesehen ^-^ da hab ich gedacht: „Ui, der Tag fängt ja toll an."
Und wie ändert er?...mal gucken...ist ja noch nicht spät

Freunde, hab euch lieb (:

PS: Gott sei dank geh ich in keine blöden Diskos!!! ROFL
XDDDDDD
kringel
auf Boden lieg

Neben Themenwahl und Sprache stellt das Design des eigenen Weblogs eine weitere Möglichkeit des persönlichen Ausdrucks und der Selbstdarstellung dar. Stand-alone-Software und – in geringerem Maße – Hosting-Plattformen erlauben es, das Aussehen des eigenen Weblogs durch das Ändern der Layoutvorgaben („Templates") den eigenen Wünschen anzupassen, wobei die Spielräume unterschiedlich groß sind und gerade bei Stand-alone-Software von den technischen Kompetenzen, beispielsweise für die Erstellung eigener Formatvorlagen, bestimmt werden. Über das Einbinden von Fotos oder Grafiken können Blogger das Rahmenlayout anpassen, aber auch einzelnen Einträgen eine weitere expressive Note hinzufügen. Reichmayr (2005) beobachtete in diesem Zusammenhang bei manchen Weblogs jugendlicher Autoren nicht nur eine teilweise bewusste Abgrenzung von Design-Konventionen, sondern auch das Entstehen von eigenen Netzwerken, beispielsweise in „Blogdesign Webrings".

Eine Besonderheit der Selbstdarstellung in Weblogs sind die so genannten „Quizzes" – kurze, meist humorvolle „Persönlichkeitstests", die auf Grundlage einiger weniger geschlossener Fragen bestimmte Persönlichkeitsmerkmale hervorheben. Auf spezialisierten Webseiten wie quizzilla.com oder zenhex.com sind zahlreiche Varianten versammelt, die von Nutzern selbst gestaltet und in ihr eigenes Weblog eingebunden werden können. Viele Quizzes stellen popkulturelle Referenzen her, beispielsweise „If You Were A Barbie, Which Messed Up Version Would You Be?" oder „Which Disney Princess are You?". Sie kursieren unter Freunden und stellen, ähnlich wie „Stöckchen-Spiele" (vgl. Abschnitt 4.3) einen Mechanismus dar, mit dessen Hilfe die eigene Selbstdarstellung mit sozialen Beziehungen verknüpft wird.

Ein wiederkehrendes Motiv für das Führen eines Weblogs ist der Wunsch, Geschichten zu erzählen und mit Sprache zu spielen, um zu einer eigenen Ausdrucksform zu kommen. Die wenig formalisierte Kommunikationsumgebung von Weblogs bietet hier viele Experimentiermöglichkeiten, die bis hin zu Spielarten von „blog fiction" reichen (vgl. Thomas 2005).[60] Dabei steht die persönliche Authentizität im Mittelpunkt: Von Autoren wird erwartet, mit ihrer eigenen Stimme bzw. „personal voice" zu sprechen, also die eigenen Gedanken und Kommentare zu Erlebnissen oder zitierten Inhalten auszudrücken. Diese Authentizitäts-Erwartung steht im Zentrum von Publikationsregeln und führt dazu, dass sich in Weblogs Online-Identitäten manifestieren, die relativ eng mit den realweltlichen Identitäten der Autoren verbunden sind. Untersuchungen zum Gebrauch von Weblogs unter amerikanischen Teenagern machen dies deutlich (vgl. Huffaker/Calvert 2005), denn mehrheitlich berichten die Autoren über Erlebnisse aus ihrem Alltag. Sie geben zusätzlich in der Regel auch persönliche Informationen preis, vor allem Vornamen (70 %), Alter (67 %) und weitergehende Kontaktinformationen wie E-Mail-Adresse oder Telefonnummer (61 %).

---

[60] Die Nähe zur Literatur wird auch daran ersichtlich, dass in unregelmäßigen Abständen Lesungen stattfinden, bei denen Autoren ausgewählte Texte aus ihrem Weblog vortragen (vgl. z. B. http://modeste.twoday.net/stories/1044265/).

Ähnliche Befunde berichten Herring et al. (2004a): Von 203 untersuchten Weblogs einer Zufallsstichprobe enthielten 68 Prozent einen Realnamen und 54 Prozent weitere persönliche Informationen wie Name, Beruf oder Wohnort. Teilweise werden diese Informationen in den einzelnen Beiträgen erwähnt, oft besitzen die Weblogs aber auch gesonderte „about me"–Seiten mit einem persönlichen Portrait, gelegentlich auch einem formalem Lebenslauf. Bei der „Wie ich blogge?!"-Umfrage gaben nur knapp 30 Prozent der Befragten an, das eigene Weblog anonym oder unter einem Pseudonym zu führen (vgl. Tabelle 5). Die übrigen Autoren machen auf unterschiedliche Weise persönliche Informationen öffentlich, wobei das Erwähnen in regulären Beiträgen die gängigste Methode ist, gefolgt von einer eigens eingerichteten Seite mit weiteren Angaben zur Person.

Tabelle 5: Strategien zum Umgang mit persönlichen Informationen im Weblog

„Enthält Ihr Weblog Informationen zu ihrer ‚realen Identität'?" (n=4220)[a]	Prozent
Ja, ich erwähne in manchen Beiträgen Informationen zu meiner „realen Identität".	40,9
Ja, ich habe einen Text oder eine eigene Seite („about me") mit persönlichen Informationen in meinem Weblog.	35,8
Ja, der Titel oder die URL meines Weblogs enthält meinen Namen.	15,8
Ich habe einen Link vom Weblog auf eine separate persönliche Homepage.	11,5
Nein, ich blogge anonym oder mit einem Pseudonym.	29,5

[a] Mehrfachantworten waren für die ersten vier Optionen zugelassen.
Quelle: Umfrage „Wie ich blogge?!", Oktober 2005.

Der Umstand, dass alte Weblogtexte archiviert werden und für den Zugriff erhalten bleiben, erlaubt dem Einzelnen ein Wiedererkennen, Kontextualisieren und Reflektieren der eigenen Person und verstärkt den Charakter des Weblogs als Ausdruck einer fortlaufenden Selbstnarration. Der Umgang mit eigenen früheren Beiträgen unterliegt daher ebenfalls der Authentizitätserwartung, wodurch es eher die Ausnahme zu sein scheint, eigene Texte nach längerer Zeit zu ändern (zumindest würde man die Leser auf diese Änderungen hinweisen). McNeill (2003) zitiert den Autor eines Online-Journals, der ältere, oft impulsiv verfasste Einträge nicht ändert, weil seine Leserschaft dies als unauthentisch empfinden würde: „Part of the ‚deal' we have together – as diary writer and diary reader – is that I do not hide the times when I am an ass or a fool." (S.37)

Erwartungen und korrespondierende Publikationspraktiken erhöhen also die Wahrscheinlichkeit, dass die Präsentation des eigenen Selbst in Weblogs authentisch ist. Dennoch kann es in Weblogs auch zu bewussten Verletzungen des Authentizitätsgedankens kommen, wenn

Identitäten konstruiert werden, die keine reale Entsprechung haben. Hierbei kommt es vor allem darauf an, inwieweit den Lesern der fiktive Charakter der dargestellten Persönlichkeit deutlich wird, sie also erkennen, ob die Darstellung als authentischer Ausdruck von Persönlichkeitseigenschaften des Autoren zu rezipieren ist oder das Weblog vielmehr als literarischer Text aufgefasst werden sollte.[61]

Dass dies nicht immer möglich ist, zeigen Anekdoten des „identity play" oder der Identitätstäuschung, wie zum Beispiel der Fall der Bloggerin „Layne Johnson", die drei Jahre lang im Internet private Erlebnisse dokumentierte (vgl. Kilchmann 2004; allgemein auch Möller 2005, S. 135-138). Als im Juni 2004 ihr Weblog nicht mehr erreichbar war und keiner der mehreren tausend regelmäßigen Besucher Kontakt zu ihr herstellen konnte, begannen diese detektivische Nachforschungen. Schließlich stellte sich heraus, dass es sich bei Layne Johnson um eine fiktive Person handelte, hinter der ein 35jähriger Mann steckte, der ein literarisches Experiment vornehmen wollte. Viele der regelmäßigen Leser empfanden dies allerdings als Täuschung. Solche Fälle stellen gegenüber der Vielzahl authentischer Identitätsdarstellungen die Ausnahme dar und schärfen vielmehr den Blick dafür, dass die Selbstpräsentation in Weblogs von zahlreichen, mehr oder weniger expliziten Erwartungen an die Authentizität der kommunizierende Person gerahmt ist.

Stärker noch als persönliche Homepages, die wenige interaktive Angebote machen, besitzt die Selbstdarstellung in Weblogs den Charakter eines fortlaufenden Textes, den der Autor teils für sich, teils in Auseinandersetzung mit den Lesern fortschreibt. Dieser doppelte Charakter des Weblogs als Konversation mit sich selbst und als Konversation mit anderen spiegelt ein grundsätzliches Merkmal von Identitätsbildung wieder, die immer als Synthese von persönlichen und sozialen Anteilen des Selbst verläuft. Dieser Gedanke drückt sich zum Beispiel in klassischen Konzepten wie dem „looking-glass self" von Cooley (1964) oder der Unterscheidung von „I" und „Me" bei Mead (1968) aus: Menschen bilden ihr Selbstbild in der Auseinandersetzung zwischen dem eigenen Handeln und Denken einerseits und den wahrgenommenen Reaktionen des sozialen Umfelds andererseits. Die Selbstpräsentation und davon abgeleitet die Identitätskonstruktion in Weblogs geschieht also immer mit Bezug auf Leser, an denen sich Autoren orientieren und mit denen sie sich auseinandersetzen. Je nach Größe und Zusammensetzung des Publikums können dies einzelne Personen sein, die dem Autor bekannt sind, oder auch „generalisierte/idealtypische Leser" (vgl. auch Abschnitt

---

[61] Allerdings kann gerade diese mögliche Ungewissheit über Authentizität oder Fiktion eines Weblogs einen besonderen Reiz auf das Publikum ausüben.

7.2). Wenn Leser von Online-Journalen Einträge kommentieren und Diskussionen gegebenenfalls in eigenen Weblogs fortführen, erhält der Autor Rückmeldungen zu seinen persönlichen Schilderungen.

Auch Weblogs kennen dabei das Phänomen des „Lurking", womit die bloße Rezeption von Beiträgen ohne eigene Antworten bzw. Kommentare gemeint ist. Für die Selbstdarstellung des Autoren kann dieses Verhalten seiner Leser problematisch sein, weil es (bestätigende oder kritisierende) Rückmeldungen verhindert und ihn im Unklaren lässt, ob seine Gedanken überhaupt gelesen werden. Für den Umgang mit Lurkern stehen den Autoren verschiedene Strategien zur Verfügung, beispielsweise der Blick auf Log-Files, um die Anzahl der Zugriffe und gegebenenfalls die Herkunft der Besucher über IP-Adressen zumindest grob abschätzen zu können. Manche Anbieter von Weblog-Plattformen (z. B. Multiply.com) bieten die Funktion an, sich eine Liste der Besucher des eigenen Weblogs anzeigen zu lassen, die auch auf der Plattform registriert sind. Eine andere Möglichkeit ist, Leser direkt anzusprechen und zu Kommentaren aufzufordern, sei es durch die Frage nach der eigenen Meinung zu bestimmten Themen oder die explizite Bitte, sich in den Kommentaren zu Wort zu melden, also zu „de-lurken".[62]

Gerade in der Anfangszeit eines Weblogs geht es vor allem darum, „sein Publikum zu finden" und die Erwartungen von Autor und Leser wechselseitig abzugleichen. Bislang ist wenig über die Gründe für das Einstellen von Weblogs bekannt, doch Ergebnisse der „Wie ich blogge?!"-Befragung deuten darauf hin, dass das Ausbleiben von Kommentaren und Rückmeldungen durch Leser für manche Autoren ein Grund ist, ihr Online-Journal wieder einzustellen (vgl. dazu auch Tabelle 9 auf S. 167). Die Öffentlichkeit von Weblogs bringt aber auch mit sich, dass nicht nur persönlich bekannte Leser angezogen werden können, sondern auch unbekannte oder ungewünschte Leser. Vor allem bei explizit als Tagebuch gedachten Angeboten kann sich das Problem stellen, zwar einerseits die eigenen Gedanken offen reflektieren, andererseits aber vermeiden zu wollen, dass Bekannte aus dem „real life" auf die persönlichen Reflexionen und Meinungen stoßen. Ausweg aus der paradoxen Situation der Öffentlichkeit für Fremde ist entweder die Anonymität bzw. Pseudonymität, oder ein gesonderter Text zu Beginn des Weblogs, in dem persönlich bekannte Leser darauf hingewiesen werden, dass sie einen besonderen Bereich betreten (vgl. Sorapure 2003, S. 11f.).

Die Verbindung zwischen Autor und Leser ist also durch wechselseitige Erwartungen geprägt. Autoren antizipieren die Erwartungen der

---

[62] Vgl. zum Beispiel den Eintrag zum „Lurker's day" und die Reaktionen unter http://www.faultline.org/place/pinolecreek/archives/002604.html.

Leser und richtet Themen und Gestaltung der Beiträge daran aus. Umgekehrt erwarten die Leser von Weblogs, meist Freunde und Bekannte, eine regelmäßige Aktualisierung und fragen möglicherweise beim längeren Ausbleiben von Einträgen nach. Manche Autoren antizipieren wiederum diese Erwartung und setzen vor einer längeren Abwesenheit wegen Urlaub oder anderer Verpflichtungen einen entsprechenden Hinweis in ihr Weblog: „In der nächsten Zeit werde ich nicht zum Bloggen kommen."[63]

Die handlungsleitenden Erwartungen und Routinen werden durch eine besondere Kommunikationsarchitektur unterstützt, die die Persönlichkeit des jeweiligen Autoren weiter unterstützt (vgl. Chesher 2005). Die narrativ-chronologische Struktur, der in der Kommentarmöglichkeit angelegte Dialog mit den Lesern sowie die starke Kontrolle über die Präsentation von Facetten der eigenen Identität lassen Weblogs als eine sehr personenbezogene Form der Kommunikation erscheinen, selbst wenn der Autor unter einem Pseudonym oder völlig anonym bloggt. Dieser besondere Charakter wird vor allem deutlich, wenn man Weblogs mit anderen Formen der computervermittelten Kommunikation vergleicht; schon erwähnt wurde, dass Weblogs gegenüber „klassischen" privaten Homepages deutlich häufiger aktualisiert werden.[64] Foren und Chaträume stellen Kommunikationsumgebungen dar, in denen die Nutzer durch fortdauernde Interaktion zwar durchaus stabile Online-Identitäten aufbauen können, doch weil in der Regel zahlreiche Personen an den Konversationen teilnehmen, findet dort keine eindeutige Zuordnung zu einzelnen Autoren statt: Keinem der Teilnehmer an einem Chat oder einem Forum „gehört" diese Interaktionsumgebung, während man den Inhaber eines Weblogs eindeutig identifizieren kann. Hinzu kommt, dass im Vergleich zu Chaträumen die Selbstdarstellung und damit die Online-Identität eines Weblog-Autors dauerhafter ist, weil die Beiträge und Archive jederzeit abrufbar sind.

Manche Weblog-Plattformen unterstützen mit einfachen Mitteln die personalisierte Kontextualisierung der Einträge. LiveJournal bietet beispielsweise dem Autor die Option, beim Verfassen eines Beitrags anzugeben, welche Musik gerade gehört wird und wie die derzeitige Stim-

---

[63] Wie diese Erwartungen von Lesern an die regelmässige Aktualisierung zu starkem Druck auf die Autoren führen kann, beschreibt Terdiman (2004) am Beispiel von reichweitestarken US-amerikanischen Bloggern.

[64] Döring (2002) berichtet von teilweise widersprüchlichen Daten zur Aktualisierung von persönlichen Homepages; während eine Studie erbrachte, dass 68 Prozent der Homepage-Besitzer mindestens einmal im Monat Änderungen vornahmen, ermittelte eine andere Untersuchung einen Mehrheit von 56 Prozent, die selten oder nie die Inhalte aktualisierte. Hier scheinen vor allem methodische Aspekte, insbesondere die Frageformulierung, eine Rolle zu spielen.

mung ist – dazu existiert eine Liste mit über 130 Vorschlägen (von „accomplished" bis „worried"), die mit entsprechenden Emoticons direkt beim jeweiligen Eintrag angezeigt werden.

Die Organisation der einzelnen Beiträge innerhalb eines Weblogs besitzt zwar auf den ersten Blick Ähnlichkeiten mit dem klassischen Tagebuch – insbesondere die chronologische Sortierung –, doch bei genauerem Hinsehen werden einige Unterschiede deutlich, die sich auf die Rezeption und die Identitätskonstitution auswirken (vgl. Sorapure 2003). Die Lektüre eines Tagebuchs folgt dem Rezeptionsmuster des Buches, das heißt es wird in der Regel von vorne nach hinten gelesen und erzeugt damit beim Leser (der auch der Autor in Retrospektive sein kann) den Eindruck, einer Persönlichkeitsentwicklung im Zeitverlauf zu folgen. Die Leseerfahrung bei Weblogs ist unter Umständen eine andere; regelmäßige Leser verfolgen die Einträge und rezipieren so eine Abfolge von Episoden. Wenn aber Leser neu auf ein Weblog stoßen, navigieren sie rückwärts in der Zeit oder wählen nur bestimmte Einträge aus, nehmen also die veröffentlichten Aspekte der Selbstdarstellung selektiv wahr.[65] Dies wird bei nahezu allen Weblog-Plattformen und –Systemen durch die technische Eigenschaft unterstützt, Einträge nicht nur chronologisch zu sortieren, sondern auch inhaltlich zu kategorisieren bzw. über „tags" zu verschlagworten.

Dadurch fördern technische Merkmale und das Publikations- wie Rezeptionsverhalten ein „database model of identity", das multiple Lesarten erlaubt:

„Representing the self in a database form – creating and coding information about oneself, populating a database that readers subsequently query – develops and reflects a sense of identity as constituted by fragments and segments, each of which is equally meaningful and equally significant. In an online diary, pieces of information about the self may be brought together in different configurations, signifying multiple and shifting ways of understanding the self" (Sorapure 2003, S. 7/8).

Diese Tendenz zur Fragmentierung der Identitätsrepräsentation wird dadurch verstärkt, dass Weblogs mit anderen „social software"-Anwendungen zusammenwachsen: Nutzer veröffentlichen beispielsweise Schilderungen eines Musik-Festivals in ihrem Weblog, verschlagworten den Eintrag für technorati.com und stellen die dazugehörigen Fotos bei flickr.com ein, wo sie andere Personen wiederfinden und mit den Bildern weiterer Besucher betrachten können. Es scheint sich um einen di-

---

[65] Dieses Rezeptionsmuster wird wieder durchbrochen, wenn Weblog-Einträge in Buchform veröffentlicht werden (z. B. Alphonso/Pahl 2004 oder Ostleitner/Schuster 2004).

alektischen Prozess zu handeln: Indem Menschen immer mehr persönliche Aspekte an verschiedenen Stellen im Internet öffentlich machen, fördern sie eine umfassende Selbstdarstellung, fragmentieren aber gleichzeitig ihre Identität, die sich über ganz unterschiedliche virtuelle Orte und Kontexte verteilt.

4.2   Das Ende der Privatsphäre?

Weblogs machen deutlich, wie die Grenzen zwischen Privatem und Öffentlichem in der Online-Kommunikation verschwimmen können. Autoren machen dort persönliche Merkmale, Gedanken und Gefühle öffentlich verfügbar und überschreiten dadurch Grenzen des vormals Privaten, behalten jedoch die Kontrolle über Form, Inhalt und Grenzen dieser Darstellung nach außen. Das Führen eines Weblogs ermöglicht eine Form der Selbstvergewisserung (vgl. Miller/Sheperd 2004) oder Selbststilisierung (vgl. Dünne 2004), die in der Hand des Einzelnen liegt, jedoch Aufmerksamkeit und Rückmeldungen von anderen Personen erfordert. Wo die Grenze zwischen öffentlicher und privater Sphäre jeweils individuell gezogen wird, hängt also auch von den zurückgespiegelten Erwartungen und Reaktionen der Bezugsgruppen ab.[66]

In diesem Zusammenhang ist zu betonen, dass die Vorstellungen darüber, was unter „privat" oder „Privatsphäre" zu verstehen sind, sich im historischen wie interkulturellen Vergleich durchaus unterscheiden. Die Trennung zwischen öffentlicher und privater Sphäre, die uns heute als Grundprinzip der Vergesellschaftung erscheint, hat sich erst im Verlauf der Modernisierung herausgebildet; in räumlicher Hinsicht zum Beispiel durch die Trennung von Arbeitsstätten und Wohnungen (vgl. Bahrdt 1961). Im interkulturellen Vergleich existieren zahlreiche Unterschiede in der Art und Weise, wie verbal, nonverbal und durch räumliche Anordnungen die private Sphäre in Interaktionen mit anderen abgegrenzt wird (vgl. Altman 1977). Privatheit ist somit kein statisches Phänomen, sondern wird erst im Prozess der selektiven Kontrolle des Zugangs zum eigenen Selbst geschaffen (vgl. Altman 1975; Palen/Dourish 2003). Ein solches „Privacy Management" meint dabei nicht einfach den Rückzug von jeder Form sozialen Kontakts, sondern vielmehr den fortwährenden Prozess, Grenzen zu regulieren, insbesondere Grenzen zwischen dem Persönlichen und dem Öffentlichen

---

[66] Calvert (2000) hat die Entwicklung des „mediated voyeurism" beschrieben, der im Fall von Weblogs auf Formen des „mediated exhibitionism" trifft. Neben dem Internet verstärken auch andere Mediengattungen diesen Trend, wie die „Call-In Shows" im Radio oder die Vielzahl der Talkshows und Reality-TV-Formate im Fernsehen zeigen.

(„disclosure boundaries"), dem Selbst und anderen (,,identity boundaries") sowie den in der Vergangenheit, gegenwärtig und zukünftig öffentlich gemachten oder zurückgehaltenen Darstellungen des Selbst (,,temporal boundaries").

Informations- und Kommunikationstechnologien verändern für alle drei Grenzziehungsprozesse die Spielräume und Mechanismen des privacy managements, weil sie virtuelle Umgebungen schaffen, die Selbstdarstellung und Abgrenzung in face-to-face-Interaktionen teilweise ergänzen, teilweise sich mit ihnen überschneiden. Im Umgang mit den verschiedenen Diensten und Anwendungen entstehen neue Praktiken, um die Grenzziehung zwischen Öffentlichkeit und Privatheit unter veränderten technischen Bedingungen zu regulieren.[67]

1) Grenzziehungen zwischen dem Persönlichen und dem Öffentlichen

Wenn Menschen an sozialen Situationen teilnehmen, machen sie bestimmte Informationen für andere sichtbar, beispielsweise durch ihre körperliche Präsenz oder das Darstellen von persönlichen Merkmalen wie Kleidung, Schmuck oder anderen Accessoires, die einen Rückschluß auf Status oder Milieuzugehörigkeit erlauben. Virtuelle Umgebungen erleichtern solche Grenzziehungen, weil Hinweise auf persönliche Informationen und Identität explizit über symbolvermittelte Kommunikation gegeben werden müssen und nicht implizit über körperliche Merkmale wie Alter, Geschlecht oder Ethnizität hergestellt werden. Das bewusste Offenlegen oder Verschweigen von persönlichen Merkmalen kann in vielen Situationen durchaus hilfreich sein, erlaubt es doch beispielsweise Personen mit Minderheitenstatus, in vergleichsweise vorurteilsfreie Interaktionen einzutreten. Andererseits erlaubt eben diese symbolisch vermittelte Darstellung von persönlichen Merkmalen die Aggregation, Kontrolle und Überwachung. Identitätsmerkmale können automatisiert erfasst werden und nach bestimmten Merkmalen ausgewertet werden – so ist es zum Beispiel möglich, aus einer großen Gruppe von Internetnutzern genau diejenigen Personen herauszufiltern, die einen bestimmten Wohnort oder eine bestimmte Herkunft haben.

Erschwert wird die Grenzziehung zwischen dem Persönlichen und dem Öffentlichen in virtuellen Umgebungen dadurch, dass – anders als in öffentlichen Situationen außerhalb des Internets, wie zum Beispiel bei Versammlungen, an städtischen Plätzen oder in öffentlichen Verkehrsmitteln – die Kenntnis darüber eingeschränkt ist, welcher Personenkreis in einer gegebenen Situation die eigene Selbstdarstellung wahrnimmt.

---

[67] Vgl. zum Beispiel auch Wolf 2002 für Online-Tagebücher im Allgemeinen, Neumann-Braun 2000 für Web-Cams oder Patil/Kobsa 2004 für „Instant Messaging"-Dienste.

Um mit dieser Unsicherheit umzugehen, existieren verschiedene Mechanismen, die Präsenz anderer Personen anzuzeigen. Für synchrone Kommunikationsumgebungen wie Chats oder virtuelle Welten wird dies zum Beispiel über Namenslisten oder Avatare (grafische Repräsentationen des Nutzers) geleistet. Asynchrone Kommunikationsumgebungen wie Diskussionsforen bieten Mitgliederverzeichnisse oder die Möglichkeit sich anzeigen zu lassen, wie viele und welche Personen die eigenen Beiträge aufgerufen haben.

Im vorhergehenden Abschnitt wurden bereits Praktiken der Selbstdarstellung in Weblogs beschrieben, die sich auf die Grenzziehung zwischen dem Privaten und dem Öffentlichen beziehen. Der besondere Stellenwert von Authentizität als dominierende handlungsleitende Erwartung für Autoren und Leser gleichermaßen kann im Hinblick auf die Privatsphäre neu formuliert werden: Authentizität meint das ehrliche, aber nicht notwendigerweise das vollständige Offenlegen von persönlichen Informationen, Ereignissen und Gedanken. Weblog-Autoren ziehen durchaus bewusst Grenzen, indem sie bestimmte Themen nicht ansprechen, Ereignisse verschweigen oder durch sprachliche Andeutungen so codieren, dass nur „Eingeweihte" die Anspielungen verstehen.

Franz (2005) interpretiert den Umgang mit persönlichen Informationen in Weblogs als eine Form der „Selbstregierung", also als mehr oder wenige reflektierte Praxis der Selbstkontrolle und der selektiven Offenlegung von Informationen gegenüber einem teilweise bekannten, mindestens aber antizipierten Publikums. Diese selektive Öffentlichkeit wird durch verschiedene technische Merkmale von Weblog-Software unterstützt: Einzelne Plattformen wie LiveJournal oder Multiply, die Funktionalitäten zum Knüpfen von sozialen Netzwerken integriert haben, ermöglichen es den Nutzern, andere registrierte Mitglieder der Community als „Freunde" zu deklarieren und Beiträge mit unterschiedlichen Sichtbarkeitsebenen zu versehen. Bestimmte Texte sind dann für alle Besucher eines Weblogs sichtbar, während andere nur von direkten Kontakten im eigenen, explizit gemachten sozialen Netzwerk gelesen werden können. Diese Verbindung von Publikations- und Kontaktfunktionen erlaubt eine noch differenziertere Präsentation des eigenen Selbst und ein komplexes „privacy management" in Weblogs, das verschiedenen Rollenbeziehungen gerecht werden kann:

> „Many users apply these options enthusiastically to differentiate their records, for example, write about recently seen movies ‚for all', about their classes and exams to their ‚classmates', but tell their deeper emotional feelings to the limited number of close friends only" (Kozlov 2004, S. 5).

2) Grenzen zwischen dem Selbst und dem Anderen

Menschen handeln in vielen Situationen nicht als Individuen, die einzig gegenüber sich selbst für ihre Handlungen verantwortlich sind, sondern treten als Vertreter eines Unternehmens, einer Partei, eines Vereins oder einer Gruppe auf – sei es in führender Position als Repräsentant, sei es als einfacher Angehöriger, dessen Handlungen dennoch mit dem Kollektiv (und daher mit anderen Personen) in Verbindung gebracht werden. Die Zugehörigkeit zu bestimmten Gruppen geht als Aspekt der sozialen Identität in das Selbstbild einer Person ein. Grenzen zu ziehen heißt in diesem Zusammenhang, deutlich zu machen, an welchen Stellen man in seiner Eigenschaft als Mitglied einer bestimmten Gruppe spricht und wann das eigene Handeln nicht mit der Gruppe in Zusammenhang gebracht werden soll. Bei computervermittelter Kommunikation äußert sich dieser Aspekt zum Beispiel im selektiven Gebrauch von organisationsbezogenen und privaten E-Mail-Adressen oder im Hinzufügen eines „disclaimers" am Ende von E-Mails. Ähnliche Mechanismen finden sich in Weblogs, wo insbesondere bei Texten mit Bezug zum Arbeitgeber Konflikte auftreten können, die durch organisatorische Vorgaben und Richtlinien, aber auch durch individuell gestaltete Hinweistexte gelöst werden können (vgl. Abschnitt 5.1)

3) Zeitliche Grenzen: Flüchtigkeit vs. Permanenz

Die beiden bisher geschilderten Arten von Grenzziehungen finden immer vor dem Hintergrund von Erfahrungen aus vergangenen Situationen und im Hinblick auf Erwartungen für zukünftige Interaktionen statt. So kann zum Beispiel ein Experte für ein bestimmtes Thema, der wiederholt um Informationen über seine Tätigkeit gefragt wird, bestimmte Texte oder Bilder öffentlich zugänglich machen, auch um für zukünftige Anfragen nicht ständig persönlich erreichbar sein zu müssen.

Computervermittelte Kommunikation macht zeitliche Aspekte der aktiven Produktion einer Privatsphäre noch auf eine andere Art und Weise deutlich, die als Spannung zwischen Flüchtigkeit und Permanenz beschrieben werden kann. Die eigene Selbstdarstellung kann sich wandeln, beispielsweise indem Angaben auf einer persönlichen Homepage aktualisiert werden oder in Diskussionsforen im Lauf der Zeit unterschiedliche Meinungen vertreten werden. Zusätzlich fallen bei nahezu allen Nutzungen des Internets Datenspuren an, beispielsweise in Form von Einträgen in Server-Logfiles oder von Cookies, die beim Besuch von Webseiten gesetzt werden und die persönliche Informationen enthalten können. Diese Datensammlungen sind vom Einzelnen aber kaum überschaubar und bergen Gefahren für die informationelle Selbstbestimmung, da nicht nachzuvollziehen ist, welche Personen und Organisationen zu welchen Zwecken Einsicht in diese Informationen nehmen können (vgl. Garstka 2003).

Die Beständigkeit von persönlichen Informationen im Internet stellt dadurch ein doppeltes Problem dar: Einerseits besteht Bedarf, aber noch keine zufriedenstellende Lösung dafür, seine Identität in verschiedenen Online-Anwendungen einheitlich abzubilden. Dies würde nicht nur die Nutzung unterschiedlicher Dienste erleichtern, die bislang in der Regel noch voneinander unabhängige Authentifizierungsmechanismen erfordern, sondern könnte auch dazu beitragen, die persönliche Reputation, die in einer Online-Umgebung aufgebaut wurde (beispielsweise durch problemlose Abwicklung von Transaktionen bei eBay oder durch konstruktive Diskussionen in einem thematischen Forum) in andere Kontexte zu übertragen und so das Vertrauen in die eigene (Online-)Identität zu steigern.[68]

Andererseits kann die Auffindbarkeit von online verfügbaren Informationen ein Problem darstellen, weil sie es Dritten erlaubt, ein vollständigeres Bild einer Person zusammen zu tragen, als in einzelnen Kommunikationsumgebungen preisgegeben wurde. Durch Anwendungen wie das „Internet Archive"[69] mit der angegliederten „Wayback Machine" oder den „Google Cache" ist es möglich, Inhalte von Webseiten abzurufen, die zwischenzeitlich verändert oder gelöscht wurden. „Google Groups"[70] bietet Zugriff auf die Archive des Usenet, die bis ins Jahr 1981 zurückreichen. Einmal preisgegebene Informationen über die eigene Person werden dadurch dauerhaft, ohne dass der Einzelne problematisch gewordene Daten oder Äußerungen wieder löschen könnte.

Bis hierhin wurden die Prozesse des privacy managements vor allem aus der Perspektive des einzelnen Akteurs beschrieben, der Entscheidungen darüber zu treffen hat, wann er welche Aspekte des Selbst auf welche Weise öffentlich macht. Die aktive Kontrolle über die Selbstdarstellung ist allerdings nur ein Aspekt, da die Privatsphäre auch durch Handlungen anderer Akteure berührt wird. Auf Webseiten, in Diskussionsforen oder in Foto-Gemeinschaften wie flickr.com können Namen oder Bilder von Personen auftauchen, möglicherweise ohne

---

[68] In der Vergangenheit existierten verschiedene Versuche, solche dienstübergreifenden Identitätsmanagementsysteme zu etablieren (beispielsweise das „Passport"-System von Microsoft), die sich aber bislang nicht auf breiter Front durchsetzen konnten. Aktuell werden solche Versuche unter dem Stichwort „identity 2.0" weiterentwickelt, wobei der Fokus darauf liegt, die Kontrolle über die persönlichen Daten so weit wie möglich beim einzelnen Nutzer zu lassen (vgl. http://identity20.com/).

[69] Vgl. http://www.archive.org/.

[70] Vgl. http://groups.google.com/.

deren Kenntnis. Dadurch verliert man zu einem gewissen Grad die Kontrolle, selbst über die Grenzen der eigenen Privatsphäre zu bestimmen, was wiederum Auswirkungen auf Interaktionen hat:

„If I know about someone who blogs without regard to a person's privacy then I will be much more on guard when talking to that person or in that person's presence. It's similar to some general behavior. If you know about someone who gossips a lot and can't keep a secret then you are less likely to tell them about sensitive information." (Hargittai 2005).

Dadurch liegt es im eigenen Interesse eines Weblog-Autoren, mit vertraulichen Informationen über andere Personen behutsam umzugehen, da sich Indiskretionen und ein Verletzen der Privatsphäre Anderer negativ auf die eigene Reputation auswirken würden. In Zukunft müsste die betreffende Person dann damit rechnen, dass ihr andere Personen mit Misstrauen und einer gewissen Vorsicht gegenübertreten.

Für den Umgang mit der eigenen und fremden Privatsphäre existieren unterschiedliche Strategien, die sich als Varianten prozeduraler Regeln deuten lassen. Viegas (2005) hat Erwartungen und Routinen in einer (nicht repräsentativen) Stichprobe von 486 Bloggern untersucht. Nur eine Minderheit fragt gelegentlich oder immer andere Personen um Erlaubnis, sie erwähnen, zitieren oder auf Bildern veröffentlichen zu dürfen. Stärker verbreitet ist die Routine, so weit wie möglich auf die Nennung von Namen oder anderen identifizierenden Merkmalen zu verzichten und Personen nur mit den Initialen, Spitznamen oder Rollenbeziehungen (z. B. „meine Tochter" oder „mein Vater") zu bezeichnen. Eine Ausnahme wird jedoch oft bei denjenigen Personen gemacht, die selbst ein eigenes Weblog führen – hier gilt die Annahme, dass diese sich dafür entschieden haben, Aspekte ihres Lebens öffentlich zu machen und daher damit rechnen müssen, dass es auch andere tun. Dennoch kommt es immer wieder zu Konflikten um die Nennung von anderen Personen in Weblogs, beispielsweise wenn Schüler sich beleidigend über Lehrer äußern[71], oder Mitarbeiter Kritik an Kollegen und Vorgesetzte äußern (vgl. auch Abschnitt 5.1).

Ein Fall, der die Spannungen zwischen Privatsphäre und Öffentlichkeit besonders deutlich macht, trug sich im Sommer 2005 zu (vgl. Johnson 2005): Ein New Yorker Kindermädchen führte ein privates Weblog,

---

[71] In Frankreich sind im Frühjahr 2005 mehrere Jugendliche der Schule verwiesen worden, die in ihren Weblogs beleidigende Bemerkungen über ihre Lehrer gemacht hatten (vgl. http://shortnews.stern.de/shownews.cfm?id=565301). Mindestens eine amerikanische High School hat aus ähnlichen Gründen ihren Schülern untersagt, von Schulcomputern auf Weblogs zuzugreifen (vgl. http://www.rutlandherald.com/apps/pbcs.dll/article?AID=/20050329/NEWS/503290316/1027).

von dem sie den Eltern der Familie erzählte. Diese verfolgten das On-line-Journal für eine Weile und entschieden sich, dem Babysitter zu kündigen. Die Mutter, selbst als Journalistin tätig, veröffentlichte kurz darauf einen Artikel in der „New York Times", in dem sie über die Situation reflektierte, das eigene Leben und das Leben des Babysitters im Internet verfolgen zu können (vgl. Olen 2005). Sie nannte zwar keine Namen, aber genug Details, dass Dritte das betreffende Weblog ausfindig machen konnten. Auch das Kindermädchen erkannte, dass sie portraitiert worden war und reagierte wiederum in ihrem Weblog, wobei sie vor allem die überzeichnete und sensationsheischende Darstellung im New York Times-Artikel kritisierte:

> „If you have come to this little blog today looking for prurient details of a ‚nanny gone wild' and another ‚nanny diary' detailing the sordid life of a family she works for, I am very sorry to disappoint you" (http://subvic.blogspot.com/2005/07/sorry-to-disappoint-you.html).

Sie entschied sich daraufhin, ihr Weblog zu schließen und zukünftig nur noch anonym zu bloggen, um ihre Privatsphäre zu schützen.

Wie in Abschnitt 3.2.1 geschildert, formieren sich geteilte Routinen und Erwartungen auch über Selbstverständnis-Diskurse, die in Weblogs geführt werden. So zog beispielsweise ein Eintrag im Weblog „Spree-blick" eine Vielzahl von Kommentaren und Einträgen in anderen Weblogs nach sich, in denen sich die Diskussionsteilnehmer über Varianten und die grundsätzliche Notwendigkeit einer „Blog-Etiquette" austauschten.[72] Die erste Regel, „Ich respektiere die Privatsphäre Dritter", spezifizierte der Autor Johnny Haeusler wie folgt:

> „Ich veröffentliche ohne Einverständnis des Absenders keine E-Mails an mich auf meinem Blog. Ausnahmen sind Spam oder andere Werbung sowie anonymisierte Zitate, wenn sie für den Artikel wichtig sind. Namentlich genannt werden nur Personen, die mit ihrem Namen selbst in der Öffentlichkeit stehen, sei es als (Blog-)AutorIn, wesentlicher Teil eines Unternehmens oder anders geartete Person des öffentlichen Interesses. Kenntnisse über eine Person, die ich aus persönlichen Gesprächen oder Treffen mit dieser Person gewonnen habe, haben auf meinem Blog nichts zu suchen, es sei denn die Person hat die jeweiligen Details bereits selbst schon öffentlich thematisiert, z. B. auf dem eigenen Blog. Im Fall von Privatleuten veröffentliche ich keine kompromittierenden Fotos oder solche, die ich auch von mir nicht gerne veröffentlicht sehen würde" (ebda.).

---

[72] Vgl. http://www.spreeblick.com/2005/08/08/zeit-fur-eine-blog-etiquette. Beispiele finden sich auch unter http://zia.blogs.com/wastedbirthcontrol/2005/08/blog_ettiquete_.html oder unter http://edemokratie.ch/blogcodex/.

Diese (Selbst-)Vergewisserung über bestimmte Elemente von Weblog-Praktiken ist ein Indiz dafür, dass die Grenzen zwischen Privatsphäre und Öffentlichkeit nicht statisch sind, sondern innerhalb von Verwendungsgemeinschaften aktiv hergestellt werden müssen. Wie bei anderen Regelsetzungsdiskursen (vgl. die Abschnitte 6.1 und 7.2) haben Nutzer je nach ihrer Stellung in den sozialen Netzwerken der Blogosphäre unterschiedliche Chancen, ihre Routinen und ethischen Richtlinien auch für andere Autoren verbindlich zu machen.

4.3 Persönliche Netzwerke und Sozialkapital

Bei der Analyse von weblogbasierten Online-Journalen den Fokus nur auf Mechanismen der Selbstdarstellung und des Identitätsmanagements zu legen, würde zu kurz greifen. Es ist bereits mehrfach angeklungen, dass eine besondere Qualität von Weblogs darin liegt, als Werkzeug der Beziehungspflege zu fungieren. Für viele Weblog-Nutzer sind daher „self-expression" und „community development" gleichberechtigte Bestandteile ihrer Blogging-Praktiken (vgl. Miller/Sheperd 2004). Die Beiträge in Online-Journalen enthalten in der Regel sehr viele Anspielungen und Referenzen auf spezifische Personen, Situationen oder Orte, die eine gewisse Vertrautheit des Lesers mit der Lebenswelt des Autors voraussetzen. Fehlt diese, erscheinen die Einträge als „irrelevant"; ein Etikett, das oft dem Genre „Weblog" als ganzes angeheftet wird. Allerdings verfehlt diese Abwertung die besonderen Qualitäten von Online-Journalen, denn sie richten sich ja gerade nicht an eine gesellschaftsweite Öffentlichkeit, sondern beanspruchen ihre Relevanz nur für sehr spezifische Publika oder „imagined audiences" (McNeill 2003, S. 32): Diejenigen Personen, die bestimmte Erfahrungen, Werte oder auch geographische Räume teilen und sich in den Schilderungen wieder erkennen.

Das Publikum eines Online-Journals kann, muss aber nicht ausschließlich aus Personen bestehen, zu denen der Autor auch außerhalb des Internets Kontakt hat. Gerade zu Beginn eines Weblogs werden die Leser tendenziell eher aus dem Bekannten- oder Freundeskreis kommen, die der Autor auf die Existenz des Weblogs hinweist. Darauf weisen zum Beispiel Befunde des Pew Internet & American Life Project (vgl. Lenhart/Madden 2005) hin, nach denen etwa zwei Drittel der US-amerikanischen Teenager, die Weblogs lesen, nur die Seiten ihnen persönlich bekannter Personen lesen, also bereits existierende soziale Beziehungen über einen weiteren Kanal aufrechterhalten. Im Lauf der Zeit steigt aber die Chance, dass auch bislang unbekannte Personen auf das Weblog stoßen und bei Interesse an den Themen zu regelmäßigen Lesern werden. Dieser Kontakt kann auf unterschiedlichen Wegen zustande kommen:

- Durch Verweise in Beiträgen oder Blogrolls anderer Weblogs.
- Durch Recherchen zu bestimmten Schlüsselwörtern, wobei neben allgemeinen Suchmaschinen inzwischen mehrere spezialisierte Anbieter die gezielte Suche in Weblogs bzw. deren RSS Feeds anbietet (vgl. Abschnitt 2.1);
- Durch das eher zufällige Auffinden im Rahmen von „Blogspaziergängen", die zum Beispiel von Plattform-Startseiten ausgehen, wo die jüngst aktualisierten Beiträge angezeigt werden.

Leser entscheiden anhand jeweils eigener Kriterien und Rezeptionsregeln, ob sie ein Weblog als individuell relevant empfinden und es in der Folge regelmäßig aufsuchen und sich möglicherweise durch Kommentare an den Autor oder andere Leser wenden.[73] Auf diese Weise kristallisieren sich um Online-Journale herum soziale Netzwerke von Personen mit geteilten Lebenswelten oder zumindest geteilten partikularen Interessen heraus. Diese Netzwerke stellen ihren Mitgliedern Sozialkapital zur Verfügung, das in verschiedener Hinsicht als Ressource dient. Die besondere Bedeutung von sozialen Beziehungen für die *Herausbildung der eigenen Identität* wurde oben bereits beschrieben: Durch die Reflexion eigener Erlebnisse und die Auseinandersetzung mit anderen klärt man die Identitätsaspekte und bestärkt die Verbindung zu einer Gruppe. In einzelnen Fällen, gerade wenn ein Autor eine bestimmte Teil-Identität im Online-Journal besonders herausstellt, können sich virtuelle Gemeinschaften im engeren Sinne bilden – Personen, die sich über das geteilte Interesse an einem Hobby oder eine gemeinsam erlebte Lebensphase (wie Elternschaft oder Krankheit) miteinander identifizieren und ein Gefühl der Zusammengehörigkeit entwickeln.

Die Verwendungsgemeinschaft wird in diesem Fall zur realen technisch vermittelten Gemeinschaft werden und dem Einzelnen auch *Unterstützungsleistungen* erbringen. Zwar sind diese für Netzwerke auf Basis von Weblog-Kommunikation bislang nicht systematisch untersucht worden, doch es gibt einige Hinweise, dass auch dort Unterstützung stattffindet, die in engem Zusammenhang mit Identitätsfindungsprozessen steht. So haben Herring et al. (2004a) ermittelt, dass manche Jugendliche in ihren Weblogs ihre homosexuelle Orientierung, also einen wichtigen und gesellschaftlich umstrittenen Aspekt ihrer Identität offen legen und von anderen Zuspruch und Hinweise für alltägliche

---

[73] Hoffmann (2006) bezeichnet angesichts dieser Rezeptionsmuster Blogger als „Wissensflaneure mit elektronischer Homebase".

Situationen bekommen. Auch im Rahmen der der qualitativen Fallstudie bei twoday.net (vgl. Abschnitt 7) schilderten mehrere Autoren, dass sie in verschiedenen Situationen durch die Kommunikation mit ihren Lesern Unterstützung erhalten.[74] Ein dritter Bereich, in denen soziale Beziehungen und Netzwerke Leistungen erbringen, ist der *Informationsfluss*. Die Rolle von weblogbasierten Netzwerken für die Verbreitung von Themen und Informationen wird in den folgenden beiden Abschnitten für die Organisationskommunikation und den Journalismus systematischer untersucht.

Wie werden Beziehungen aufrechterhalten? Neben der Lektüre selbst sind es insbesondere Kommentare und Verweise auf andere Einträge, die sich mit angesprochenen Themen auseinandersetzen. Zwei weitere spezifische Praktiken haben sich in Weblogs herausgebildet. Zum einen ist dies das „Stöckchen-Spiel", bei dem thematisch zusammenhängende Listen von Fragen, zum Beispiel über Bücher, Musik oder Kochrezepte, im Weblog beantwortet werden.[75] Gleichzeitig benennt der Autor eine Reihe von weiteren Personen, die den Fragebogen ebenfalls beantworten und weiterleiten sollen. Dadurch werden die sozialen Beziehungen reproduziert. Zum anderen führen zahlreiche Weblog-Autoren eine „Blogroll", eine Liste von favorisierten Weblogs, die üblicherweise von der Startseite aus direkt und dauerhaft zu erreichen ist und dadurch eine höhere Sichtbarkeit aufweist, als diejenigen Verweise und Links, die in Beiträgen enthalten sind. Die Blogrolls dienen weniger dem persönlichen Informationsmanagement, werden also nicht als Ausgangspunkt für eigenes Surfen benutzt, sondern drücken vor allem soziale Beziehungen aus (vgl. Abschnitt 3.2.1).

Andere technische Mittel unterstützen die sozialen Netzwerke weiter, beispielsweise indem die eigenen RSS-Abonnements öffentlich gemacht (vgl. Dennis 2004) oder zusätzliche Informationen über die Art der Beziehungen zu den verlinkten Weblogs in Form von maschinenlesbaren Meta-Angaben spezifiziert werden.[76] Es existieren inzwischen auch erste Versuche, die Verbindungen innerhalb von Weblog-Netzwerken zu visualisieren und so Ausmaß und Zusammensetzung der sozialen Beziehungen besser begreiflich zu machen (vgl. Heer/Boyd 2005).

Die Kommunikation über Weblogs stellt für viele Betreiber eines Online-Journals nur einen Kanal dar, um mit Personen in Kontakt zu

---

[74] Ein weiteres interessantes Beispiel für ein „Selbsthilfe-Weblog" ist „3066 Euro", benannt nach den jährlichen Kosten für zwei Packungen Zigaretten am Tag. Dort schreiben derzeit drei Autoren über ihren Versuch, mit dem Rauchen aufzuhören (vgl. http://3066euro.de/).

[75] Vgl. zum Beispiel http://www.thepinkbee.com/2005/03/im-starting-stick.htm.

[76] Vgl. insbesondere das „Friend of a Friend" (FOAF)-System unter http://www.foaf-project.org.

bleiben. Wie auch von anderen Modi der technisch vermittelten inter-personalen Kommunikation bekannt ist, besteht für viele Nutzer ab einer bestimmten Stufe des Austauschs ein Bedarf an Treffen im realen Raum. Die sozialen Netzwerke, die sich um Weblogs herum kristallisieren, sind deswegen nicht per se nur auf den virtuellen Raum beschränkt, sondern gehen oft auch darüber hinaus. So gibt es beispielsweise Blogger-Stammtische oder Lesungen, bei denen Autoren Texte aus ihren Weblogs vortragen. In Weblogeinträgen, die im Anschluß an diese „Real-Life-Treffen" veröffentlicht werden, bestärken die Teilnehmer wiederum die Beziehungen untereinander, indem sie zu anderen Gästen verlinken oder Fotos der Veranstaltung veröffentlichen.

Informations- und Kommunikationstechnologien ermöglichen die Loslösung der Interaktionen vom konkreten Ort, ohne dass dadurch der Raum an sich bedeutungslos würde (vgl. Schmidt 2005a). Vielmehr lässt sich beobachten, dass computervermittelte Kommunikation eine Vielzahl von Varianten „glokalisierter Netzwerke" ermöglicht, die in unterschiedlichem Maße an konkrete Orte rückgebunden sind. Über das Internet können sich also „Community Networks", die die Partizipation von Bürgern in ihrer Region fördern, genauso organisieren wie eine interessensbezogene und weltumspannende Kommunikation von Gleichgesinnten zu bestimmten Themen möglich ist.

Die Integration in diesen glokalisierten Netzwerken erfolgt nicht notwendigerweise über den geteilten Raum, sondern vielmehr über geteilte Sprache und (innerhalb von Sprachgemeinschaften) über geteilte Interessen und Lebenswelten. Daher kann es zum Beispiel nötig sein, die Nutzer einer bestimmten Software weiter zu differenzieren. So zeigt Gorny (2004), dass sich die russischsprachige LiveJournal-Community in ihren soziodemographischen Merkmalen (höheres Durchschnittsalter, höherer Anteil von Berufstätigen), relationalen Merkmalen (höhere durchschnittliche Freundeszahl, größere interne Verbundenheit) und distinkter Themenwahl (tendenziell höhere allgemein-öffentliche Relevanz anstatt privater Erlebnisse) von den übrigen LiveJournal-Nutzern unterscheidet. Während zunächst ein relativ homogener Kern die RLJ ausmachte, kam es im Zuge des Anstiegs russischsprachiger Nutzer zu einer Differenzierung und Herausbildung neuer Netzwerke. Ein ähnliches Muster wird in Kapitel 7 für die Plattform twoday.net beschrieben.

5 Weblogs in der Organisations-kommunikation

Inzwischen beschäftigten sich zahlreiche Veröffentlichungen in der Wirtschaftspresse sowie einschlägige Seminare und Workshops mit dem Thema „Corporate Blogging", also dem Einsatz von Weblogs in Organisationen. Dabei finden sich Beispiele einer kritiklosen Euphorie (zum Beispiel: „If you miss the trend on business blogging, you will regret it"; 21publish 2005, S.3) genauso wie die Überdramatisierung der Folgen von Weblogs für die Organisationskommunikation – so titelte das Wirtschaftsmagazin „Forbes" im November 2005: „Attack of the Blogs! They destroy brands and wreck lives. Is there any way to fight back?" (vgl. Lyons 2005). Solche Prophezeiungen sind nicht zuletzt Ausdruck von Strategien zur Aufmerksamkeitsgewinnung in publizistischen Märkten oder im Wettbewerb von Beratungsfirmen und Agenturen, tragen aber dazu bei, Weblogs über einen frühen Nutzerkreis hinaus bekannt zu machen und als Bestandteil der Organisationskommunikation zu verankern.

In diesem Kapitel werden Befunde zum Einsatz von Weblogs in der organisatorischen Kommunikation vorgestellt. Im folgenden Abschnitt steht ihre Bedeutung für die externe Kommunikation im Mittelpunkt, wobei insbesondere auf unterschiedliche Verwendungsregeln und Erwartungen eingegangen wird. Im Abschnitt 5.2 geht es um die Rolle von Weblogs als Werkzeug von Wissensarbeitern, die oft (aber nicht notwendigerweise) innerhalb von Organisationen tätig sind. Der abschließende Abschnitt 5.3 diskutiert einige grundsätzliche Merkmale des organisatorischen Einsatzes von Weblogs, der sich im Spannungsfeld von Disziplinierung und Selbstbestimmung bewegt.

5.1 Weblogs als Instrument der externen Kommunikation

Vielen Instrumenten und Strategien der Organisationskommunikation liegt ein linear-mechanistisches Verständnis zugrunde, das erfolgreiche Kommunikation als möglichst störungsfreien Transfer von gegebenen Informationen vom Sender zum Empfänger versteht. Innerhalb der Organisation geschieht die Informationsweitergabe zum Beispiel durch Anweisungen, Berichte und Besprechungen, nach außen zum Beispiel durch das Veröffentlichen von Nachrichten und Daten an ein Publikum. Diese Transmissionsfunktion von Kommunikation stellt eine wichtige Leistung dar. Sie basiert jedoch auf Voraussetzungen, die in der Regel nicht näher benannt werden, weil sie als selbstverständlich gelten – dass nämlich die Empfänger der Nachricht diese in dem vom Sender intendierten Sinne verstehen. Dieses Verständnis fußt auf einem speziellen Bild von Organisationen:

> „Dort, wo Organisation ausschließlich als zweckrationales, zentral gesteuertes, weil für das Management durchschaubares, normativ integriertes Gebilde konzipiert wird, richtet sich die Aufmerksamkeit darauf, Informationsströme ‚optimal' zu koordinieren und ‚Störgrößen' zu beseitigen." (Theis-Berglmair 2003, S. 348).

Diese Vorstellung ist von klassischen Ansätzen der Organisation inspiriert, die meist das Bild von Bürokratien oder funktionierenden Maschinen vor Augen haben. Demgegenüber greifen neuere Ansätze der Organisationstheorie Gedanken der Selbstorganisation und der Realitätskonstruktion durch Kommunikation auf (vgl. Zerfaß 1996; Taylor 2001). Wie wichtig diese Gedanken sind, zeigt sich zum Beispiel im Bereich der Wissenskommunikation: Versuche, das in einer Organisation verfügbare Wissen in Datenbanken zu speichern und darauf zu hoffen, dass es dadurch für andere abrufbar sein wird, unterliegen dem „Transfer-Fehlschluss"; vielmehr kommt es bei der Wissenskommunikation darauf an, dass Kommunikationspartner gemeinsam zu einer (zumindest in der Kommunikationssituation) geteilten Weltsicht gelangen und Bedeutungen austauschen. Die dabei aktivierten Zeichen und Symbole sind kultur- und kontextgebunden, das heißt sie werden situativ vor dem Hintergrund bestimmter kulturell verankerter Werte, Normen und Wissensbestände interpretiert. Kommunikationsprozesse müssen daher als Prozesse der Bedeutungsgenerierung – nicht der Bedeutungsübertragung – verstanden werden.

Diese interpretative Komponente von Kommunikation wird sowohl in der Binnenkommunikation von Organisationen wie in ihrer Kommunikation mit externen Bezugsgruppen deutlich. In beiden Fällen können geteilte Orientierungen und Interessen nicht mehr ohne weiteres vorausgesetzt werden, sondern müssen produziert werden. Der Mechanismus zur inneren Integration einer Organisation wie zur externen Integration mit Bezugsgruppen verschiebt sich dadurch von der kommunikativen Dyade, in der Informationstransfer innerhalb eines generellen Orientierungskonsens auf der Grundlage ähnlicher Interpretationen und

Weltsichten geleistet wird, zu weitgehend selbstgesteuerten Kommunikationsnetzwerken, in denen spezifische Interessenskonsense hergestellt werden und Kommunikation grundsätzlich als kontingent verstanden wird (vgl. Theis-Berglmair 2003, S. 347-364).

Weblogs stellen aufgrund ihrer spezifischen Verknüpfung von interpersonaler und öffentlicher Kommunikation prinzipiell ein geeignetes Mittel dar, eine solche Aushandlung von Bedeutungen und geteilten Wissensbeständen in einer vernetzten kommunikativen Umwelt zu ermöglichen. Sie werden daher für die Organisationskommunikation in zweierlei Hinsicht relevant: a) als aktiv genutztes Instrument und b) als Bestandteil der kommunikativen Umwelt, auf die die Organisationskommunikation gegebenenfalls reagieren muss.

Im Bereich der externen Kommunikation sind insbesondere die Einsatzzwecke des Marketings und der Public Relations von Bedeutung. Marketing-Maßnahmen beziehen sich auf Zielsetzungen der Marktkommunikation im engeren Sinn und sollen dazu beitragen, strategische Konzepte im Umfeld von Produkten oder Dienstleistungen der Organisation durchzusetzen. Das Feld der Public Relations hat demgegenüber einen erweiterten Zielhorizont und soll Einfluss auf die Gestaltung öffentlicher Meinung im Allgemeinen nehmen. Dabei geht es nicht nur um den durch Absatzzahlen oder Einnahmen quantifizierbaren Organisationserfolg, sondern auch um den Aufbau von eher „weichen" Faktoren wie Image, Reputation und Vertrauen in den Beziehungen zu relevanten Bezugsgruppen (den organisatorischen „stakeholders") (vgl. Pleil 2005).

Eine steigende Anzahl von Unternehmen integriert Weblogs als Kommunikationskanal, der andere Medien der externen Kommunikation ergänzt.[77] Zerfaß/Boelter (2005, S. 118-158), die die möglichen Einsatzfelder von Weblogs in der Organisationskommunikation anhand der Kommunikationszwecke und der Zielgruppen systematisieren, unterscheiden insgesamt acht Typen (vgl. Abbildung 6). Betrachtet man die Autorenschaft, lassen sich drei Varianten unterscheiden (vgl. Zerfaß/Boelter 2005, S. 120ff): Das Weblog kann im Rahmen der allgemeinen Öffentlichkeitsarbeit publiziert werden, das heißt Beiträge werden im Rahmen der organisatorischen Kommunikationsstrategie abgestimmt und autorisiert. Selbst wenn einzelne Autoren genannt werden, stehen sie bei dieser Variante gegenüber der Organisation als verantwortlicher Institution im Hintergrund. Eine zweite Variante ist, Führungskräfte als Autoren auftreten zu lassen und so der Organisation

---

[77] Eine Auswahl von „Corporate Weblogs" in verschiedenen europäischen Ländern findet sich unter http://www.corporateblogging.info/europe/.

nach außen ein Gesicht zu geben. Diese „CEO Blogs" (s.u.) unterstützen die Tendenz zur Personalisierung der Organisationskommunikation, das heißt der verstärkten Bindung der Außendarstellung an einzelne hochrangige Manager, Vorstände oder Geschäftsführer (vgl. Zerfaß/ Sandhu 2005).

Abbildung 6: Einsatzmöglichkeiten von Weblogs in Organisationen

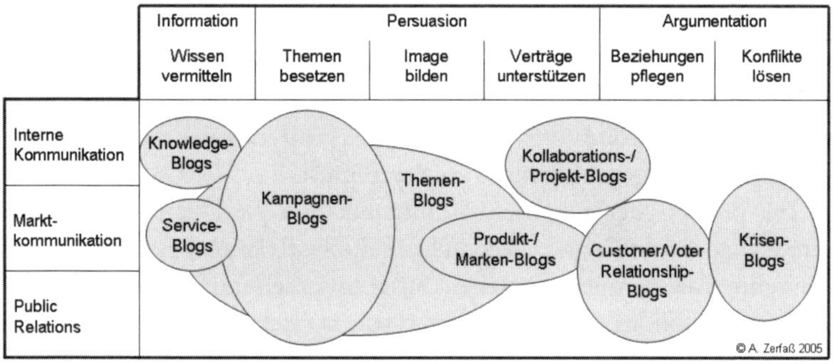

Quelle: Zerfaß/Boelter 2005, S. 127.

Schließlich können Organisationen ihre Mitarbeiter dazu ermutigen, eigene Weblogs zu führen, indem sie eine technische Infrastruktur bereitstellen, die von allen Interessierten genutzt werden kann. Der Software-Konzern „SUN Microsystems" aggregiert beispielsweise die Beiträge aus Weblogs von mehr als 1.500 seiner Mitarbeiter auf einer zentralen Seite, von der aus die einzelnen Angebote aufgerufen werden können.[78] Auf ähnliche Art und Weise sammelt IBM die Beiträge der extern zugänglichen Weblogs seiner Entwicklungsabteilung.[79] Eine andere Möglichkeit ist, ein zentrales Weblog einzurichten, das aber von mehreren Personen gleichberechtigt genutzt wird. Für den Tiefkühlkosthersteller Frosta beispielsweise beteiligen sich (Stand Dezember 2005) 17 Personen aus unterschiedlichen Abteilungen (darunter Marketing & Vertrieb, Forschung & Entwicklung sowie der Zentraleinkauf) am FRoSTA-Blog.[80]

Die Entscheidung, ob und in welcher Form eine Organisation bzw. einige ihrer Angehörigen ein Weblog zur externen Kommunikation nutzen werden, ist unter Berücksichtigung der übrigen Kommunikationskanäle zu treffen, die für Marktkommunikation und PR zur Verfügung stehen. Weil Weblogs teilweise anderen Regeln der Selektion und Präsentation von Inhalten folgen als etablierte Instrumente der Organisa-

---

[78] Vgl. http://blogs.sun.com/.
[79] Vgl. http://www-128.ibm.com/developerworks/blogs.
[80] Vgl. http://www.blog-frosta.de/.

tionskommunikation, empfehlen Berater vor der Entscheidung für den Einsatz dieses Formats die Beobachtung der Blogosphäre, um den dort herrschenden Kommunikationsstil kennen zu lernen, sowie die Definition einer klaren Zielsetzung und kommunikativen Strategie, in welcher Weise sich die unterschiedlichen Instrumente der Organisationskommunikation ergänzen sollen (vgl. Zerfaß/Boelter 2005, S.160ff.). Weblogs können in einem solchen organisatorischen Medienmix gegenüber anderen Instrumenten (wie z. B. Pressemitteilungen, Kundenzeitschriften oder Informationsbroschüren) Vorteile besitzen, weil sie sich an eine prinzipiell unbestimmte, oft aber thematisch spezialisierte Öffentlichkeit wenden:

„Blogs ermöglichen Diskussionen in der Nische – das heißt, in speziellen und bislang mangels Ressourcen noch gar nicht bzw. nur schwach ausgebildeten Öffentlichkeiten oder im Vorfeld und Nachgang der Thematisierung von Issues in etablierten und massenmedial strukturierten Öffentlichkeiten" (Zerfaß 2005, S. 19).

Dies kann insbesondere für kleinere Unternehmen, die in speziellen Marktsegmenten tätig sind, ein Vorzug sein. So veröffentlicht die deutsche Firma „Soli fer Solardach", die Sonnenwärmeanlagen konzipiert und installiert, in ihrem Weblog „Sonnenfleck"[81] regelmäßig Informationen aus der Solarbranche, und das britische Unternehmen „Butler Sheet Metal" liefert im „Tinbasherblog"[82] Beiträge zur blechverarbeitenden Industrie. Diese Beispiele zeigen, wie Organisationen Weblogs als Instrument des „Customer Relationship Management" einsetzen, also durch die regelmäßige Veröffentlichung von Informationen und Meinungen zu branchenrelevanten Themen Kunden an sich binden und über die Kommentarfunktion mit ihnen in Dialog treten können.

Eine (nicht notwendigerweise exklusive) Alternative zum Betreiben eigener Weblogs ist das Sponsoring von Angeboten, die außerhalb der Organisation geführt werden. Dabei kann es sich um das Sponsoring einzelner Beiträge handeln, beispielsweise indem reichweitestarken Autoren bestimmte Produkte zur Verfügung gestellt werden, die im Weblogs besprochen werden können.[83] Die andere Möglichkeit ist, ganze Weblogs zu sponsoren und im Gegenzug dort Werbung oder Hinweise auf die unterstützende Organisation zu veröffentlichen – letztlich also eine Sonderform der Online-Werbung, bei der aufgrund

---

[81] Vgl. http://www.solifer.de/4/42/sonnenfleck_index.html.
[82] Vgl. http://www.butlersheetmetal.com/tinbasherblog.
[83] Vgl. beispielsweise die „Sponsored Posts"-Beiträge im Weblog „Ensight" (http://www.ensight.org/archives/category/sponsored-posts/) oder die Einträge zum Roboter-Hund „Aibo", der Nico Lumma von Sony zur Verfügung gestellt wurde (http://lumma.de/eintrag.php?id=2325).

von Zielgruppen-Überlegungen bestimmte Angebote ausgewählt werden, um Anzeigen zu platzieren. Einige Beispiele sollen dies illustrieren:

- Die Sportartikelfirma Nike beauftragte für die Kampagne „Art of speed" fünfzehn junge Filmemacher damit, kurze Filme rund um das Thema „Geschwindigkeit" zu produzieren, die in einem Weblog vorgestellt wurden.[84]
- Audi USA trat Anfang 2005 als Exklusivsponsor des Weblogs „Jalopnik" auf, das sich Themen rund um Autos widmet.[85]
- BMW kooperierte mit dem Weblog-Hoster Knallgrau, um zur Internationalen Automobilausstellung 2005 in Frankfurt das „IAA Blog" einzurichten, in dem zwei bekannte Blogger (Thomas Gigold und Lyssa) von der Messe berichteten.[86]
- Ein ausgefallenes Beispiel für Blogsponsoring ist schließlich das Weblog „1000 Arten ein Bier zu öffnen", in dem seit 2003 täglich eine Möglichkeit dokumentiert wird, mit Alltagsgegenständen eine Flasche Bier zu öffnen. Seit Februar 2004 werden die drei Betreiber des Weblogs von der österreichischen Brauerei „Zipfer" gefördert, die ihnen regelmäßig Bierkästen zur Verfügung stellt.[87]

Auch für Weblogs in der Organisationskommunikation gelten bestimmte prozedurale Regeln, die den Umgang mit diesem Kommunikationsformat rahmen. Weil hierbei Erwartungen aus unterschiedlichen Handlungsfeldern – nämlich der innerorganisatorischen Kommunikation einerseits und den Leitbildern der weblogbasierten Kommunikation andererseits – aufeinander treffen, kann es zu Irritationen oder Konflikten kommen. Dies betrifft insbesondere die Publikationsregeln, also die Routinen für und Erwartungen an die Präsentation von Inhalten und damit verbunden der eigenen Person im Weblog. Die externe Organisationskommunikation befindet sich dabei in einem Dilemma: Sie strebt danach, so weit wie möglich Kontrolle über die nach außen kommunizierten Inhalte zu behalten, um eine einheitliche Darstellung im Sinne des Organisationsimages und der Organisationsziele zu gewährleisten. In der Blogosphäre trifft sie allerdings auf die Erwartung authentischer Kommunikation, die gegebenenfalls auch Kritik oder abweichende Positionen beinhalten kann. Reputation ist hier vor allem zu gewinnen,

---

[84] Vgl. http://www.gawker.com/artofspeed/.
[85] Vgl. http://www.jalopnik.com/. Inzwischen scheint diese Exklusivpartnerschaft wieder eingestellt; auf dem Weblog werben nun zahlreiche andere Firmen.
[86] Vgl. http://www.iaablog.com.
[87] Vgl. http://stuff.twoday.net. Unter http://www.bamberg-gewinnt.de/wordpress/archives/317 findet sich eine Stellungnahme der Betreiber zur Geschichte des Angebots und des Sponsoring durch die Brauerei.

wenn klar wird, dass Kommunikationsabteilungen so wenig wie möglich reglementierend eingreifen.

Wie stark die Erwartungen hinsichtlich der persönlichen Authentizität des Autoren sind, wird insbesondere am Beispiel der Bewertung von „CEO Blogs" deutlich, in denen verantwortliche Unternehmensmanager über ihren geschäftlichen (und gelegentlich auch privaten) Alltag berichten (vgl. Zerfaß/Sandhu 2005). Dass der Grat zwischen authentischer und PR-zentrierter Kommunikation oft schmal ist, zeigt das Weblog von Randy Baseler, dem Marketingchef des Flugzeugherstellers Boeing[88], das Beobachter als „aufgesetzt" und „Dauerwerbesendung" empfanden (vgl. Eck 2005). Als „Musterbeispiele" gelten dagegen Jonathan Schwarz, der Vertriebschef von SUN Microsystems[89], oder Robert Scoble, der als technischer Berater bei Microsoft arbeitet, aber in seinem populären Weblog „Scobleizer"[90] auch kritische Stimmen gegenüber seinem Arbeitgeber anschlägt (vgl. The Economist 2005). In Deutschland genießt der „Shopblogger" große Aufmerksamkeit; Autor Björn Harste ist Inhaber eines SPAR-Supermarktes und berichtet über Erlebnisse aus seinem Arbeitsalltag.[91]

Konfliktpotenzial existiert auch im Fall von Weblogs, die Mitarbeiter einer Organisation als Privatpersonen führen. Während dies in der überwiegenden Zahl der Fälle problemlos möglich ist, haben einige Fälle Schlagzeilen gemacht, in denen Mitarbeiter Inhalte veröffentlicht hatten, auf die die Organisation mit arbeitsrechtlichen Schritten reagierte. Bekannt wurde beispielsweise der Fall von Ellen Simonetti, einer Stewardess von Delta Airlines, die in ihrem privaten Weblog einige Fotos von sich veröffentlichte, die sie (in leicht lasziver Pose) in Delta-Uniform zeigten. Die Fluggesellschaft entließ sie kurz darauf, was große kritische Resonanz im Netz erzeugte, die später auch andere Medien wie die „Time" aufgriffen.[92] Ein anderer Fall ereignete sich zu Beginn 2005, als Mark Jen, ein frischgebackener Google-Mitarbeiter, von seinen ersten Erfahrungen beim Unternehmen berichtete. Einige Andeutungen über interne Finanzziele von Google musste er allerdings wenige Tage später wieder entfernen. Anfang Februar wurde bekannt, dass Google ihn entlassen hat.[93]

In beiden Fällen existierten unterschiedliche Erwartungen an die Inhalte, die ein Autor in einem privaten Blog (teil-)öffentlich machen

---

[88] Vgl. http://www.boeing.com/randy/.
[89] Vgl. http://blogs.sun.com/jonathan/.
[90] Vgl. http://scobleizer.wordpress.com/.
[91] Vgl. http://www.shopblogger.de/blog/.
[92] Vgl. http://www.time.com/time/personoftheyear/2004/poymoments.html.
[93] Vgl. http://battellemedia.com/archives/001248.php.

kann. Aus Sicht der Autoren handelte es sich um persönliche Äußerungen und Meinungen, während für die Organisation damit interne Vertraulichkeitsregeln verletzt wurden. In den USA, wo die Diffusion von Weblogs am weitesten fortgeschritten ist, gehen deswegen mehr und mehr Organisationen dazu über, interne Richtlinien zu formulieren und so implizite Erwartungen explizit zu machen. Ein Vergleich der Richtlinien von acht Unternehmen (darunter IBM, Sun und Yahoo) zeigt, dass vier Prinzipien allen „Blogging Guidelines" gemeinsam sind (vgl. Wackå 2005):[94]

- Die Autoren werden darauf hingewiesen, dass sie die persönliche Verantwortung für ihre Texte besitzen.

- Auch im Umgang mit Weblogs unterliegen die Mitarbeiter den geltenden Pflichten, die zum Beispiel in allgemeinen Handbüchern niedergelegt sein können.

- Insbesondere beim Umgang mit Unternehmensgeheimnissen sollen die Autoren besondere Sorgfalt walten lassen.

- Schließlich werden Mitarbeiter angehalten, in ihren Beiträgen eine gemäßigte Sprache zu verwenden und zum Beispiel keine obszönen oder ausfälligen Bemerkungen zu machen.

Weil Weblogs Knotenpunkte in hypertextuellen und sozialen Netzwerken darstellen, können sie den Austausch von Informationen zwischen Personen fördern, die an ähnlichen Themen interessiert sind. Im nächsten Abschnitt wird dieses Potenzial für die interne Organisationskommunikation unter dem Aspekt der Wissensarbeit näher diskutiert. Hier sollen die Effekte von weblogbasierten Netzwerken im Vordergrund stehen, die im Umfeld einer Organisation existieren, also entweder an selbst geführte Weblogs der externen Organisationskommunikation anschließen oder von Dritten geführt werden, sich aber mit organisationsrelevanten Themen befassen.

In Abschnitt 3.2.2 wurde bereits beschrieben, wie die Blogosphäre durch unterschiedliche Mechanismen Aufmerksamkeit kanalisiert, wobei wir an dieser Stelle analytisch die Diffusion von Informationen von ihrer Bewertung oder „Anreicherung" durch die Autoren unterscheiden können.[95] Beide Aspekte sind für die externe Organisationskommunikation relevant, denn über Weblogs lassen sich einerseits Ankündigungen

---

[94] IBM hat zusätzliche Richtlinien für den Umgang mit Podcasts erlassen; vgl. http://www-128.ibm.com/developerworks/blogs/dw_blog_comments.jspa?blog=351&entry=97118.

[95] Zerfaß/Boelter (2005, S. 108ff) verwenden diese Unterscheidung, um zwei Typen von Bloggern zu identifizieren: Einerseits die „Navigatoren und Multiplikatoren", die Informationen weiter verbreiten, andererseits die „Interessensvertreter und Meinungsmacher", die Meinungen und Standpunkte gegenüber einer Organisation zu Gehör bringen wollen.

und Informationen über Produkte und Dienstleistungen im Sinne des „Word of Mouth"-Marketing verbreiten, andererseits verstärkt die Praxis vieler Blogger, ihre Erfahrungen mit diesen Produkten zu veröffentlichen, die Bewertung – im positiven wie im negativen Sinn.

Zwar liegen zurzeit kaum gesicherte Erkenntnisse darüber vor, ob und inwieweit Autoren von Weblogs im Vergleich zu anderen Bevölkerungsgruppen Trendsetter und Meinungsführer in einem sozialpsychologischen Sinn darstellen, doch ist davon auszugehen, dass sie mit ihren Urteilen über bestimmte Produkte Einfluss auf Angehörige ihrer sozialen Netzwerke nehmen. Der in Abschnitt 3.2.1 bereits zitierten Studie von Proximity (2005) zufolge hat etwa ein Drittel der Nutzer von Weblogs bereits aufgrund eines Eintrags entweder Dritten gegenüber ein Produkt oder eine Dienstleistung bewertet (d.h. empfohlen oder nicht empfohlen; 33 %) oder die eigene Kaufentscheidung davon abhängig gemacht (32 %). Viele Blogger veröffentlichen beispielsweise Buch-, Film- oder Musikempfehlungen, die von anderen aufgegriffen und für eigene Konsumentscheidungen benutzt werden können. Auch Nischenprodukte, für die keine großen Marketingbudgets zur Verfügung stehen, können über Weblogs bekannt gemacht und beworben werden (vgl. Zerfaß/Boelter 2005, S.147f.).

Der Fluss von Informationen und Meinungen in der Blogosphäre kann sich allerdings auch nachteilig auf Organisationen auswirken. Zwei Fälle sollen beispielhaft belegen, wie sich eine kritische (Gegen-)Öffentlichkeit konstituieren kann, die die organisationsseitig kontrollierte externe Kommunikation unterläuft: Anfang Dezember 2004 kritisierte ein Eintrag im Weblog „Spreeblick" die Geschäftspraktiken der Firma „Jamba", die Klingelton-Abonnements für Mobiltelefone vertreibt.[96] Der Text erzielte aufgrund seines humorvollen Stils (der sich an die „Sendung mit der Maus" anlehnte) eine gewisse Aufmerksamkeit, die sich noch steigerte, als Johnny Haeusler (der Betreiber von „Spreeblick") enthüllte, dass Mitarbeiter der Firma Jamba ohne Wissen ihrer Kommunikationsabteilung in den Kommentaren zum Ursprungsbeitrag das Geschäftsmodell verteidigten, ihre Zugehörigkeit zur Firma aber nicht offen legten. Verschiedene leserstarke Weblogs reagierten kritisch auf dieses Vorgehen, wodurch das Thema immer weitere Kreise zog und schließlich den Weg in massenmediale Angebote (darunter „Spiegel Online" und die SAT1-Sendung „Planetopia") fand.

---

[96] Eine detaillierte Schilderung mit zahlreichen Verweisen zum Ablauf und den Beteiligten ist unter http://www.bamberg-gewinnt.de/wordpress/archives/153 veröffentlicht. Vgl. auch Fischer 2005.

Während es im Fall Jamba vor allem zu Imageschäden kam, folgten im zweiten Beispiel aus der Thematisierungsleistung von Weblogs messbare wirtschaftliche Konsequenzen. Ende Oktober 2005 entdeckte Mark Russinovich, ein amerikanischer Experte für Software-Sicherheit, dass der Unterhaltungskonzern Sony als Bestandteil des Digital Rights Managements für seine Musik-CDs bestimmte Programmelemente verwendet, die virus-artige Techniken einsetzen. Russinovich veröffentlichte einen längeren Beitrag in seinem Weblog „Sysinternals", in dem er die Details seiner Recherche (die hohe technische Expertise verlangte) veröffentlichte.[97] Das Thema wurde in der Folgezeit von zahlreichen Weblogs sowie Massenmedien aufgegriffen, die scharfe Kritik am Vorgehen von Sony übten und teilweise zum Boykott deren Produkte aufriefen. Als erste Reaktion kündigte das Unternehmen an, etwa zwei Millionen CDs, die mit der umstrittenen Kopierschutz-Software ausgestattet waren, aus den Läden zurückzurufen. Zum Zeitpunkt der Abfassung dieses Manuskripts waren bereits zahlreiche Klagen gegen Sony eingereicht, da zum einen die Nicht-Offenlegung von Eingriffen in das Betriebssystem der Nutzer möglicherweise einen Straftatbestand darstellt, zum anderen in der verwendeten Software augenscheinlich Elemente aus anderen Programmen verwendet wurden, wodurch Sony selbst Copyright-Verletzungen begangen haben könnte (vgl. Claburn 2005; Spiegel Online 2005).

Die geschilderten Beispiele zeigen, dass in Bezug auf Themenkarrieren Weblogs alleine nur einen begrenzten Einfluss haben und sich negative Folgen für das Image und die Reputation eines Unternehmens meist erst dann einstellen, wenn kritische Berichte auch von Massenmedien aufgegriffen werden. Dies bedeutet jedoch nicht, dass Organisationen die Rolle von Weblogs unterschätzen sollten: Diese agieren zwar in einer Art „voröffentlichem Raum", erreichen dort jedoch spezifische Lesergruppen, die als Multiplikatoren für bestimmte Themen und Meinungen dienen können (vgl. Eck/Pleil 2005; siehe auch Kapitel 6 für eine eingehendere Diskussion der Agenda-Setting-Prozesse in Weblogs).

Die Beobachtung von weblogbasierter Kommunikation wird daher eine wichtige Aufgabe für das organisatorische Kommunikationsmanagement, um zu einem möglichst frühen Zeitpunkt des „issue management" reagieren zu können. Ein solches „Blog Monitoring" kann zum Beispiel über Suchmaschinen wie technorati.com, blogdex.net oder

---

[97] Der Ursprungsbeitrag ist unter http://www.sysinternals.com/blog/2005/10/sony-rootkits-and-digital-rights.html abrufbar. Eine umfassende Darstellung der Vorgänge findet sich z. B. in der englischsprachigen Wikipedia unter http://en.wikipedia.org/wiki/2005_Sony_CD_copy_protection_controversy.

die spezielle „Google Blog Search"[98] erfolgen, die es erlauben, nach dem
Auftauchen von beliebigen Schlüsselwörtern zu suchen. Der Dienst
Blogpulse geht einen Schritt weiter und visualisiert die Häufigkeit, mit
der bestimmte Suchbegriffe in Weblogs auftauchen, über einen Zeitraum von mehreren Monaten hinweg (vgl. Abbildung 7 für eine
beispielhafte Darstellung mit den beiden Suchbegriffen „Sony" und
„Jamba"). Dadurch ist es möglich, den Verlauf von bestimmten Themenkarrieren in der Blogosphäre zu verfolgen. Schließlich bieten verschiedene Dienstleister an, im Rahmen von Medienbeobachtungen auch
Weblogs aufzunehmen und auf die Nennung von bestimmten Schlüs-
selbegriffen oder Firmennamen zu verfolgen.[99]

Abbildung 7: Visualisierung von Themenverläufen

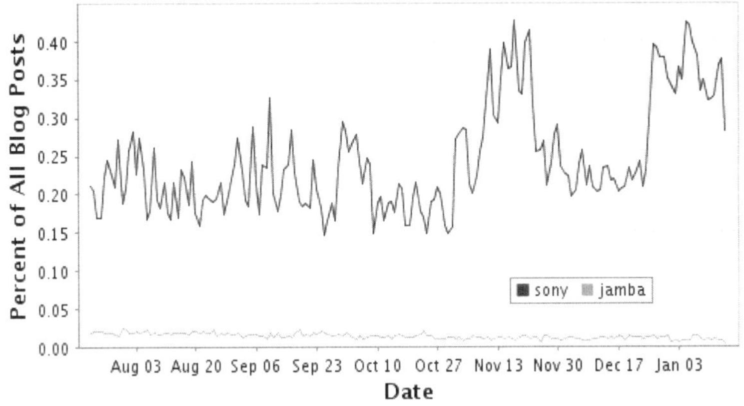

Quelle: http://www.blogpulse.com; Stand 15.01.2006.

5.2   Weblogs und Wissensarbeit

Zahlreiche Gegenwartsdiagnosen benutzen die Begriffe „Informations-
gesellschaft" oder „Wissensgesellschaft", um Bezug auf die veränderten
Grundlagen des Wirtschaftens im Speziellen und der gesellschaftlichen
Organisation im Allgemeinen zu nehmen (vgl. Webster 1995). Ihnen

---

[98] Vgl. http://blogsearch.google.com.
[99] Eine Liste verschiedener Werkzeuge und Anbieter zum Blog Monitoring ist unter
   http://klauseck.typepad.com/prblogger/2004/12/blogmonitoring__1.html abrufbar.

105

liegt die Beobachtung zugrunde, dass die Menge an verfügbaren Informationen rasant anwächst (vgl. Münch/Schmidt 2005). In dem Maße, in dem sich Informationen vermehren, steigt auch der Stellenwert von Wissen, worunter hier eine besondere Form von Informationen, nämlich zweck- oder problemorientierter Natur, verstanden werden soll. Anders formuliert: Wissen besteht aus Informationen, die das aktive Eingreifen des Menschen in die Welt unterstützen.

Nach einer gängigen Unterscheidung existiert „Wissen erster Ordnung" (das domänenspezifische, inhaltliche Fachwissen) und „Wissen zweiter Ordnung". Letzteres umfasst sowohl „Metawissen" (Wissen über die Aneignung von Wissen) als auch „Medienwissen" (die technische Bedienungskompetenz). In dem Maße wie Computer zur Speicherung, Bearbeitung und Neukombination von Informationen eingesetzt werden, kommt es zu einer Informierung des Wissens, in deren Verlauf sich der Schwerpunkt hin zu Wissen zweiter Ordnung verschiebt (vgl. Degele 2000). Eine wichtige Fähigkeit ist daher, die eigenen Wissensbestände kontinuierlich erweitern, aktualisieren und selbstständig in Bezug auf bestimmte Handlungen bzw. Handlungsziele anwenden zu können. Dies erfordert ausgeprägte Medienkompetenzen, sowohl um über Medien vermittelt relevante Informationen abrufen zu können, als auch sich Medien zu bedienen, um in der interpersonalen Kommunikation mit anderen Informationen auszutauschen und in Wissen zu transformieren.

Die Umsetzung von Wissen in praktisches Handeln ist dabei nicht immer direkt möglich, denn dazu müssen verschiedene Komponenten des spezialisierten Wissens wieder zu einer Einheit geformt werden. Dies erfordert Kommunikationsprozesse, in denen sich die Beteiligten auf der Grundlage ihres jeweiligen spezifischen Wissens über die zu erledigenden Aufgaben austauschen und ihre Beiträge koordinieren. Die Zunahme von Wissen und Zunahme von Kommunikation bedingen sich also gegenseitig: Die Vermehrung und Beschleunigung von Kommunikation erzeugt immer mehr verfügbares Wissen, das wiederum so spezialisiert und differenziert wird, dass zur Anwendung und wechselseitigen Abstimmung im praktischen Handeln weitere Kommunikationsprozesse in Teams von miteinander interagierenden Experten nötig werden. Diese müssen als Wissensvermittler und Moderatoren agieren, um die Logiken unterschiedlicher Wissenssysteme verstehen und miteinander verbinden zu können. Dadurch kommt es zum Aufstieg von „Wissensarbeit" als spezifischem Typus von Tätigkeiten, die erfordern,

„dass das relevante Wissen (1) kontinuierlich revidiert, (2) permanent als verbesserungsfähig angesehen, (3) prinzipiell nicht als Wahrheit, sondern als Ressource betrachtet wird und (4) untrennbar mit Nicht-wissen gekoppelt ist, so dass mit Wissensarbeit spezifische Risiken verbunden sind" (Willke 1998, S. 161).

Ein großer Anteil der Produktion und Vermittlung von Wissen ge-schieht innerhalb von Organisationen. Insbesondere wettbewerblich orientierte Wirtschaftsunternehmen müssen sich durch eine hohe Lern- und Veränderungsbereitschaft auszeichnen, um den Anforderungen der Wissens- und Kommunikationsarbeit gerecht zu werden. Dies setzt wiederum bestimmte Organisationsstrukturen voraus, beispielsweise die Etablierung von Instrumenten und Mechanismen der Organisations-kommunikation, die es den Akteuren erlauben, ihre Tätigkeiten vor dem Hintergrund spezifischer Interessen zu koordinieren oder einen gene-rellen „Orientierungskonsens" zu erzielen (vgl. Theis-Berglmair 2003). Unterstützt werden diese kommunikativen Prozesse nicht nur durch veränderte organisatorische Strukturen (z. B. die Etablierung neuer be-ruflicher Positionen wie dem „knowledge broker"), sondern auch durch den Einsatz von Informations- und Kommunikationstechnologien zum organisatorischen und persönlichen Wissensmanagement, die das Spei-chern, Abrufen, Teilen und Neukombinieren von Informationen er-leichtern sollen (vgl. z. B. Maier 2004; Reinhardt/Eppler 2004).

Die Praxis des computerunterstützten gemeinsamen Arbeitens („Computer-Supported Cooperative Work", CSCW) kennt verschiedene Werkzeuge des Wissensmanagements (vgl. Hoffmann/Loser/Herrmann 2001; Haythornthwaite 2005): Neben der „Allzweckwaffe" E-Mail sind es vor allem datenbankgestützte Systeme zum Dokumenten- und Workflowmanagement. Problematisch wird diese Form des Wissens-managements dann, wenn nur das „Handling von Wissen", also die computergestützte Identifikation und Speicherung von Informationen im Vordergrund steht und die kommunikativen Prozesse des Entste-hens, Austauschs und Verankerns von Wissen in den Hintergrund ge-raten (vgl. Stieler-Lorenz/Paarmann 2004; Baumgartner 2005). Allzu leicht unterliegen die Verantwortlichen für organisatorisches Wissens-management dann der Versuchung, Wissensflüsse durch formale Strukturen, Prozeduren und IT-Systeme kanalisieren zu wollen, ohne der Tatsache Rechnung zu tragen, dass ein Großteil des tatsächlichen Wissensaustauschs innerhalb von Organisation vor allem durch infor-melle und selbstorganisierte Kommunikation zustande kommt.

Der Fokus auf explizit gemachtem Wissen (im Sinne von „know what") vernachlässigt aber auch, dass es weitere Wissenstypen gibt, die für ein „collaborative sense-making", also die gemeinsame Konstruktion einer geteilten Wissensbasis nötig sind (vgl. Gasson 2005): „know-why" als Wissen um Gründe und Kontextfaktoren für bestimmte Praktiken, sowie „know-who", das heißt das Wissen um die Wissensbestände anderer Personen, die in bestimmten Situationen um Rat oder ihre Meinung gefragt werden könne. Gerade Wissensarbeiter müssen diese Wissenstypen integrieren und mit den Wissensbeständen anderer Personen kommunikativ abgleichen, um in kontingenten Situationen, für die keine organisatorischen (oft aber individuelle) Routinen existieren, handlungsfähig zu sein (vgl. Burg et al. 2005).

Weblogs stellen nur eine Anwendung zur interpersonalen Kommunikation und zum kollaborativen Wissensmanagement dar. Wissensarbeiter setzen eine Vielzahl von unterschiedlichen Informations- und Kommunikationstechnologien ein, um ihre alltäglichen Arbeitsaufgaben zu lösen und die dabei anfallenden Informationen und Texte (Dokumente, aber auch E-Mails oder Protokolle von Chat- und InstantMessaging-Sitzungen) zu verwalten (vgl. Halverson 2004). Gerade für Gruppen, die ihre Zusammenarbeit über geographische Distanzen hinweg und mit vergleichsweise wenigen Gelegenheiten zur face-to-face-Kommunikation koordinieren müssen, stellt der „strategic fit" von Aufgaben, Arbeitsroutinen und unterstützenden Informations- und Kommunikationstechnologien eine wichtiges Erfolgskriterium dar (vgl. Malhotra/ Majchrzak 2004).

Der besondere Charakter von Weblogs als persönliche Publikationsumgebung macht sie zu einem geeigneten Instrument des Projekt- und Wissensmanagements, das Teil der internen Organisationskommunikation sein kann, aber auch zum organisationsübergreifenden oder -unabhängigen Lernen und Kommunizieren eingesetzt werden kann. Sie verbinden dabei Aspekte zweier unterschiedlicher Strategien zum Umgang mit Wissen: Die Kodifizierung, also das Explizit-Machen und Speichern von Informationen sowie die Personalisierung, insbesondere die Rückbindung von (oft implizitem) Wissen an einzelne Personen, die miteinander interagieren (vgl. Kaiser/Müller-Seitz 2005a). Die Kombination beider Strategien fördert die Aushandlung geteilter Weltsichten, die oben als Voraussetzung gelungener Kommunikation beschrieben wurde.

Anzahl oder Anteile von „Expertenblogs" sind nicht quantifizierbar, doch es liegt nahe, dass sie im Zuge des allgemeinen Wachstums der Blogosphäre ebenfalls häufiger werden (vgl. Efimova 2004).[100] Ebenso steigt die Zahl von Organisationen, die Weblogs für Zwecke der internen Kommunikation und des Wissensmanagements einsetzen: IBM ver-

---

[100] Für manche Wissensdomänen haben sich bereits eigene Bezeichnungen etabliert, so z. B. „blawg" für Weblogs zu juristischen Themen.

zeichnete beispielsweise im Mai 2005 auf der unternehmensinternen Weblog-Plattform über 3.000 einzelne Weblogs (davon ca. 1.350, die als „aktiv" gelten) in 65 Ländern. Zu dieser Zeit wurden die mehr als 320.000 Mitarbeiter weltweit offiziell ermutigt, eigene Weblogs einzurichten, sodass davon auszugehen ist, dass in der Zwischenzeit die Anzahl der internen Weblogs noch einmal deutlich gestiegen ist (vgl. Snell 2005). Microsoft führt selbst interne Weblogs, stellt seinen Mitarbeitern aber auch frei, sich an extern bereitgestellten Diskussionsumgebungen (wie zum Beispiel den „Longhorn Blogs"[101]) zu beteiligen. Andere Organisationen, die Mitarbeiter-Weblogs einsetzen, sind zum Beispiel Google, das Software-Unternehmen Macromedia und die Investmentbank Dresdner Kleinwort Wasserstein. Bei der Implementierung von internen Weblogs müssen die Verbindungen zu anderen innerorganisatorischen Gegebenheiten, insbesondere zu weiteren Kommunikationsabläufen, Wissensmanagement-Prozessen und Datenbanken geklärt werden. Dies beginnt bei technischen Schnittstellen für den Austausch von Daten und reicht über die mögliche Modifikation oder Ersetzung von Arbeitsabläufen bis hin zu Design-Fragen, um Weblogs in die Gestaltung des Intranets einzupassen.

Weblogs können zusätzlich in verschiedenen formellen Lernszenarien eingesetzt werden, um Kurse, Seminare und ‚Learning Communities' zu unterstützen (vgl. Röll 2005a). Dabei ist zwischen dem Einsatz als begleitendes Medium zur Publikation von Materialien und der Kanalisierung von Feedback einerseits sowie dem Einsatz als virtuelle Lernumgebung andererseits zu unterscheiden. Im letzteren Fall stehen zwei Möglichkeiten zur Verfügung: Der „contentorientierte Ansatz" sieht vor, dass pro Kurs ein Weblog existiert, das von Dozenten und Lernenden gleichberechtigt mit Inhalten (Verweise auf relevante Materialien, eigene Texte, Fragen und Anregungen) gefüllt wird. Beim „diskursorientierten Ansatz" erhält demgegenüber jeder Lernende ein persönliches Weblog, um Lernergebnisse und Reflexionen zu veröffentlichen. Die Vernetzung der Teilnehmer untereinander erfolgt durch wechselseitige Verweise, Kommentare und Trackbacks, die mit Hilfe einer Feed-Aggregation an zentraler Stelle (z. B. dem Weblog des Kursleiters) noch unterstützt werden können.

---

[101] Vgl. http://www.longhornblogs.com/ sowie die Analyse bei Kaiser/Müller-Seitz 2005b.

Verschiedene Universitäten erproben zurzeit den Einsatz von Weblogs im Verbund mit anderen onlinegestützten Kanälen.[102] Erste Evaluationen ergaben, dass Weblogs für kollaborative Bearbeitung von solchen Lernaufgaben gut geeignet sind, bei denen mehrere Teilnehmer Informationen zusammentragen und in einem gemeinsamen Text zusammenfassen sollen (vgl. Jadin/Batinic 2005). Die Evaluation eines kommunikationswissenschaftlichen Seminars an der Universität Bamberg ergab, dass die Studierenden das begleitend eingesetzte Weblog als Kanal zur Bekanntgabe von Informationen und zum Austausch mit Dozenten und anderen Teilnehmern positiv bewerteten (vgl. Schmidt/Mayer 2006).

Dem Einsatz in formellen Lernszenarien steht der Gebrauch von Weblogs zur Unterstützung des informellen Lernens gegenüber. Sie kommen bei diesem selbstgesteuerten Lernen (auch: „self-directed learning") als persönliche elektronische Lernjournale zum Einsatz, die für den Lernenden eine oder mehrere der folgenden Funktionen übernehmen (vgl. Röll 2005b):

- Als *Informationsspeicher* nehmen Weblogs Verweise und Anmerkungen zu relevanten Materialien und Dokumenten auf. Sie sind dadurch eine elektronische Variante des Zettelkastens oder Notizbuchs, die komfortabel durchsucht werden kann.

- Als *Reflexionsmedium* dienen Weblogs, in deren Beiträgen der Autor Gedanken rekapituliert, schriftlich ausdrückt und gegebenenfalls mit früheren Einträgen verknüpft.

- Als *Kommunikationsmedium* kommen Weblogs zum Einsatz, wenn über Kommentare und Verweise Beziehungen zu anderen Autoren hergestellt werden, die sich mit ähnlichen Themen beschäftigen. Dadurch ist wechselseitiges Feedback möglich.

Auch der Einsatz von Weblogs für Zwecke des Wissensmanagements beziehungsweise des formellen oder selbstgesteuerten Lernens ist durch die strukturellen Dimensionen der Regeln, Relationen und des Codes bestimmt. Adäquanzregeln rahmen die Entscheidung, ein Weblog als Werkzeug des persönlichen oder organisatorischen Wissensmanagements zu führen und gegenüber anderen Medien oder Kanälen vorzuziehen. Diese kann auf intrinsische oder extrinsische Motive zurückgeführt werden (vgl. Kaiser/Müller-Seitz 2005a). Intrinsische Motive be-

---

[102] Vgl. zum Beispiel die Veranstaltungen von Hans Mittendorfer an der Fachhochschule für Technik und Wirtschaft Berlin, der Universität Linz und der Universität Salzburg (http://collabor.f4.fhtw-berlin.de:8080/antville/), die Seminare von Sebastian Fiedler an der Universität Augsburg (http://personalwebpublishing.mediapedagogy.com/) oder von Oliver Wrede an der Fachhochschule Aachen (http://nexus.design2.fh-aachen.de/seminare/wrede/continuity/).

ruhen zum Beispiel darauf, dass Autoren das Führen eines Lernjournals als angenehm oder spaßig empfinden, oder auch dass sie aus altruistischen Beweggründen ihr Wissen öffentlich machen möchten. Extrinsische Motive treten einerseits in Szenarien des formellen Lernens auf, wenn zum Beispiel die Teilnehmer eines Kurses angehalten werden, ein eigenes Weblog zu führen. Sie können andererseits darauf zurückzuführen sein, dass der Einzelne einen direkten Nutzen für sich oder seine Organisation realisieren kann, zum Beispiel bei der Betreuung eines Projekts oder durch die Selbstdarstellung der eigenen Kompetenzen. Letzteres kann auch ein Grund dafür sein, das Weblog anderen onlinebasierten Mechanismen des öffentlichen Wissensmanagements (beispielsweise der Teilnahme an einem Wiki oder in einem Diskussionsforum) vorzuziehen, bei denen die Kontrolle über die Inhalte und die Erweiterung der individuellen Reputation nicht in ähnlichem Maße möglich sind.

Die prozeduralen Regeln, insbesondere für die Rezeption und Publikation von Inhalten, werden vor allem von der Lernsituation mit bestimmt: Je nach fachlicher Ausrichtung und Status des Lernenden (z. B. Studierender, Wissenschaftler, freiberuflich tätiger oder in eine Organisation eingebundener Wissensarbeiter) werden andere Quellen rezipiert und gegebenenfalls im eigenen Weblog referenziert und kommentiert. Durch die Persistenz der Einträge wird die individuelle, selbstgesteuerte Lernkarriere sichtbar, die dadurch selbst wieder Gegenstand von Reflexionsprozessen werden kann.

Sobald das eigene Lernjournal für andere verfügbar gemacht wird, stellt es auch einen Teil der Selbstpräsentation des Lernenden dar. Ein wichtiger Aspekt der Publikationsregeln ist daher die Frage, ob und welche Beiträge für andere Personen öffentlich gemacht werden. Dies stellt insbesondere Organisationen vor Herausforderungen, deren offizielle Kommunikationsstrukturen durch klare Hierarchien gekennzeichnet sind, in denen unterschiedliche Positionen über unterschiedliche Wissensbestände verfügen und in denen die Monopolisierung von Wissen einen Mechanismus des Statuserhalts darstellt. Eines der Leitprinzipien der Weblog-Kommunikation, der möglichst freie Austausch von Informationen, würde in diesem Fall mit etablierten organisatorischen wie individuellen Praktiken und Erwartungen kollidieren, die eine Kontrolle der Wissensflüsse nahe legen.

In dem Maße allerdings, in dem sich Tätigkeiten hin zu Wissensarbeit bewegen, verändern sich auch die Anforderungen an die Kommunikationsstrukturen. Um die unterschiedlichen spezialisierten Wissensbestände der einzelnen Organisationsmitglieder und -einheiten verfügbar zu machen, sind Netzwerke als Koordinationsform gegenüber der Hierarchie überlegen, weil sie Flexibilität und Verlässlichkeit miteinander verbinden (vgl. Weyer 2000). Sie fördern den Informationsaustausch zwischen den Einheiten, weil sie neue Kanäle jenseits der Kommunikation innerhalb von hierarchischen Beziehungen oder der Binnenkommunikation in einer Organisationseinheit eröffnen. Gleichzeitig erhöhen sie aber auch die „Anschlussstellen", an denen Informationen (zumindest selektiv) weitergegeben werden müssen. Dadurch steigt der Bedarf für Metakommunikation, also Kommunikation darüber, welche Inhalte in welcher Form sinnvollerweise zu kommunizieren sind.

In einer solchen Organisationsumgebung werden sich die relativen Vorteile des „Wissensmittlers" gegenüber dem „Wissensmonopolisten" erhöhen, wird es also von Vorteil für den Einzelnen wie für die Organisation als ganzes sein, zumindest eine organisationsinterne Öffentlichkeit herzustellen und zum Beispiel Weblogs in das Intranet zu integrieren. Organisationen, die ihre Mitarbeiter zum Führen von arbeitsbezogenen Weblogs motivieren, können so den Wissenstransfer fördern und Informationen und Erfahrungen, die für den organisatorischen Kontext relevant sind, an konkrete Personen binden, die gegebenenfalls für weitere Auskünfte zur Verfügung stehen. Allerdings setzt dies nicht nur den Abbau von formal hierarchisierten Kommunikationskanälen voraus, sondern erfordert auch einen Einstellungs- und Erwartungswandel auf Seiten der Organisationsmitglieder, die das Bereitstellen von Wissen nicht als Verlust von Macht oder Einfluss verstehen, sondern als Chance zur verbesserten Kooperation und Effizienz der eigenen Tätigkeit (vgl. Burg et al. 2005; Neus/Scherf 2005).

Nichtsdestotrotz kann es auch innerhalb des Intranets einer Organisation sinnvoll sein, Weblogs nur bestimmten Gruppen zugänglich zu machen, also durch eine spezifische Gestalt des Software-Codes den Zugang zu bestimmten Informationen zu öffnen bzw. zu schließen. In der Fallstudie eines Pharmakonzerns, der Weblogs für das interne Wissensmanagement einsetzen, wurden zum Beispiel drei unterschiedliche Typen identifiziert (vgl. Charman 2005): ein Weblog für allgemeine Nachrichten aus der Branche, das von einem Redaktionsteam betreut und moderiert wird, aber allen Mitarbeitern die Möglichkeit zu Kommentaren gibt; vier thematisch spezialisierte Weblogs, die nur für ausgewählte Mitarbeiter zugänglich sind und ebenfalls moderiert werden; schließlich ein eigenes Weblog für das Redaktionsteam selbst. Der für die Einführung der Weblogs verantwortliche Mitarbeiter begründet diese Differenzierung und Kontrolle wie folgt:

„We created this interim step for content validation in order to en-
sure that the information we published had been properly evaluated,
reviewed and deemed appropriate. In competitive intelligence you
need some level of control and sanity checking to avoid, as much as
possible, misinterpretation or even rumour being treated as true"
(zitiert nach Charman 2005, S.11).

Diese restriktiven Publikationsregeln dienen aber nicht nur der Qualitätskontrolle, sondern sollen auch verdeutlichen helfen, dass nur von
bestimmten Organisationsmitgliedern erwartet wird, als Teil ihrer Tätigkeit das Weblog zu befüllen. Alle anderen Mitarbeiter können Beiträge
vorschlagen, doch durch die zusätzliche Publikationshürde wird verhindert, dass die Weblogs in (aus Sicht der Organisation unerwünschtes) in-
formelles Geplauder umschlagen, was in Summe die Produktivität senken könnte.

Vor allem für Wissensarbeiter, die nicht eng an eine Organisation gebunden sind (weil sie z. B. freiberuflich tätig sind), stellen Weblogs eine
Möglichkeit dar, die eigene Tätigkeit auch anderen darzustellen und – in
Verlängerung der persönlich-beruflichen Homepage – als eine Art erweiterte Online-Visitenkarte einzusetzen. Jochen Robes, der das fachlich
spezialisierte „Weiterbildungsblog"[103] betreibt, resümiert dessen Stellenwert für seine Karriere wie folgt:

„Heute sehe ich das Weblog als Teil meiner persönlichen, beruflichen
Biografie, als Instrument, um mich mit meinem Wissen und meinen
Kompetenzen vorzustellen und das mir hilft, ein Netzwerk mit wich-
tigen Kontakten zu pflegen" (Robes 2005, S. 8).

Der letzte Punkt verweist erneut darauf, dass der Weblog-Gebrauch
auch von Vernetzungsregeln bestimmt wird, die einen Rahmen vorgeben, wie es als Werkzeug des beruflichen „Networking" einzusetzen ist.

Im Zusammenhang mit Wissensarbeit ist dies insofern relevant, als
Weblog-Kommunikation eine Grundlage für relativ dauerhafte Zusam-
menschlüsse von Personen sein kann, die sich aufgrund des geteilten
Interesses an einem Thema oder einer Problemstellung austauschen
und/oder gemeinsam Ergebnisse erarbeiten. Solche Netzwerke, die oft
auch als „Communities of Practice"[104] bezeichnet werden, haben einen
hohen Einfluss auf Lernprozesse und den Wissensaustausch innerhalb
wie außerhalb von Organisationen. Sie können verschiedene Formen
annehmen, beispielsweise „Helping Communities", „Best Practice

---

[103] Vgl. http://www.weiterbildungsblog.de/.

[104] Zu diesem Begriff existiert inzwischen eine Fülle von Literatur, die von betriebs- und
organisationswissenschaftlichen über psychologische und soziologische Perspektiven bis
hin zu ratgeberhaften „Rezeptbüchern" reicht. Vgl. grundlegend Lave/Wenger 1991;
Brown/Duguid 1991; Schön 2000; Wenger/McDermott/Snyder 2002.

Communities", oder „Innovation Communities" (vgl. Heiss 2004). Ihre Mitglieder sind oft räumlich und organisatorisch voneinander getrennt und nutzen verschiedene Informations- und Kommunikationstechnologien, um miteinander zu interagieren. Dadurch entstehen zwei Arten von kollektiven Gütern (vgl. van den Hooff et al. 2005): „Connectivity", verstanden als Möglichkeit, andere Mitglieder im Netzwerk zu erreichen, und „Communality", verstanden als das gemeinsame Zusammentragen und Teilen von Informationen, die allen Mitgliedern des Netzwerks zur Verfügung stehen.

Auch in weblogbasierten Netzwerken können diese Ressourcen entstehen (vgl. Efimova 2004). Autoren treten dabei in den beiden Rollen des „knowledge donator" und des „knowledge collector" (vgl. van den Hooff et al. 2005) auf, stellen also durch die Publikation von eigenen Inhalten und die Kommentare zu anderen Beiträgen Informationen bereit, rufen andererseits durch die Rezeption von anderen Weblogs selbst Informationen ab. Durch die (wenn auch möglicherweise unregelmäßig) wiederkehrenden Interaktionen zwischen den Beteiligten entsteht in diesen Communities of Practices eine geteilte Gruppenidentität und wechselseitiges Vertrauen unter den Mitgliedern. Diese Merkmale des sozialen Netzwerks erleichtern wiederum die individuelle Wissensarbeit und erhöhen die Chance einer erfolgreichen Kollaboration, weil sie einen geteilten symbolischen Bezugsrahmen schaffen helfen (vgl. allgemein Malhotra/Majchrzak 2004).

Einschränkend ist anzumerken, dass bislang kaum fundierte empirische Erkenntnisse über die Gestalt und den Stellenwert von weblogbasierten Communities of Practice vorliegen, insbesondere solcher, die sich über Organisationsgrenzen hinweg herausbilden. Ein Grund für diese Forschungslücke ist die Schwierigkeit, solche Netzwerke empirisch zu identifizieren, weil sie in der Regel keine formalen Mitgliedschaften kennen (vgl. Efimova/Hendrick/Anjewierden 2005). Erneut wird deutlich, wie der Code bzw. die Architektur der Blogosphäre die Gestalt der sozialen Netzwerke beeinflusst: Weil kein eindeutig identifizierbares Interaktionszentrum existiert, sondern sich Konversationen und Informationsflüsse über viele verschiedene Knoten verteilen, sind die Grenzen diffus und fließend. Man wird sich daher den Wissens- und Lerngemeinschaften zweckmäßigerweise über verschiedene Artefakte von Weblog-Praktiken (wie Verlinkungsmuster oder RSS-Subskriptionen) annähern, die zusammengenommen als Indikatoren für die Existenz einer Community of Practice dienen können.

5.3 Organisatorisches Bloggen zwischen Kontrolle und Selbstbestimmung

Die vorangegangen Abschnitte haben gezeigt, dass Weblogs ihren Platz im Kommunikationsrepertoire von Organisationen und Wissensarbeitern erst finden müssen. Sie treffen dabei auf Beharrungskräfte in Form von organisatorischen Kommunikationsstrukturen und Arbeitsroutinen, die nur schwer zu verändern sind. Die Akzeptanz von Prinzipien des Dialogs und der Wissensteilung stehen in Konflikt mit der Monopolisierung von Wissen zur Stärkung der eigenen Position in einer möglicherweise stark kompetitiven Hierarchie. Für die interne Diffusion und Akzeptanz dieses neuen Formats sind daher nicht nur technische Schulungen und Support notwendig, sondern auch Veränderungen in der Organisationskultur. Diese Veränderungen bewegen sich in einem Spannungsfeld von Kontrollversuchen und Selbstbestimmung, das sich sowohl in den Rahmenbedingungen von Wissensarbeit, als auch in der Auseinandersetzung mit Potenzialen von Weblogs für die externe Organisationskommunikation zeigt.

Die Anforderungen, die Wissensarbeit stellt, bewirken einen Wandel hin zu einer subjektiven Modernisierung der Arbeit, weil der Wissensarbeiter nicht mehr „vorgesetzte" Arbeit nach fremdbestimmten Regeln ausführt, sondern in immer weiteren Grenzen über die zeitliche und organisatorische Ausführung seiner Arbeit entscheidet (vgl. Green 2004). Diese Entwicklung betont die Selbstbestimmung und Selbstorganisation der Wissensarbeiter für die von ihnen zu erbringenden Leistungen, birgt aber auch ein Dilemma: Einerseits steigen die individuellen Spielräume für die Ausführung der eigenen Tätigkeit, die zunehmend von dialogisch abgestimmten Zielvereinbarungen anstatt von direkter Steuerung durch Vorgesetzte gerahmt wird. Andererseits äußert sich der „Zwang zur Selbstverantwortung" in gestiegenen Anforderungen an die Eigeninitiative und reflexive Selbststeuerung des Handelns.

Am weitesten fortgeschritten ist diese Haltung im Konzept des „Intrapreneurship", nach dem sich der Arbeitnehmer als „Unternehmer im Unternehmen" verstehen und seine fachliche Leistung ebenfalls unter ökonomischen Gesichtspunkten, das heißt ausgerichtet an den allgemeinen Unternehmenserfordernissen, beurteilen soll (vgl. Pinchot 1988). Letztlich handelt es sich dabei um eine Anforderung, die zwar dem Einzelnen mehr Möglichkeiten für die persönliche und berufliche Entwicklung bietet, aber gleichzeitig Risiko und Kontingenzen von der Organisation auf die Mitarbeiter überträgt. Die gestiegene Selbstverantwortung geht mit einem Zwang zur Selbstdisziplinierung einher. Dies bedeutet im Zusammenhang mit Weblogs auch, dass zu entscheiden ist, welche Aspekte der eigenen Tätigkeit öffentlich (und sei es nur in der Binnenöffentlichkeit einer Organisation) gemacht werden, wie also die Selbstpräsentation von Wissensarbeitern als Form des Identitätsmanagements ausgestaltet wird.[105]

Disziplinierungstendenzen finden sich aber auch in einer anderen Hinsicht. Als These zugespitzt: Viele Organisationen versuchen eine kommunikative Kontrolle zu etablieren, die in der dezentralen Welt der Weblogs nicht möglich ist. In den bisherigen Strategien zur Integration von Weblogs in Kommunikationsstrategien drückt sich der Wunsch von Organisationen aus, über publizierte Inhalte mit Relevanz für ihre Tätigkeit und/oder ihre Produkte möglichst große Kontrolle zu behalten.

- Die Kontrolle über kommunikative Prozesse soll über das Klären von Form und Inhalten erfolgen, insbesondere über das Aufstellen interner Richtlinien für bloggende Mitarbeiter.

- Die Kontrolle über die Ergebnisse der Kommunikation soll über die Definition von Vorgaben und Messgrößen erfolgen, um den Beitrag von Weblogs für die Erreichung von Organisationszielen evaluieren zu können.

- Die Kontrolle über die kommunikative Umwelt soll über die Etablierung von Blog-Monitoring und die Vorbereitung von Reaktionen im Krisenfall erfolgen, um Thematisierungen möglichst im eigenen Sinn beeinflussen zu können.

Aus Sicht der Organisationskommunikation sind diese Ziele folgerichtig, doch die in ihnen enthaltenen Kontrollvorstellungen stehen den Idealen der kommunikativen Umwelt, in der sich organisatorische Blogs befinden, diametral entgegen. Weblogs setzen eine Medientradition fort, die ein Gegengewicht zu den zentralisierten Informationsflüssen unserer Mediengesellschaft liefern sollen (vgl. auch Abschnitt 6). Diese Wurzeln prägen das Selbstverständnis eines großen Teils der Blogosphäre, der vehement die Möglichkeit verteidigt, persönliche Standpunkte veröffentlichen zu können und so ein Gegengewicht zur herrschenden Öffentlichkeit zu bilden, die von marktgeleiteten Interessen dominiert werde. Organisationen müssen anerkennen, dass sie in der Blogosphäre nur eine von vielen Stimmen sind, die sich im Wettbewerb um Aufmerksamkeit bewähren müssen.

Aufgrund des antizentralistischen Impetus von Weblogs stehen vor allem Unternehmen mit großer Marktmacht im Zentrum der Beobachtung. Besonders prominent sind hier beispielsweise Google und

---

[105] Vgl. hierzu auch Schöneborn 2005, der die Spannungen des „impression managements" am Beispiel von PowerPoint-Präsentationen in Organisationen thematisiert.

Microsoft; deren offiziellen Statements genauso wie Gerüchte und Mutmaßungen in der Online-(Gegen-)Öffentlichkeit beobachtet, verbreitet und diskutiert werden.[106] Prinzipiell müssen aber alle Organisationen damit rechnen, dass sich Äußerungen über sie in der Blogosphäre verbreiten. Dies gilt besonders, wenn auch die privaten Blogging-Praktiken der Autoren kontrolliert werden sollen: Solche Maßnahmen werden als Einschränkung der Meinungsfreiheit skandalisiert, führen zu Widerstand und zu Solidaritätsbekundungen. Im Fall der entlassenen Delta-Stewardess (s.o.) hat sich gezeigt, dass der Eingriff des Unternehmens die Prominenz der missliebigen Inhalte noch gesteigert und so über die Schwelle zu den (ungleich aufmerksamkeitsstärkeren) Massenmedien gehoben hat.

Mit der immer weiteren Diffusion und Differenzierung von Weblogs kommt es zu wachsenden Konflikten um solche symbolischen Grenzziehungen, Definitionen, Selbstverständnisse und kommunikativen Erwartungen. So ist durchaus denkbar, dass Elemente des „personal publishing" zwar an verschiedenen Stellen in einer Organisation eingesetzt werden, jedoch der Titel „Weblog" vermieden wird, um Assoziationen mit dem weit verbreiteten Bild als persönliche Online-Tagebücher zu vermeiden und sie vielmehr als „ernsthaftes" Werkzeug des persönlichen Wissensmanagements zu etablieren. Andere Beispiele zeigen, wie im Verlauf der Aneignung von Weblogs Konflikte auftreten können; so ist zum Beispiel bei intern geführten Mitarbeiter- und CEO-Blogs die Coyprightfrage vielfach noch offen (vgl. Foley 2005): Wem gebührt das geistige Eigentum an den Texten in einem Firmenblog? Es ist zudem strittig, inwieweit *private* Weblogs, in denen Mitarbeiter Informationen (auch) über ihren Arbeitsalltag veröffentlichen, von organisatorischen Richtlinien erfasst werden. Zwar haben in vielen Fällen diese Weblogs nur eine äußerst eingeschränkte Reichweite, doch es gibt (wie oben geschildert) gelegentlich Fälle, in denen kritische Bemerkungen, sensitive Informationen oder andere dem Arbeitgeber nicht genehme Dinge eine größere Reichweite gewinnen.

Diese möglichen Konflikte sollten kein Grund für Organisationen sein, Weblogs zu ignorieren; sie müssen aber bedenken, dass sie sich in einer kommunikativen Umgebung bewegen, die sich aufgrund ihrer Wurzeln Kontrollversuchen widersetzt. Organisationen können sich Weblogs als Medienformat durchaus aneignen und möglicherweise auch noch von der Aufmerksamkeit profitieren, die sie durch den Eintritt in dieses relativ junge Feld erlangen. Eine Aneignung im Sinne der Über-

---

[106] Vgl. zum Beispiel „Google Blogoscoped" (http://blog.outer-court.com/) oder „The Unofficial Microsoft Weblog" (http://microsoft.weblogsinc.com/).

nahme des „technological spirit", also der Leitideen, die hinter den Weblogs stehen, erscheint jedoch ungleich schwerer. Das Leitbild der Authentizität, das beispielsweise auch den ehrlichen Umgang mit Kritik umfasst, erscheint zwar sehr geeignet, Vertrauen in eine Organisation aufzubauen und damit eines der zentralen Ziele von Öffentlichkeitsarbeit zu erfüllen (vgl. Saxer 1999). Es steht aber im Gegensatz zu einer Tradition der Außendarstellung, die auf eine abgestimmte, widerspruchsfreie Präsentation der Organisation und ihrer Tätigkeit Wert legt. Es kommt daher vor allem darauf an, den Einsatz von Weblogs im Rahmen der gesamten Kommunikationsstrategie einer Organisation zu prüfen und im Zweifelsfall auch darauf zu verzichten.

6 Weblogs und Journalismus

Während es in den vorangegangenen Kapiteln um Weblog-Praktiken ging, die in aller Regel Teil von Mikro- oder Meso-Öffentlichkeiten sind, stehen in diesem Abschnitt diejenigen Weblogs im Mittelpunkt, die sich an der (im weiten Sinne) politischen Öffentlichkeit beteiligen und Informationen, Meinungen und Beurteilungen in den gesellschaftlichen Diskurs einspeisen – also in den klassischen Bereich des Journalismus eindringen. Obwohl verschiedene Belege (vgl. z. B. Herring et al. 2004a; Haas 2005) darauf hindeuten, dass nur eine Minderheit von Bloggern den Anspruch hat, Themen von gesellschaftlicher Relevanz in ihren Weblogs zu behandeln oder sich gar als Journalisten versteht[107], existiert eine breite Diskussion darüber, ob und gegebenenfalls wie Weblogs den etablierten Journalismus und bestehende Öffentlichkeiten verändern. Diese wird unter Stichworten wie „participatory journalism" (vgl. Lassica 2003), „grassroots journalism" (Gillmor 2004) oder „mass amateurization of publishing" (Shirky 2002) geführt und beinhaltet, wie darzustellen sein wird, in vielen Fällen utopische oder dystopische Vorstellungen über die Konsequenzen von Weblogs für existierende Massenmedien und Öffentlichkeiten.

Matheson (2004) identifiziert drei Argumente, die im Zentrum dieser Diskurse stehen:

1. Weblogs stellen einen alternativen Raum für Journalismus dar, der jenseits der institutionalisierten Praktiken und Publikationsformen liegt.
2. Weblogs fordern den „corporate journalism" heraus, weil sie ihn kritisch begleiten und an seinen eigenen journalistischen Standesregeln messen können.
3. Weblogs unterstützen eine demokratisch-interaktive Öffentlichkeit, in der Ereignisse und Meinungen thematisiert werden können, die nicht in den klassischen publizistischen Angeboten aufgegriffen werden.

Die folgenden Abschnitte greifen diese Argumente auf und diskutieren sie im Lichte von empirischen Ergebnissen. Dabei ist die These leitend,

---

[107] Bei denjenigen Autoren, die vorrangig thematisch orientierte Weblogs führen, scheint sich allerdings das Selbstverständnis als „alternative" oder „neue Journalisten durchaus verfestigt zu haben (vgl. Neuberger 2005).

dass zwischen Journalismus und Weblogs kein klarer Gegensatz besteht, der zu einer Ablösung des ersteren durch letztere führen könnte, sondern sich vielmehr in den Praktiken Überlappungen feststellen lassen, die eher zur wechselseitigen Ergänzung journalistischer und weblogbasierter Öffentlichkeiten führen. In Abschnitt 6.1 werden zunächst Unterschiede und Gemeinsamkeiten der Praktiken von Selektion und Darstellung öffentlich relevanter Themen diskutiert, wobei Fragen der Glaubwürdigkeit und der Qualitätskontrolle besondere Aufmerksamkeit geschenkt wird. Abschnitt 6.2 enthält Überlegungen zur Veränderung von Öffentlichkeiten durch Weblogs und zum Gatekeeping, bevor in Abschnitt 6.3 am Beispiel des Bundestagswahlkampfs 2005 Potenziale und Grenzen von Weblogs für einen Sonderfall der Öffentlichkeit, nämlich der politischen Kommunikation, deutlich gemacht werden.

6.1 Praktiken von Bloggern und Journalisten im Vergleich

Bei den im folgenden zu untersuchenden Weblogs handelt es sich nicht um eine einheitliche Gruppe, sondern wir finden Autoren mit ganz unterschiedlichen Hintergründen, die sich idealtypisch zwischen zwei Polen einordnen lassen: Auf der einen Seite stehen „J-Blogger" (vgl. Singer 2005), also diejenigen Weblog-Autoren, die journalistisch ausgebildet sind und ihre Weblogs entweder im Rahmen von massenmedial organisierten publizistischen Angeboten oder als eigenständige Publikation veröffentlichen. Auf der anderen Seite stehen diejenigen Autoren, die mit ihrem Weblog (auch) den Anspruch erheben, sich zu gesellschaftsweit relevanten Themen zu äußern und zu einer allgemeinen Öffentlichkeit beizutragen, sich selbst aber nicht als Journalisten verstehen. Sie werden gelegentlich auch als „Pseudojournalisten" oder „Parajournalisten" bezeichnet (vgl. LVZ 2005).

Die in einer solchen Gegenüberstellung angelegte Unterscheidung von Journalisten bzw. Massenmedien (im englischen oft auch „Mainstream Media") einerseits und Bloggern bzw. der Blogosphäre stößt allerdings schnell an Grenzen. In vielerlei Hinsicht wachsen Weblogs und die traditionellen Medien zusammen, nicht zuletzt weil Journalisten und publizistische Angebote das neue Format in ihre Arbeit integrieren. In den USA, wo Weblogs seit dem zweiten Irak-Krieg und dem Präsidentschaftswahlkampf 2004 große Aufmerksamkeit genießen, ist die Akzeptanz unter Journalisten bereits recht hoch.[108] Einer Studie von Euro RSCG Magnet und der Columbia University zufolge (vgl. Euro RSCG Magnet 2005) nutzt etwa die Hälfte (51 %) der befragten 1.200 Journalisten Weblogs regelmäßig in ihrer Arbeit, unter anderem um Ideen für Artikel zu finden (53 Prozent der Weblog-Nutzer), Fakten zu recherchieren (43 %), Quellen zu finden (36 %) und „breaking news" oder mögliche Skandale frühzeitig zu identifizieren (33 %).

Eine Umfrage der Universität Leipzig unter mehr als 5.300 deutschen Medienschaffenden (Journalisten, Werbung- und PR-Fachleute) ergab, dass etwa zwei Drittel dieser Personen Weblogs kennen, aber nur 15 Prozent sie regelmäßig nutzen (vgl. Welker 2005). Innerhalb dieser Gruppe, in der Internet-Journalisten deutlich überproportional vertreten sind, existieren vor allem zwei Einsatzzwecke: 60 Prozent geben an, Weblogs als Werkzeug für Recherchen zu nutzen, 22 Prozent führen ein eigenes Weblog, um Texte publizieren zu können. Bezogen auf die Gesamtheit aller Befragten macht diese Gruppe etwa drei Prozent aus. Dabei kann das Verständnis des eigenen Weblogs unterschiedlich sein: Manche Journalisten nutzen es als „virtuellen Notizblock" (ebda., S. 165) und Zettelkasten, um Eindrücke und Erfahrungen festzuhalten. Andere stellen ihren Lesern Ideen und Textfragmente zur Diskussion.

Im Lauf des Jahres 2005 haben zahlreiche deutschsprachige Tages- und Wochenzeitungen begonnen, Weblogs in ihr Online-Angebot zu integrieren. Unter anderem in der ZEIT, im Handelsblatt, in der Süddeutschen Zeitung und der Frankfurter Rundschau führen Redakteure des Mutterblattes teils thematisch spezialisierte, teils allgemein gehaltene Weblogs, in denen Leser kommentieren können. Der FOCUS Online bindet zusätzlich auch Weblogs ein, die von externen Autoren geführt werden, darunter zum Beispiel Politiker wie Oswald Metzger und Silvana Koch-Mehrin oder Sportler wie Alex Cejka und Carlo Thränhardt.

Eine Alternative dazu, Weblogs von Redakteuren und externen prominenten Autoren führen zu lassen, besteht darin, Weblogs von Lesern in das Online-Angebot zu integrieren. Während manche Zeitungen dieses Vorgehen vor allem als Mittel der Leser-Blatt-Bindung[109] wählen, experimentieren andere damit, Texte von Lesern auch in das reguläre publizistische Angebot zu übernehmen. Die norwegische Zeitung „Dag-

---

[108] Eine Übersicht von mehr als 350 Weblogs, die englischsprachige Journalisten eigenständig oder an Verlagsangebote angebunden führen, ist unter http://www.cyberjournalist.net/ cyberjournalists.php abrufbar.

[109] So zum Beispiel die österreichische „Kleine Zeitung", deren Leser-Weblogs überwiegend dem Muster der Online-Journale folgen (vgl. http://www.kleinezeitung.at/vorteilsclub/ meinekleine/index.jsp).

bladet" beispielsweise hat im November 2005 erstmals den Beitrag eines Bloggers als Aufmacher auf der Startseite von dagbladet.no publiziert (vgl. Fjaervik 2005). Der „Trierische Volksfreund", bei dem seit Oktober 2005 Redakteure und Leser ein Weblog führen können, veröffentlicht täglich in seiner Printausgabe die Rubrik „Best of Blogs", in die von Redakteuren ausgewählte Beiträge und Meinungen aus den Leser-Weblogs aufgenommen werden.[110]

Die Weblogs etablierter publizistischer Angebote werden durch Rezeptions-, Publikations- und Vernetzungsroutinen ihrer eigenen Autoren sowie derjenigen Leser, die auch Weblogs führen, Teil der Blogosphäre. Dadurch verändern sich bislang relativ stabile Kommunikatorenrollen des Senders (der professionell ausgebildete Journalist) und des Publikums, denn durch Kommentare und Verweise tragen die „people formerly known as the audience" (Jay Rosen; zitiert in MacKinnon 2005, S.12) aktiv an der Fortschreibung von Nachrichten und Themen in verteilten Konversationen bei. Dabei ist im Lichte des hier vertretenen Analyserahmens besonders interessant, welche Elemente von journalistischen Praktiken in Weblogs übernommen und welche Elemente transformiert werden.

Um die Erwartungen derjenigen Leser, die mit Weblogs bislang nicht vertraut sind, zu strukturieren und den Unterschied zu anderen redaktionellen Beiträgen deutlich zu machen, schicken etablierte Medien meist einführende Bemerkungen voraus. So bezeichnet die ZEIT ihre Weblog-Sektion im Untertitel als „Meinungen und Notizen, Links und Kommentare, Bilder, Töne, Sensationen" (http://www.zeit.de/blogs/index), und der Stern charakterisiert Weblogs als ein Angebot, „bei dem Journalisten in Online-Tagebüchern ungeschminkt und sehr persönlich ihre Einschätzungen zu aktuellen Themen aufschreiben. Lesern eröffnen die Blogs neue Möglichkeiten, daran teilzuhaben." (http://www.stern.de/computer-technik/internet/546011.html). Die Grundgedanken dieser Angebote sind also, einerseits etablierten Journalisten die Möglichkeit zu geben, Gedanken und Texte zu veröffentlichen, die redaktionelle Filter nicht durchdringen würden, andererseits Lesern einen zusätzlichen Kanal für Rückmeldungen zu geben, der direkter als Leserbriefe an einzelne Beiträge und Artikel gekoppelt ist, weil Kommentare direkt im Weblog auftauchen.

Wie Weblog-Praktiken stellen auch journalistische Praktiken eine Form der Wissensproduktion dar, die nicht einfach die Geschehnisse der Welt abbildet, sondern vielmehr ein Verhältnis zwischen Journalist, Publikum und Ereignissen schafft, in dem erst das Wissen über die Welt

---

[110] Vgl. http://www.intrinet.de/weblogs.

konstruiert wird (vgl. Matheson 2004). Dabei lassen sich auch Selektions-, Publikations- und Vernetzungskriterien identifizieren, die in Form von journalistischen Programmen routinisiert sind und durch das institutionelle Gefüge von Redaktionen und Verlagen strukturell abgesichert sind. Im traditionellen Journalismus gelten bestimmte Ereignisse als „berichtenswerter" als andere, weil sie etablierten Nachrichtenfaktoren entsprechen; bestimmte Arten, diese Ereignisse darzustellen und Quellen zu referenzieren, gelten als glaubwürdiger als andere. Wie Wall (2005) feststellt, weicht Weblog-Journalismus in drei Bereichen – dem narrativen Stil, dem Stellenwert des Publikums sowie der formalen Merkmale von Beiträgen – von diesen etablierten Kriterien ab (vgl. Tabelle 6). Anders als der traditionelle Journalismus nutzen Weblogs personalisierte Texte, die Partizipation des Publikums sowie eine fragmentierte Hypertext-Struktur von Beiträgen, um an der Konstruktion von Wissen über die Welt teilzuhaben.

Tabelle 6: Merkmale des traditionellen und des Weblog-Journalismus

	Traditional journalism	Blog journalism
Narrative style	• Detached • Neutral • ‚both' sides	• Personal • Opinionated • One-sided
Approach to audience	• Audience as passive recipient	• Audience as co-creator
Story form	• Structured format (e.g. inverted pyramid) • Answers basic questions (who, what, etc.) • Closed text • Sources and datelines for credibility	• Fragments • Incomplete • Open text • Hyperlinks for credibility

Quelle: Wall 2005, S. 162.

Angesichts der relativen Neuheit von Weblogs ist davon auszugehen, dass sich Qualitätsstandards und Praktiken, genauer: Adäquanz- und prozedurale Regeln für ihren Einsatz als journalistische Publikationsform, erst allmählich herausbilden. Dabei zeigt sich, dass es keine akzeptierte Instanz gibt, die ethische Standards setzen und gegebenenfalls ihre Nicht-Beachtung sanktionieren kann – also eine Institution, die zum Beispiel dem Presserat vergleichbar wäre. Allerdings gibt es ähnlich wie bei Online-Journalen und beim Einsatz von Weblogs in der Organisationskommunikation auch im Überlappungsbereich von Bloggen und Journalismus Versuche, Regeln diskursiv zu setzen. Dabei werden durchaus Anleihen an den Standesregeln professioneller Journalisten gemacht. Auf der Seite „Cyberjournalist.net", die von der „Online News Association" (einer Interessenvereinigung von Online-Journalisten) mit herausgegeben wird, findet sich zum Beispiel ein „Bloggers' code of

123

ethics"[111] der sich an den Richtlinien der „Society of Professional Journalists" orientiert, also explizit auf Prinzipien aus dem traditionellen Journalismus bezieht. Dort sind drei Hauptregeln formuliert:

1. „Be Honest and Fair." Darunter fallen Regeln zur Vermeidung von Plagiaten, zum Unterschied zwischen Information und Meinung sowie zur Kenntlichmachung von Werbung.

2. „Minimize Harm." Personen, die als Quellen oder Objekt der Berichterstattung auftauchen, sollten mit Respekt und unter Wahrung ihrer Privatsphäre behandelt werden, insbesondere wenn über Unglücksfälle berichtet wird.

3. „Be Accountable." Fehler sollten so schnell wie möglich korrigiert, Interessenskonflikte öffentlich gemacht und auf unethische Praktiken anderer Blogger hingewiesen werden.

Ein anderer Katalog von prozeduralen Regeln für das Bloggen stammt von Rebecca Blood (2002).[112] Sie vertritt nicht den Standpunkt, dass das Befolgen solcher Regeln Weblogs zu journalistischen Publikationen machen würde oder dass Blogger jederzeit ausgewogen berichten sollten, sondern sieht die besondere Stärke von Weblogs gegenüber anderen Medien darin, persönliche und ungefilterte Meinungen zu Gehör zu bringen. Ihre Prinzipien verfolgen daher das Ziel, die Transparenz von Weblogeinträgen zu erhöhen und damit die Argumentation des Autoren für die Leser nachvollziehbar zu machen, was letztlich die Überzeugungskraft erhöht – unabhängig davon, ob sich der Autor als Journalist versteht oder nicht. Ihre sechs Prinzipien einer „Weblog-Ethik" lauten wie folgt:

1. „Publish as fact only that which you believe to be true." Diese Regel zielt darauf, gesicherte Fakten von Spekulationen abzugrenzen. Letztere können veröffentlicht werden, sollten aber entsprechend gekennzeichnet sein.

2. „If material exists online, link to it when you reference it." Durch die Verlinkung zu anderen Quellen können die Leser die Schlussfolgerungen eines Autors selbst nachvollziehen und zusätzliche Informationen erhalten. Durch den Kontext des ursprünglichen Artikels wird in der Regel deutlich, inwieweit ein Autor mit den referenzierten Quellen übereinstimmt oder nicht. In denjenigen Fällen, wo einer Quelle keine zusätzliche Aufmerksamkeit zukommen soll (zum Beispiel im Fall von extremistischen Seiten) kann der Hy-

---

[111] Vgl. http://www.cyberjournalist.net/news/000215.php.
[112] Die Liste ist als Auszug aus ihrem „Weblog Handbook" auch online verfügbar, vgl. http://www.rebeccablood.net/handbook/excerpts/weblog_ethics.html.

perlink zwar unterbleiben, doch ein Verweis erhöht die Transparenz und Integrität der eigenen Gedanken.

3. „Publicly correct any misinformation." Stellen sich bestimmte Äußerungen als falsch oder unvollständig heraus, sollte im entsprechenden Beitrag ein Hinweis auf die korrekten Tatsachen erfolgen. Um die Veränderung deutlich zu machen, lassen viele Autoren die ursprüngliche Falschinformation stehen, streichen sie jedoch mit Hilfe des HTML-Befehls <strike> durch und ergänzen ihre Verbesserungen.

4. „Write each entry as if it could not be changed; add to, but do not rewrite or delete, any entry." Da zwischenzeitlich bereits andere Weblogs auf eine Quelle verweisen können, sollten möglichst keine eigenen Beiträge gelöscht oder so verändert werden, dass der ursprüngliche Inhalt nicht mehr erkennbar ist. Eine Ausnahme stellen persönliche Informationen über eine andere Person dar, die diese nicht veröffentlicht sehen will. In einem solchen Fall sollte der Beitrag gelöscht werden, jedoch nicht ohne darauf hinzuweisen.

5. „Disclose any conflict of interest." Wenn Weblog-Autoren über Themen oder Ereignisse berichten, die in ihren beruflichen Bereich fallen, erhöht es die Transparenz, wenn mögliche Interessenskonflikte offen gelegt werden. Weist zum Beispiel ein Autor auf ein bestimmtes Produkt oder eine Dienstleistung eines Unternehmens hin, an dem er beteiligt ist, sollte dies vermerkt werden, damit Leser über die möglichen Abhängigkeiten informiert sind.

6. „Note questionable and biased sources." Soweit möglich, sollten Autoren den Kontext von zitierten Informationen offen legen, also zum Beispiel darauf hinweisen, dass ein zitierter Bericht ursprünglich von einer Lobby-Organisation mit bestimmten eigenen Interessen veröffentlicht wurde.

Zusammenfassend lässt sich festhalten: Während die klassische journalistische Praxis vor allem an Objektivität und Ausgewogenheit ausgerichtet ist, gilt bei Weblogs die Transparenz und durch Personalisierung hergestellte Authentizität als Qualitätsmerkmal. Der Versuch, mit solchen explizit formulierten Prinzipien prozedurale Regeln zu setzen, stößt allerdings in der Blogosphäre, die von ihren Ursprüngen her besonderen Wert auf die Offenheit und Unreglementiertheit legt, auf Kritik. Exemplarisch zeigen einige Kommentare zum „Blogger's code of ethics" die Widerstände, solche prozeduralen Regeln anzunehmen bzw. die Tendenz, den Geltungsanspruch von explizit formulierten Regeln nicht anzuerkennen:[113]

[113] Vgl. http://www.cyberjournalist.net/news/000215.php.

„What did you use as your foundation for this so-called ethics code for bloggers? Reading this, it looks like nothing more than your own personal opinion. (…) Just who the hell do you guys think you are, posting stuff like this as the final word on principles and integrity, as though those who follow you are better than those who recognize that you are full of garbage? If I want to pander to people's curiosity, then I have the right to do so. There's no law in any country that says I can't. (…)" (Nutzer „Rooty", 17.12.2004)

Ein anderer Kommentator argumentiert, dass die Qualität von Weblogs nicht anhand von abstrakten Prinzipien, sondern an der Aufmerksamkeit gemessen werden sollte, die sie genießen:

„A code of ethics is unnecessary. The only code of ethics that we should follow is the law. Otherwise, let the public decide which blogs get respect, by virtue of traffic levels. Codes of Ethics are usually created when snobby people are pissed off about something and are too weak to compete on a level playing field." (Nutzer „Steve", 13.1.2005)

Welche Praktiken zeichnen Angebote nun tatsächlich aus, die von professionell ausgebildeten Journalisten geführt werden, sich aber der neuen Publikationsform bedienen? Erste empirische Studien deuten darauf hin, dass es zu einer Überlappung von Routinen kommt, wobei unterschiedliche Elemente stabil bleiben. Matheson (2004) stellte beispielsweise im Rahmen einer Analyse der Weblogs, die von Redakteuren der britischen Tageszeitung „The Guardian" geführt werden, resümierend fest: „There is much about the *Guardian* Weblog that is ‚old media'" (S. 460; Kursivsetzung im Original). Zwar wichen die (im August 2002) untersuchten Weblogs in mancherlei Hinsicht von etablierten journalistischen Praktiken ab; so machten die Autoren dort die Selektivität ihrer Arbeit explizit, indem sie vermehrt auf ihre Quellen verwiesen und es dem Leser überließen, selbst aus den sich teilweise widersprechenden Referenzen die Bedeutung oder Wahrheit bestimmter Ereignisse zu erschließen. Dennoch behält der Journalist bei diesem Vorgehen eine herausgehobene Stellung, da er zum einen weiterhin aus der Fülle eingehender Informationen bestimmte Quellen selektiert[114], zum anderen vorrangig auf andere journalistisch produzierte Inhalte verweist und damit die besondere Stellung des Berufsstands für die Produktion von Wissen reproduziert. Die Leser werden zum aktiven Publikum, jedoch nicht im Sinne des gleichberechtigten (Ko-)Produzenten von In-

---

[114] Das Motto der Guardian-Weblogs lautete dementsprechend: „Our pick of noteworthy news online".

halten, sondern als Konstrukteur eigener Weltsichten und Wissensbestände auf Grundlage der journalistisch vorselektierten Quellen.

Auch Singer (2005) kommt nach einer Analyse von 20 Weblogs, die
Teil von US-amerikanischen Medienangeboten sind (darunter z. B. ABC
News, Washington Post oder die Chicago Tribune), zu dem Schluss,
dass diese neue publizistische Form an etablierte Routinen anschließt:

> „the blog is being normalized as a component and, in some ways, an
> enhancement of traditional journalistic norms and practices – albeit
> norms and practices that accomodate journalists who are not news
> reporters" (Singer 2005, S.193).

Journalisten behalten demnach ihre Gatekeeper-Funktion und verlinken
vorrangig auf Quellen anderer Massenmedien anstatt auf Kommentare
von Lesern oder anderen Bloggern zu verweisen. Die vorzufindende
personalisierte, das heißt vor allem mit persönlichen Meinungen
verbundene Aufbereitung von Themen in den Weblogs weicht zwar von
dem Neutralitätsgebot des Journalismus ab, allerdings handelt es sich bei
den untersuchten Bloggern vorrangig um als Kolumnisten „vorgebilde-
te" Journalisten, die auch in ihrer übrigen Arbeit einen personalisierten
Stil pflegen.

Prozedurale Regeln der weblogbasierten Kommunikation machen in
besonderer Weise die (ansonsten meist implizite) Selektivität und Konstruktion von Wissen explizit und verändern so die Grundlage des
Wahrheitsanspruchs von publizierten Informationen. Zusammenfassend existieren drei verschiedene Mechanismen für journalistisch
orientierte Weblogs, Glaubwürdigkeit zu erhalten (vgl. auch MacKinnon
2005):

1. Die Integration in ein etabliertes publizistisches Angebot, wodurch
   ein Vertrauenstransfer geleistet werden kann. Weblogs profitieren
   in diesem Fall von der übergeordneten „Marke" der Medienorgani-
   sation, deren Glaubwürdigkeit auf das neue Format übertragen
   wird.

2. Die Personalisierung der Publikation, bei der subjektive Selektions-
   kriterien und Vorlieben offen gelegt werden. Durch chronologische
   Sammlung von Einzelbeiträgen können einzelne Autoren eine Reputation aufbauen, für die eine journalistische Ausbildung zwar ein
   förderlicher Faktor, aber keine Voraussetzung ist.

3. Schließlich das Prinzip des „collaborative reviewing", das darauf
   verweist, dass das Überprüfen von Informationen erst nach der
   Veröffentlichung geschieht. Hier zeigt sich ein fundamentaler
   Unterschied in den Publikationspraktiken: „The difference between
   the mainstream media and bloggers is that reporters are edited be-

fore they publish and bloggers are edited after they publish." (Lee Rainie, zitiert nach MacKinnon 2005, S. 42). Ort der Qualitätssicherung ist diesem Verständnis nach nicht das einzelne Weblog, sondern die Blogosphäre als Ganzes (vgl. auch Neuberger 2003). Dieser letzte Punkt verweist darauf, dass die aufgrund vorherrschender prozeduraler Regeln hochgradig vernetzte Blogosphäre Leistungen einer Öffentlichkeit erbringt. Im folgenden Abschnitt soll daher näher untersucht werden, welche Merkmale weblogbasierte Öffentlichkeiten auszeichnen und wie diese im Verhältnis zur massenmedial hergestellten Öffentlichkeit zu beurteilen ist.

6.2 Öffnung und Schließung weblogbasierter Öffentlichkeiten

Weblogs verstärken einen Strukturwandel der Öffentlichkeit, der sich als Ausdifferenzierung von Teilöffentlichkeiten beschreiben lässt (vgl. Hasse/Wehner 1997; Jarren/Imhof/Blum 2000; Bucher/Büffel 2005). Das Internet senkt die Zutritts- und Transaktionskosten öffentlicher Kommunikation beträchtlich, weil jede Person mit einem Zugang zum Internet zumindest potenziell Informationen und Meinungen für andere zur Verfügung stellen kann. Die technischen Merkmale von Weblogs, insbesondere die vereinfachte Weise, Texte zu publizieren, erleichtern es weiter, die eigene Stimme im World Wide Web einzubringen.[115] Diese Niederschwelligkeit nährt die Hoffnungen, dass auch bislang marginalisierte Personen und Gruppen Gegenöffentlichkeiten schaffen könnten, weil die bisher geltenden Hürden und Zutrittsbarrieren zur Öffentlichkeit entfielen und die Bedeutung von professionellen Redakteuren als Gatekeeper für Informationen sänke:

> „Editors and producers are no longer the sole gatekeepers of this. Blogs and other forms of interactive participatory media have the ability to target niche communities as well as tap their stories, which reporters may not know about, and which may actually be of interest to broader audiences if only they were known." (MacKinnon 2005, S. 27; vgl. auch Kahn/Kellner 2004).

Die mit Weblogs verbundenen Hoffnungen auf veränderte Öffentlichkeiten werden bisweilen in einem sehr euphorisch-utopischen Ton formuliert; so nennt der bloggende Journalist Andrew Sullivan (2002) Weblogs „a publishing revolution more profound than anything since

---

[115] Recht früh sind einige Ratgeberbücher erschienen, die Anfängern die Einrichtung und Betreuung von Weblogs erleichtern sollen; vgl. zum Beispiel Blood 2002; Olbertz 2004.

the printing press". Ähnlich disruptiv interpretiert Hewitt (2005) die Folgen von Weblogs für etablierte Massenmedien:

> „What is really going on is an information reformation similar in consequences to the Reformation that split Christianity in the sixteenth century. The key to that Reformation was the wide dissemination of Scripture among an increasingly literate laity. Today we do not have a canon, but we do have an appetite of information, the arrival of a new technology of distribution, and a million willing content providers. The old guard of old media is in a situation very similar to the Roman Catholic Church's situation when Luther arose to challenge the pope's authority." (Hewitt 2005, S. xvii).

Joi Ito (2004) betrachtet Weblogs aufgrund ihrer interaktiven, dialogfördernden Potenziale als einen wichtigen Baustein einer neuen „emergent democracy", und manche Autoren sehen in Weblog-Kommunikation zumindest ansatzweise das Habermas'sche Modell der idealen Sprechsituation verwirklicht (vgl. Wijnia 2004; Ó Baoill 2004). Weblogs stehen damit in einer langen Tradition von Medienstrategien, mit denen soziale Bewegungen einen emanzipatorischen, von den Interessen marktzentrierter Medienunternehmen losgelösten und alternativen Mediengebrauch fördern wollten (vgl. Jankowski 2002; Rucht 2004). Deutlich stärker als frühere Versuche machen Weblogs deutlich, dass die Gegenöffentlichkeit vor allem aufgrund der vernetzten Dezentralität zahlreicher einzelner Publikationen entsteht.

In der Tat existieren verschiedene Bereiche, in denen Weblogs Öffentlichkeiten schaffen können, die von den etablierten Massenmedien nicht oder zumindest in anderer Form bedient werden. Besonders deutlich wird dies im Fall der „Warblogs", wo das Genre eine eigene Publikationsform hervorgebracht hat, die besondere Perspektiven aus Kriegs- und Krisenregionen liefert (vgl. Wall 2005). So bot beispielsweise „Where is Raed", das Weblog eines jungen Iraki mit dem Pseudonym „Salam Pax", einen tagebuchartigen Einblick in das Alltagsleben in Bagdad vor und zu Beginn der amerikanisch-britischen Invasion. Später arbeitete Salam Pax mit dem englischen „Guardian" zusammen und veröffentlichte seine Weblogeinträge in Buchform (Pax 2003). Eine andere Sichtweise auf das aktuelle Geschehen im Irak oder Afghanistan bieten Weblogs von Soldaten (auch „Milblogs").[116] Der Offenheit der Berichterstattung sind in diesen Fällen aber oft enge Grenzen durch die militärdienstlichen Vorschriften gesetzt – manche Soldaten, die in den Augen der Armee zu kritisch über ihre Situation berichteten, mussten ihre

---

[116] Vgl. beispielsweise „A soldier's blog" (http://asoldiersblog.blogspot.com/) oder „My War" (http://cbftw.blogspot.com/).

Weblogs aufgeben oder zumindest die Inhalte verändern (vgl. Parker 2005). Im Juni 2005 veröffentlichte die US-Armee erstmals Richtlinien, nach denen Soldaten ihre Weblogs zwar nicht vorab zensieren lassen, aber bei ihrer militärischen Einheit anmelden müssen (vgl. N24 2005).

Eine besondere Rolle spielen Weblogs in Gesellschaften mit eingeschränkter Presse- oder Meinungsfreiheit. Dort helfen sie mit, eine Gegenöffentlichkeit zu schaffen, die nicht nur den Menschen innerhalb restriktiver Mediensysteme, sondern auch interessierten Aktivisten, Journalisten und Bürgern außerhalb des Landes die Gelegenheit gibt, sich über Vorgänge aus erster Hand zu informieren (vgl. z. B. die Schilderungen aus Bahrain, China, Iran und Nepal in Reporters without Borders 2005, S.36-53). Im Iran existieren Schätzungen zufolge bereits 100.000 Weblogs, die der sehr restriktiven und staatlich kontrollierten Öffentlichkeit viele persönliche, politisch oft sehr kritische Stimmen entgegensetzen (vgl. Lau 2005; Alavi 2005). Die Reaktionen der Regimes auf solche Gegenöffentlichkeiten sind oft sehr drastisch; im Iran werden regelmäßig Blogger eingeschüchtert oder verhaftet, und in China wurde das Weblog eines Aktivisten zensiert, nur wenige Tage nachdem es die Deutsche Welle in ihrem „Best of Blogs"-Award für einen Preis in der Kategorie „freedom of expression" nominiert hatte. Angesichts solcher Repressalien wird es für viele „Cyber-Dissidenten" eine Notwendigkeit, das eigene Weblog anonym zu führen; entsprechende Anleitungen werden von Organisationen wie den „Reporters without Borders" (2005) im Internet verbreitet.

In den liberalen Mediensystemen der demokratisch verfassten Gesellschaften ergänzen Weblogs in anderer Hinsicht bestehende Öffentlichkeiten. In bestimmten Branchen, wie zum Beispiel dem IT-Bereich, fungieren sie als ein Medium zur niederschwelligen Publikation von Einschätzungen, Ankündigungen und Ergebnissen professioneller Experten (vgl. Abschnitt 5.2). Für fachlich Interessierte und Fachjournalisten sind diese Weblogs eine wichtige Quelle für Informationen, die (noch) nicht über andere Kanäle publiziert wurden (vgl. Bar-Ilan 2005). Ähnliches gilt für die Rolle von Weblogs bei „breaking news", wie zum Beispiel dem Tsunami, dem Hurrikan „Katerina" oder den Bombenanschlägen von London. Blogger agierten hier einerseits als „Mikropublizisten", die ihren Leserkreis über aktuelle Ereignisse, insbesondere aber auch die eigene Sicherheit und die eigenen Eindrücke informierten. Weil die Massenmedien solche Schilderungen als Quelle von Informationen aus erster Hand aufgriffen, wurden die Blogger aber auch zu „Mikrokorrespondenten".[117]

Ein weiterer Bereich, in dem Weblogs eine Ergänzung zur etablierten massenmedial hergestellten Öffentlichkeit darstellen können, ist der Bereich der Lokalberichterstattung, wo es um Ereignisse von örtlicher Relevanz geht. Unter dem Stichwort des „Bürgerjournalismus" („citizen media") sollen sie die Schwellen zur Publikation lokal relevanter Inhalte senken helfen (vgl. Gillmor 2004). Anders als die bislang in diesem Bereich dominierenden Printzeitungen, deren Feedback-Kanäle oft auf Leserbriefe beschränkt sind, können Weblogs auch Kommentare von Lesern einholen und so mittelfristig Gemeinschaften von aktiven Bürgerjournalisten aufbauen.

Ein Beispiel für diese Art von Graswurzel-Journalismus ist die Seite „Greensboro101.com", auf der Bürger aus Greensboro, North Carolina lokale Nachrichten mit Hilfe von Weblogs veröffentlichen können. Im Selbstverständnis der Webseite drückt sich der Ansatz aus, ein niedrigschwelliges Angebot für Bürger vor Ort als Alternative zu anderen Massenmedien zur Verfügung zu stellen:

„Greensboro101 is committed to using media production and distribution as tools for promoting greater understanding among the citizens of the Greensboro area. We are dedicated to addressing issues that the mainstream media neglects and giving a voice to those who are not heard. We will empower people to ‚become the media' by providing democratic access to available technologies and information" (http://www.greensboro101.com/mod/info/display/mission/index.php).

Das Angebot wird von einer freiwilligen Redaktion betreut, die keine umfassende redaktionelle Auswahl trifft, aber bestimmte Inhalte hervorheben oder sperren kann.[118] Die Nutzer selbst sind aufgefordert, die Beiträge zu bewerten, also über Mechanismen der kollaborativen Kontrolle eine Qualitätssicherung zu gewährleisten. Die Kriterien für hervorgehobene Beiträge sind dabei sehr weit gefasst: 1) Über lokale Themen bzw. von lokalem Interesse, 2) ansprechend geschrieben („well written") 3) interessant und 4) aktuell. Sperrungen werden vorgenommen, wenn pornographische Inhalte verlinkt oder persönliche Drohungen ausgesprochen werden.

---

[117] Mit der zunehmenden Verbreitung von kamerafähigen Mobiltelefonen und Digitalkameras werden auch immer mehr Fotos oder sogar kurze Videos verfügbar. Gerade im Fall von Katastrophen können ethische Probleme daraus erwachsen, dass Personen als „citizen paparazzi" auftreten (vgl. Glaser 2005).

[118] Vgl. die Beiträge zur „editorial policy" und zu „how to use this site" unter http://www.greensboro101.com/mod/info/index.php.

Greensboro101 und ähnliche andere Experimente weblogbasierter Gegen- oder Alternativöffentlichkeiten knüpfen an die Tradition der „Community Networks" an, die seit Mitte der 90er in den USA niedrigschwellige webbasierte Angebote zur Stärkung des lokalen Zusammenhalts aufbauten (vgl. Wagner 1998; Jankowski 2002).[119] Analysen zum Institutionalisierungsverlauf solcher Alternativmedien zeigen jedoch, dass diese Experimente in der Regel nur dort erfolgreich waren, wo ohnehin schon eine funktionierende Gemeinschaft existierte. Anders formuliert: Sie setzen schon einen gewisses Ausmaß von Sozialkapital (zum Beispiel in Form von Solidarität und gegenseitiger Motivation zum Engagement) der lokalen Bevölkerung voraus, das entsprechende Initiativen unterstützt (vgl. Jankowski/Prehn/Stappers 1992).

Eine solche nüchterne Haltung scheint auch gegenüber den medientheoretischen Utopien angebracht, die gegenwärtig im Zusammenhang mit Weblogs kursieren. Öffnung und Schließung von neuen, alternativen Publikationsformen gehen Hand in Hand:

„Es sind sozial bedingte Schließungsmechanismen der medialen Öffentlichkeit, die verhindern, dass der technisch mögliche soziale Entgrenzungs- beziehungsweise Disintermediationsprozess zu einer nachhaltigen Verschiebung oder Umwälzung im Hinblick auf Macht, Hegemonie, Einfluss beziehungsweise Partizipation und Autonomie zugunsten bisher subalterner oder benachteiligter Gruppen oder Individuen führt" (Schönberger 2005, S. 14).

In Bezug auf Weblogs sind verschiedene solcher Re-Intermedationstendenzen zu beobachten. Zunächst haben die Beispiele der Milblogs und der regimekritischen Weblogs bereits gezeigt, dass es Fälle gibt, in denen diese Publikationsform und das mit ihr verbundene Ideal der freien, persönlichen Meinungsäußerung in Konflikt mit anderen Normen, Werten und Regelkomplexen gerät. Militärische Organisationen wie repressive Staaten haben kein Interesse daran, Informationen völlig ungefiltert im Internet veröffentlicht zu sehen, und sie mobilisieren Macht, um unliebsame Äußerungen zu unterdrücken und die Autoren zu disziplinieren.

Eine zweite Re-Intermediationstendenz folgt aus der wachsenden organisatorischen Einbettung von Weblogs. Darunter fallen zum einen die Weblogs, die (wie im vorangegangenen Abschnitt beschrieben) Bestandteil von etablierten publizistischen Online-Angeboten sind und von deren Attraktivität und Besucherzahlen profitieren können. Zum anderen etablieren sich inzwischen aber auch originär weblogbasierte

---

[119] In Deutschland haben sich Community Networks als „Bürgernetze" insbesondere in Bayern etabliert (vgl. Schmidt 2005).

Publikationsgemeinschaften, das heißt Medienorganisationen, die Weblogs publizieren und gemeinsam vermarkten. Amerikanischer Vorreiter ist „Gawker Media" mit derzeit zwölf Weblogs; in Deutschland wurde im Juni 2005 der „Spreeblick Verlag" mit anfangs sechs eigenständigen Weblogs gegründet (vgl. Haeusler 2005). Über den Stellenwert und die Marktchancen dieser Organisationen gibt es zurzeit noch keine gesicherten Erkenntnisse, doch es ist davon auszugehen, dass die organisatorische Unterstützung das langfristige Führen eines Weblogs fördern kann. Über die wechselseitigen Verweise können die Angebote innerhalb einer solchen Publikationsgemeinschaft auch ihre Besucherzahlen steigern.

Weitere Re-Intermediations- oder Schließungstendenzen folgen aus der Struktur der Blogosphäre, die es erschwert, jede Stimme gleichberechtigt zu Gehör zu bringen. Wie in Abschnitt 3.2.2 beschrieben, kommt es zu einer Differenzierung von wenigen leserstarken Weblogs, die sich einem massenmedialen Broadcast-Modell annähern, und einer großen Anzahl von „Mikropublikationen". Abbildung 8 zeigt, dass die reichweitestärksten US-amerikanischen Weblogs inzwischen innerhalb der Blogosphäre ähnliche Aufmerksamkeit genießen, wie klassische massenmediale Angebote.[120] Solche reichweitestarken Weblogs haben deutlich größere Chancen, Aufmerksamkeit auf ihre Themen und Meinungen zu lenken. Sie fungieren also ähnlich wie klassische Medien als Gatekeeper, nur dass sie weniger den Zugang zu Informationen allgemein filtern, als dass sie beeinflussen können, welche Themen in der Blogosphäre zirkulieren.

Ein Beispiel soll die wichtige Rolle solcher focal points im „Inter-Weblog Agenda Setting" (vgl. Haas 2005) verdeutlichen: Mitte November 2005 entdeckte ein Internet-Nutzer in einem Bildband der Stadt Ludwigshafen ein Foto aus dem Jahre 1935, auf dem eine NS-Kundgebung mit einem Spruchband „Denn Du bist Deutschland" abgebildet ist. Aufgrund der Parallele zu der mit großem Medieneinsatz beworbenen Kampagne „Du bist Deutschland" scannte er das Bild ein, veröffentlichte es in einem Forum und verschickte es per Mail. In den Folgetagen kursierte das Bild auch in einigen Weblogs, aber erst als „Spreeblick" das Foto am 22.11. publizierte und kommentierte, wurde ein breiter Leserkreis darauf aufmerksam. In rasanter Geschwindigkeit ver-

---

[120] Zu beachten ist, dass in der Abbildung nicht Leser- oder Zugriffszahlen, sondern eingehende Verweise dargestellt sind. Sie können aber als indirektes Indiz für die Reichweite auf dem Aufmerksamkeitsmarkt interpretiert werden.

breitete es sich in den folgenden Stunden und Tagen in der Blogosphäre.[121]

Abbildung 8: Rangfolge von Medienangeboten und Weblogs nach eingehenden Verweisen (Stand August 2005)

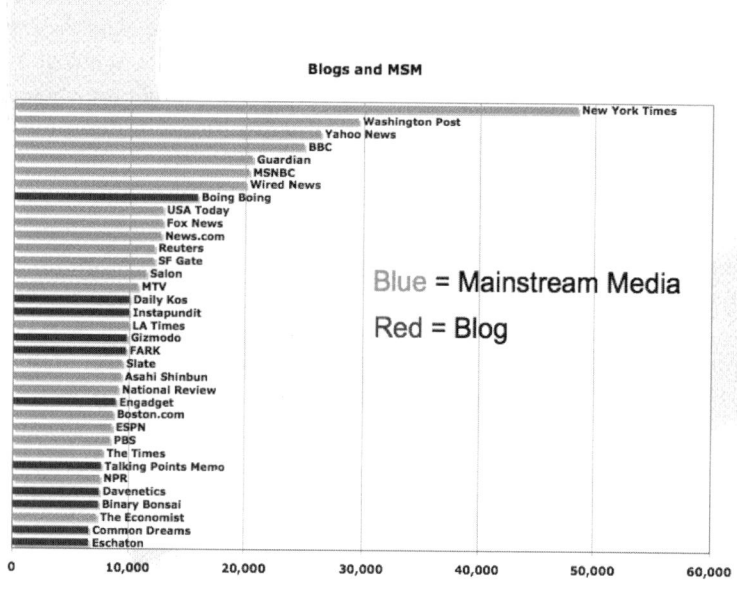

Quelle: http://www.technorati.com/weblog/2005/08/39.html

Dieses Beispiel ist gleichzeitig auch ein Indiz dafür, wie die Blogosphäre Themen auf die Agenda der etablierten Medien zu setzen vermag, denn unter anderem berichteten Spiegel Online, die Printausgaben der taz und der Frankfurter Rundschau sowie die Sendung „Kulturzeit" (3Sat) darüber. Weil auch verschiedene internationale Nachrichtenagenturen (die Agence France-Presse und Associated Press) über diesen Fund berichteten, schaffte es das Thema sogar in die internationale Presse. Vor allem aus den USA kennt man einige ähnliche Fälle, in denen „focal blogs" die Aufmerksamkeit journalistischer Beobachter auf bestimmte

---

[121] Vgl. die Chronologien unter http://bembelkandidat.blogg.de/eintrag.php?id=439 und http://www.andreas.de/wordpress/archives/2005/11/24/denn-du-bist-deutschland-chronologie/.

Themen gelenkt und so die Übernahme von Informationen und Meinungen in andere Medien gefördert haben.[122]

Erstmals konnte man diese Agenda-Setting-Prozesse Ende 2002 beobachten (vgl. Scott 2004): Trent Lott, der damalige Mehrheitsführer im amerikanischen Senat, hatte in einer Ansprache bei der Geburtstagsfeier des republikanischen Senators Strom Thurmond dessen rassistische Politik aus den 40er Jahren gut geheißen. Mit Ausnahme eines Redakteurs von „ABC News", der einen kurzen Bericht im Internet veröffentlichte, aber das Thema in den nächsten Tagen nicht weiter verfolgte, berichtete keiner der anwesenden Journalisten über diesen Vorfall. Allerdings schalteten sich zahlreiche leserstarke Weblogs von allen Seiten des politischen Spektrums in die Diskussion ein und kritisierten sowohl die Bemerkungen Lotts wie die Indifferenz der Massenmedien scharf. Andere Weblog-Autoren recherchierten und veröffentlichten weitere, ähnlich intolerante Äußerungen des Politikers und erreichten so, dass Print- und TV-Medien das Thema wieder aufgriffen. Nach etwa zwei Wochen trat Lott von seinem Amt als Mehrheitsführer der Republikaner im Senat zurück.

Während solche Thematisierungsleistungen von Verfechtern des Alternativmedien-Gedankens oft als Beleg für die Leistungsfähigkeit der Blogosphäre herangezogen werden, sind sie doch eher die Ausnahme. Umgekehrt fungieren sehr viel häufiger Massenmedien als Quelle für Nachrichten, die in den Weblogs dann aufgegriffen, kommentiert und wieter verbreitet werden. Dies ist nicht nur bei den journalistisch ausgebildeten J-Bloggern zu beobachten (vgl. Singer 2005), bei denen zu vermuten ist, dass sie die Qualität und Glaubwürdigkeit von etablierten publizistischen Angeboten nicht in gleichem Maße kritisch sehen wie die Verfechter von Weblogs als Alternativ-Öffentlichkeit. Auch andere Weblog-Autoren bestärken durch ihre Rezeptions- und Vernetzungsroutinen die Dominanz von massenmedial verbreiteten Informationen:

„Rather than challenging the dominance of mainstream news media by linking to and commenting on an ideologically diverse range of alternative news providers, weblog writers help strengthen their

---

[122] Bekannt wurde insbesondere auch die sogenannte „Rathergate"-Affäre. In der TV-Sendung „60 Minutes" waren Memos präsentiert worden, die angebliche Verfehlungen von Präsident Bush während seiner Dienstzeit in der „Texas Air National Guard" belegten. Nachdem Recherchen von Bloggern und später von anderen Journalisten aufgedeckt hatten, dass es sich dabei um Fälschungen handelte, trat Dan Rather, der „anchorman" von CBS, zurück (vgl. die Dokumentation der Ereignisse unter http://cn.wikipedia.org/wiki/Rathergate).

dominance by further circulating, if not amplifying, their discourse" (Haas 2005, S. 390).[123]

Aufgrund der unterschiedlichen Rezeptions- und Publikationsregeln von Weblogs und den Massenmedien (die sich an spezifischen Nachrichtenfaktoren und journalistischen Routinen orientieren), können sich in der Blogosphäre bestimmte Themen über einen längeren Zeitraum halten, in dessen Verlauf einzelne Beiträge zitiert und kommentiert werden und dadurch die Aufmerksamkeit für sie gesteigert wird. Die dritte Re-Intermediationstendenz besteht also darin, dass die Blogosphäre nicht in qualitativ neuer Art und Weise als alternative Öffentlichkeit für gesellschaftlich relevante Themen, sondern eher als eine „echo chamber" fungiert, in der massenmedial hergestellte Meinungen und Informationen aufgegriffen und verstärkt werden.

Die vierte Re-Intermediationstendenz bezieht sich schließlich auf die Möglichkeit, in den weblogbasierten Diskussionen zu bestimmten Beiträgen Gehör zu finden. Zwar bietet die Kommentarfunktion allen Lesern (auch den nicht selbst bloggenden) die Möglichkeit, sich in Diskurse einzuschalten, doch hier wirken technische Merkmale der Weblog-Software und die Zentrum-Peripherie-Struktur der Blogosphäre zusammen, um neue Hürden für den freien Austausch von Meinungen aufzubauen. Selbst wenn nur ein geringer Anteil der Leser eines Weblogs als Kommentator aktiv wird, reicht eine gewisse Reichweite aus, um eine direkte Interaktion zwischen Autor und Lesern zu erschweren. Auf den meisten leserstarken Weblogs finden Diskussionen daher eher zwischen den Lesern als zwischen Leser und Autor statt. Dadurch erhält die Kommunikation wieder eine Unidirektionalität, die sie in die Nähe der Massenmedien führt. Eine Strategie, mit dieser Einschränkung umzugehen, ist, die Kommentarfunktion zu deaktivieren, wie es beispielsweise das zurzeit reichweitenstärkste deutschsprachige Weblog „Bildblog" tut.[124] Dies kann dazu führen, dass sich die Diskussionen an andere Orte verlagern; als ein populäres amerikanisches Politblog, die „Whiskey Bar", im Sommer 2004 seine Kommentarfunktion deaktivierte, entstand bald darauf ein anderes Weblog, in dem seitdem die Diskussionen zu den neuen Beiträgen geführt werden.[125]

---

[123] Vgl. auch die Ergebnisse einer Analyse auf Basis von blogdex.com bei Perschke/Lübcke (2005), nach der unter den häufigst verlinkten Quellen in der Blogosphäre Medienseiten (34 %) einen größeren Anteil als Weblogs (28 %) ausmachen.

[124] Nach Aussage von Christoph Schultheiß, einem der Betreiber, fiel diese Entscheidung vor allem aufgrund des Zeitmangels, die Kommentare kontinuierlich überprüfen zu können (Bemerkung auf dem „jonet-Tag 2005" in Hamburg, zitiert nach http://www.wortfeld.de/2005/11/jonet-tag_medienjournalismus/).

[125] Vgl. http://www.billmon.org/ sowie http://www.moonofalabama.org.

Aber auch wenn die Kommentarfunktion aktiviert bleibt, kann es die (softwaretechnisch bedingte) Darstellung der Kommentare erschweren, den Austausch der Argumente zu verfolgen, weil die einzelnen Äußerungen chronologisch untereinander dargestellt werden. Zwar existieren verschiedene technische Optionen, zum Beispiel durch die Darstellung in einer baumartigen „thread-Struktur" (wie bei twoday.net) oder das kollaborative Filtern von Kommentaren (wie bei slashdot.net) eine Ordnung in die Vielzahl von Wortmeldungen zu bringen, doch bei hundert oder mehr Kommentaren, die oft noch relativ rasch aufeinander folgend abgesetzt werden, ist es kaum noch möglich, sich einen Eindruck von der wechselseitigen Bezugnahme zu verschaffen.[126] Wenn Diskussionen dann auch noch in anderen Weblogs weitergeführt werden, also verteilte Konversationen entstehen, ist ein Überblick kaum noch herzustellen. In diesen Fällen steigt wieder die Chance von zentralen Knoten der Blogosphäre, als Anlaufstelle zu fungieren.

Angesichts dieser Re-Intermediationsprozesse, die teils auf technische Merkmale der Software, teils auf die gängigen prozeduralen Regeln der Blogosphäre zurückzuführen sind, lassen sich medientheoretische Utopien, die von egalitärer Kommunikation durch Weblogs ausgehen, empirisch nicht halten. Die Aufmerksamkeitsstruktur innerhalb der Blogosphäre erzeugt ungleiche Chancen, die eigene Stimme für eine breite Öffentlichkeit zu Gehör zu bringen. Die organisatorische Verfestigung von Weblogs, die sich in verlagsähnlichen Strukturen zur Vermarktung und redaktionellen Betreuung, aber auch in der wachsenden Zahl von Weblogangeboten als Teil klassischer publizistischer Online-Angebote äußert, trägt zusätzlich dazu bei, Ungleichheiten einzuführen – in diesem Fall ungleiche Chancen, journalistisch professionelle Angebote zu etablieren und zu finanzieren.

Wenn gegenüber den medientheoretischen Utopien also eine eher nüchterne und differenzierte Bewertung angebracht ist, wie steht es dann mit den dystopischen Befürchtungen? Diese gehen davon aus, dass die thematisch spezialisierten Teilöffentlichkeiten immer weniger Überlappungen haben, wodurch der gesellschaftlich geteilte Bestand an Themen, Wissen und Werten zurückginge. Je multiperspektivischer öffentliche Kommunikation werde, desto mehr werde die Zuschreibung von Relevanz zu einzelnen Themen auf die Seite der Rezipienten verlagert, die aus der Vielzahl der verfügbaren Stimmen selektieren müssen. Der erleichterte Zugang zu Informationen und Diskursen werde auf indi-

---

[126] Vgl. zum Beispiel die Diskussion zum oben angesprochenen Spreeblick-Beitrag zur „Du bist Deutschland"-Kampagne unter http://www.spreeblick.com/2005/11/22/one-more-time-du-bist-deutschland/, die innerhalb weniger Tage mehr als 400 Kommentare umfasste.

vidueller Ebene mit der Gefahr der informationellen Überlastung erkauft; auf kollektiver Ebene könne dies, so warnen Kritiker, zu einem Rückgang gesellschaftlich geteilten Wissens und damit mittelbar zu einem Verlust sozialer Kohäsion und Integration führen (vgl. Sunstein 2004).

Im Kern handelt es sich bei dieser Diagnose ebenso wie bei den utopischen Szenarien um eine Entstrukturierungshypothese, nur dass hier dem Bedeutungsverlust etablierter Mechanismen zur Aufmerksamkeitslenkung gesellschaftlich negative Folgen zugeschrieben werden. Wenn nun aber die Entstrukturierungsthesen wie geschildert nicht zutreffen, sondern vielmehr Restrukturierungen oder soziale Schließungen mit den technischen Innovationen einhergehen, können auch die dystopischen Befürchtungen relativiert werden.

Die Blogosphäre leistet aufgrund ihrer vernetzten Struktur eine Kanalisierung von Aufmerksamkeit in sehr spezifischen Teilöffentlichkeiten. Dadurch können sich Publika sehr gezielt zusammenfinden, die sich über Themen informieren oder diskutieren wollen. Technische Neuerungen wie RSS fördern die Individualisierung und Personalisierung von Informationsflüssen, die mit entsprechenden Rezeptionsroutinen auf Seiten des Publikums einhergehen. Je nach den persönlichen Vorlieben und Interessen kann sich der Rezipient so sein individuelles Informationsrepertoire zusammenstellen. Die Massenmedien behalten aber ihre themensetzende Funktion und werden durch die Blogosphäre sogar eher noch darin bestärkt, weil eine große Zahl der verlinkten Quellen in Weblogs aus den Online-Angeboten von etablierten publizistischen Organisationen stammt.

Also ist statt einer Fragmentierung der gesellschaftlichen Öffentlichkeit vielmehr ihre Erweiterung am Übergangsbereich zur interpersonalen Kommunikation zu beobachten. Die wesentliche Bedeutung von Weblogs liegt weniger auf der Ebene des massenmedialen Agenda Settings, sondern in ihrer Erweiterung der Möglichkeiten für Interaktionen in sozialen Netzwerken unterschiedlicher Größe und Dichte. Gerade die interpersonale Kommunikation besitzt eine besonders wichtige Funktion für die Meinungsbildung und den Informationsfluss, was Schenk (1995) in seiner umfangreichen Studie „Soziale Netzwerke und Massenmedien" insbesondere für die politische Kommunikation nachgewiesen hat. Die massenmediale Kommunikation dient demnach der Erstinformation über bestimmte Themen, die gesetzt und gewichtet werden. Die persönliche Agenda, also die individuell-subjektive Einschätzung von Themen und Informationen, ist dagegen in hohem Maße von interpersonaler Kommunikation abhängig. Ihr fällt daher eine

Scharnierfunktion zwischen gesellschaftlicher und persönlicher Agenda zu. „Der Blick auf die Medienbühne, auf Politiker und Journalisten verdeckt, dass Menschen durchaus ihre eigenen Ansichten und Meinungen zu den relevanten Themen besitzen" (Schenk 1995, S. 233). Weblogs unterstützen genau diese interpersonale Meinungsbildung, indem sie Möglichkeiten zur Anschlusskommunikation bieten und einen „Resonanzraum" (Lorenz-Meyer 2005, S. 47) herstellen, in dem Themen weiter verbreitet und diskutiert werden.

Weil Weblogs Merkmale der interpersonalen und der öffentlichen Kommunikation miteinander verbinden, ist ihr Stellenwert so eigentümlich: In einem grundsätzlichen Sinn sind sie öffentlich (nämlich potenziell universell verfügbar), ohne dass die Mehrzahl von ihnen damit auch eine gesellschaftliche Relevanz beanspruchen kann und will – diese erfüllen sie weder von der Anzahl ihrer Leser noch von den zugrunde liegenden Publikationspraktiken her. Hier deutet sich eine Verschiebung von gängigen Qualitätskriterien an, denn medienhistorisch sind wir daran gewöhnt, das Öffentliche auch für „qualitätsreich" im Sinne von „gesellschaftlich relevant" zu halten.[127] Mit der Differenzierung der Öffentlichkeit in eine abgestufte Hierarchie von Teilöffentlichkeiten und der oben beschriebenen Verschiebung der Grenze zwischen öffentlicher und privat-persönlicher Kommunikation löst sich dieser Zusammenhang tendenziell auf, auch wenn er weiterhin möglicherweise erwartungsleitend ist. Entsprechend ist die Diskussion um die Rolle von Weblogs als journalistische Form zu verstehen, wo regelmäßig der Vorwurf auftaucht, Weblogs seien doch „nur Tagebücher" – persönliche Authentizität wird hier mit gesellschaftlicher Irrelevanz gleichgesetzt.

Wenn Weblogs also eine Mittlerfunktion zwischen massenmedialer und interpersonaler Kommunikation übernehmen, weil sie einerseits Informationen aus der massenmedialen Öffentlichkeit in die kleinteilig-lokalen sozialen Netzwerke einspeisen, andererseits dort die Artikulation und den Austausch von persönlichen Meinungen fördern, ist es nicht verwunderlich, dass sie auch im Zusammenhang mit politischer Kommunikation eine besondere Bedeutung gewinnen. Vor allem zu Wahlkampfzeiten intensivieren sich die Diskussionen um gesellschaftliche Veränderungen und politische Ziele, wofür Weblogs ein besonders geeignetes Format darstellen. Nicht umsonst hat die US-amerikanische Blogosphäre maßgeblich im Zuge des Präsidentschaftswahlkampfs 2004 an Aufmerksamkeit (und damit mittelbar an Zulauf, das heißt an neu hinzukommenden Autoren) gewonnen. In Deutschland hat die Ent-

---

[127] Dies wird besonders im normativen Öffentlichkeitsverständnis von Habermas (1968) deutlich.

scheidung für vorgezogene Neuwahlen ebenfalls einen Schub für die Herausbildung der politischen Blogosphäre bedeutet. Im nächsten Abschnitt wird daher die Rolle von „Politblogs" als besonderer Variante von Weblogs mit teils öffentlicher, teils privater oder lebensweltlicher Relevanz gesondert diskutiert.

6.3 Weblogs in der politischen Kommunikation

Die westlichen Demokratien sind durch Wahlmüdigkeit und Legitimationsprobleme weniger von außen, wohl aber von innen bedroht. Bürger haben durchaus ein großes Interesse an politischen Themen und Engagement, lehnen vielfach aber die althergebrachten Strukturen der Parteiendemokratie und des Dialogs zwischen Bürgerschaft und Politik ab (vgl. von Rosenblatt 2001). Mit dem Internet wurden vor allem in der Frühphase seiner Diffusion Hoffnungen verbunden, den Dialog der Bürger untereinander zu fördern und Interaktionen zwischen Bürgern und politischem System mit Hilfe von E-Government-Anwendungen zu verbessern. Es sollte dadurch eine Mobilisierung bislang unterrepräsentierter oder nicht engagierter Bevölkerungsteile erreichen, die sich online in politische Prozesse einbringen könnten.

Demgegenüber deuten empirische Ergebnisse allerdings eher darauf hin, dass sich bestehende Ungleichheiten verstärken (vgl. Wagner 2004): Das Internet bietet denjenigen Personen, die auch offline in soziale Netzwerke des Engagements eingebunden und politisch aktiv sind, zusätzliche Möglichkeiten, ihre Interessen zu vertreten und sich politisch zu beteiligen. Politisches Interesse und Kompetenzgefühl, die starke Identifikation mit einer Partei und das formale Bildungsniveau begünstigen die Nutzung des Internets, um sich über politische Sachverhalte zu informieren. Unter solcherart engagierten Personen steigt auch der Anspruch an das politische System, über das Internet Informationen bereit zu stellen, Prozesse transparent zu machen und Optionen für Einflussnahme und Teilhabe anzubieten. Ob und inwieweit das Internet zu einer Revitalisierung der Demokratie führt, hängt also weniger von seinen technischen Merkmalen, als vielmehr von institutionellen Faktoren des demokratischen Systems und von der Einbettung in den Alltag politischen (Nicht-)Engagements von gesellschaftlichen Gruppen und Bürgern ab. Das Medium baut trotz seiner technischen Potenziale die demokratietheoretisch festgestellten Defizite nicht ab, solange es Menschen nicht in diesem Sinne einsetzen. Neben technischen Innovationen sind daher immer auch soziokulturelle Innovationen nötig, das heißt neue Institutionen und Praktiken, über die das Internet an die politischen Prozesse der repräsentativen Demokratie angebunden werden kann.

Zwar haben sich demokratietheoretische Utopien nicht bewahrheitet, doch das Internet hat nichtsdestoweniger einen wichtigen politischen Kommunikationsraum geschaffen (vgl. Grundwald et. al. 2005, insbesondere S. 165-217). Im Internet entstehen netzbasierte Öffentlichkeiten, die an verschiedenen Stellen des politischen Prozesses (politische Information, Meinungsbildung und Deliberation, Agenda Setting sowie Mobilisierung für spezifische Themen) ansetzen und politisch interessierten Bürgern Möglichkeiten eröffnen, untereinander oder mit Repräsentanten des politischen Systems zu kommunizieren. Weblogs spielen hierbei eine besondere Rolle, da sie – wie oben schon angesprochen – andere Strukturen und Mechanismen aufweisen als die massenmedial hergestellte Öffentlichkeit, die lange als zentrale Sphäre politischer Diskurse und Deliberation galt. Sie schaffen onlinebasierte Teilöffentlichkeiten, in denen Sprecher- und Publikumsrollen weniger deutlich voneinander getrennt sind und in denen professionelle Kommunikatoren, die existierende Informationen filtern und aufbereiten, ihre dominierende Rolle verlieren.[128]

Vorreiter für diese Entwicklungen sind die USA. Dort haben Weblogs im Verlauf des letzten Präsidentschaftswahlkampfes (der bereits 2003 mit den Vorwahlen begann und sich bis November 2004 hinzog) eine wichtige Rolle gespielt (vgl. Cornfield et al. 2005; Adamic/Glance 2005). Der unterlegene demokratische Anwärter Howard Dean nutzte Weblogs zur Kommunikation, Mobilisierung und Finanzierung seines Wahlkampfs (vgl. Hienzsch/Prommer 2004). Im eigentlichen Wahlkampf integrierten sowohl John Kerry wie George W. Bush Weblogs in ihre Online-Kampagnen, um aktuelle Informationen bereitzustellen und auf Äußerungen des Kontrahenten zu reagieren. Weblog-Autoren waren zudem als Beobachter bei den Nominierungskonferenzen der beiden Parteien zugelassen; ihre Analysen wurden auf speziellen Seiten aggregiert und ergänzten die Berichterstattung der etablierten Medien.[129]

---

[128] Wie die exemplarische Analyse der internetbasierten Diskurse zu „Genfood" und dem Thema „Urheberrecht und Copyright" im Rahmen eines Projekts des Büros für Technikfolgenabschätzung (vgl. Grundwald et al. 2005) zeigen, können netzbasierte Öffentlichkeiten ein breiteres Spektrum von Meinungen und Positionen abbilden, aber auch zu eher selbstreferenziellen Diskussionen führen, in denen sich Diskutanten – von massenmedialer Vermittlung und Thematisierung weitgehend unabhängig – in ihren eigenen Positionen bestärken.

[129] Vgl. http://www.cyberjournalist.net/news/001461.php (Demokraten) und http://www.conventionbloggers.com/ (Republikaner).

In Deutschland war die politische Blogosphäre bis Mitte 2005 dagegen nur schwach ausgeprägt (vgl. Olbrich 2005). Vereinzelte Vorstöße von Politikern (darunter z. B. die Bundestagsabgeordneten Ulrich Kelber von der SPD und Hans-Joachim Otto von der FDP) zeigten vor allem, dass sowohl Autoren wie Leser erst Erfahrungen mit dem neuen Genre sammeln mussten. Die nordrhein-westfälische SPD setzte im Landtagswahlkampf ein Weblog zur Begleitung ihrer Kampagne ein, das in der Endphase Aufmerksamkeit in der Blogosphäre erregte, als es die Fernsehdebatten zwischen Peer Steinbrück und Jürgen Rüttgers live begleitete.[130] Die Beiträge erzielten jeweils mehr als 100 Kommentare, in denen die Auftritte der beiden Kandidaten analysiert und die Konsequenzen für den Wahlausgang debattiert wurden.

Mit der Entscheidung für vorgezogene Neuwahlen erhielt die politische Blogosphäre in Deutschland dann einen weiteren Schub. Was vom Verfasser zu Beginn des Wahlkampfs prognostiziert wurde (vgl. Schmidt 2005c), nämlich die Zunahme der Weblogs von Parteigliederungen oder Kandidaten, das Formieren einer kleinen Gruppe von reichweitestarken Weblogs, die parteipolitisch ungebunden, aber aus bestimmten politischen Haltungen heraus den Wahlkampf begleiten, sowie das Auftauchen einer Vielzahl von Weblogs mittlerer und kleiner Reichweite, die politische Themen diskutieren und dabei auf massenmediale wie ,blogosphärische' Quellen zurückgreifen, bestätigt sich im Rückblick. Albrecht et al. (2005) identifizierten insgesamt 316 Weblogs, die sich ausschließlich oder zu einem überwiegenden Teil mit der Bundestagswahl 2005 beschäftigten, wobei nur 295 auch tatsächlich einschlägige Beiträge veröffentlichten.

Eine Mehrheit (220 Weblogs) entstand nach der Ankündigung von Neuwahlen, schwerpunktmäßig erst wenige Wochen vor dem Wahltermin am 18.9.2005. Unterscheidet man die Zahl der Weblogs nach politischen Lagern, lag Rot-Grün vorne (vgl. Ausschnitt Medienbeobachtung 2005), was sich vor allem auf eine bessere organisatorische Unterstützung zu Beginn des Wahlkampfs zurückführen lässt. So stellten bereits kurz nach der Neuwahl-Ankündigung die „Websozis", eine Gruppe von ehrenamtlichen Webmastern und politisch Aktiven der SPD[131], eine Muster-Weblog-Installation sowie zahlreiche Designelemente für neue Autoren zur Verfügung. Die Plattform „roteblogs.de" bot Mitgliedern der Wahlinitiative „Rote Wahlmannschaft" ebenfalls die

---

[130] Vgl. http://blog.nrwspd.de/archives/000905.php sowie http://blog.nrwspd.de/archives/000946.php.
[131] Vgl. http://spdnet.sozi.info/websozis/wsde/.

Möglichkeit, ohne technisches Vorwissen ein Weblog einzurichten. Dadurch entstand schnell eine über Banner und Linklisten vergleichsweise stark vernetzte sozialdemokratische Blogosphäre.

Die Herausbildung von stabilen Verwendungsweisen, insbesondere Adäquanz- und prozedurale Regeln für Politblogs in Deutschland, hinkte diesem raschen Wachstum hinterher. Dies gilt für Autoren wie für Leser gleichermaßen: Die Ergebnisse zweier Onlinebefragungen (vgl. Abold 2005a, 2005b, 2005c) zeigen, dass auch unter den internetaffinen und politisch stark interessierten Bürgern nur etwa ein Drittel Weblogs als Quelle für politische Informationen nutzt, während die Webseiten traditioneller Medien für mehr als drei Viertel der Befragten eine Anlaufstelle waren. Unter den Nutzern von Weblogs existieren weitere Unterschiede in der Beurteilung: Diejenigen Personen, die selbst ein Weblog führen, schätzen deren generellen Einfluss im Wahlkampf sowie ihre Bedeutung als glaubwürdige Informationsquelle signifikant höher ein, als diejenigen Personen, die Weblogs nur als Leser verfolgen. Je nach Grad der Nutzung des Formats wird die die Adäquanz von Weblogs für politische Information und Kommunikation also unterschiedlich eingeschätzt.

Eine Inhaltsanalyse von 100 Politiker-Weblogs, bei der Themensetzung, Argumentationsstile und die Interaktion mit den Lesern im Mittelpunkt standen, ergab, dass die Autoren mit unterschiedlichen Formaten experimentierten, darunter Weblogs des „negative campaigning", Online-Tagebücher mit Erlebnissen aus dem Wahlkampf und Kolumnen-Blogs, die (teils mit journalistischem Anspruch) unterhaltsame Kommentare veröffentlichten (vgl. Ausschnitt Medienbeobachtung 2005). Das Ausmaß, in dem Leser Kommentare hinterließen oder gar mit den Politikern ins Gespräch kamen, war zwar unterschiedlich hoch, alles in allem aber eher beschränkt. Dies lässt sich zum Teil auf die geringe Offenheit von Politikern für solche interaktiven Angebote zurückführen (s.u.), bekräftigt zum anderen aber die Bedeutung von Mechanismen der Auffindbarkeit in einer kanalreichen Medienumgebung.

Wie andere Weblogs auch, stehen politische Blogs im Wettbewerb um die beschränkte Aufmerksamkeit der Rezipienten. In einem ersten Schritt müssen sie überhaupt aufgefunden werden, um in einem zweiten Schritt Leser an sich zu binden und zur Wiederkehr zu bewegen. Die Blogosphäre zum Wahlkampf 2005 kannte verschiedene Mechanismen zur Lenkung von Aufmerksamkeit:

- Blogrolls, die von der Startseite eines Weblogs auf andere Angebote verweisen. Hierbei entschied vor allem die inhaltliche Position des Autoren oder inhaltlich Verantwortlichen darüber, welche Verweise aufgenommen wurden (so haben zum Beispiel die SPD-nahen Blogs überwiegend auf andere SPD-nahe Angebote verwiesen etc.), was die These bekräftigt, dass mit der hypertextuellen Relation, die ein Link darstellt, auch eine soziale Beziehung (in diesem Fall Nähe der politischen Positionen) ausgedrückt wird.

- Übersichtsartige Linklisten spielten vor allem in der Zeit kurz nach der Entscheidung für Neuwahlen eine Rolle, weil zu diesem Zeitpunkt die Anzahl der Wahlblogs noch überschaubar war. In dem Maße, in dem die politische Blogosphäre wuchs, deckten Linklisten einen schwindenden Anteil der tatsächlich existierenden Weblogs ab. Albrecht et al. (2005) berichten, dass die beiden umfangreichsten Listen nur knapp über die Hälfte der tatsächlich zu identifizierenden Wahlblogs referenzierten.[132] Linklisten boten aber – anders als die oft auf bestimmte Parteipräferenzen eingeschränkten Blogrolls – eine weitergehende Orientierungsfunktion, weil sie die Verweise nach Parteien oder Akteursgruppen gliederten.

- Daneben etablierten sich bis zur Bundestagswahl einige Gruppenblogs, also Angebote, für die mehrere Autoren regelmäßig Beiträge beisteuerten. Bei der Auswahl der Autoren für die Gruppenblogs zeigten sich wiederum Unterschiede: Das Angebot „wahlblog.de" hatte den Anspruch, Personen mit verschiedenen politischen Positionen zu Wort kommen zu lassen; das ähnlich lautende Angebot „wahlblog05.de" sammelte Politiker verschiedener Parteien, Wissenschaftler und Künstler (darunter zum Beispiel Klaus Staeck) unter seinem Dach. Die Leistung dieser Gruppenblogs zur Aufmerksamkeitstrukturierung bestand also vor allem darin, unterschiedliche Stimmen an einem Ort zu bündeln.

- Schließlich integrierten verschiedene Massenmedien Weblogs in ihr Online-Angebot. Focus Online veröffentlichte Weblogs von Andrea Nahles, Silvana Koch-Mehrin, Ursula von der Leyen (die ihres allerdings vorzeitig beendete) und Oswald Metzger. Das ZDF engagierte für heute.de den Journalisten Mario Sixtus und den Fotografen Christof Wolff, die in den vier Wochen vor der Wahl durch Deutschland reisten und ihre Eindrücke als „blogtour" festhielten.[133] In beiden Fällen konnten Leser vom übergeordneten Angebot zu den Weblogs gelenkt werden, was deutlich höhere

---

[132] Untersucht wurde die Linkliste von „Politik-digital" unter http://www.politik-digital.de/edemocracy/wahlkampf/bundestagswahl05/linklistewahlblogs050609.shtml sowie von „Politik & Kommunikation" unter http://www.politik-kommunikation.de/kampagne05/tipps/wahlblogs.php.

[133] Vgl. http://blogtour.heute.de/.

Zugriffszahlen und (im Fall der Focus-Weblogs) auch höhere Kommentarzahlen mit sich brachte.

Trotz dieser unterschiedlichen Formen, in denen Weblogs Teil des Bundestagswahlkampfes waren, spielten sie als Kommunikations- und Informationsinstrument nur eine untergeordnete Rolle. In den USA war vor allem in der Schlussphase des Präsidentschaftswahlkampfs die weblogbasierte politische Öffentlichkeit weiter entwickelt. In der Analyse verschiedener „Themenkarrieren" aus den letzten zwei Monaten des amerikanischen Präsidentschaftswahlkampfes wird ersichtlich, dass keiner der untersuchten Kanäle (politisch orientierte Weblogs; Diskussionsforen; Pressemitteilungen der beiden Kampagnen; Massenmedien) das Agenda Setting dominierte: „Political bloggers were buzz followers as much as buzz makers" (Cornfield et al. 2005, S. 2). Allerdings zeigten sich dort auch starke Separierungs- und Zentralisierungstendenzen, wie Adamic/Glance (2005) in einer Analyse der Verlinkungsstrukturen von 1.500 politischen Weblogs feststellten (vgl. Abbildung 9).

Abbildung 9: Visualisierung von Weblog-Clustern im amerikanischen Präsidentschaftswahlkampf 2004

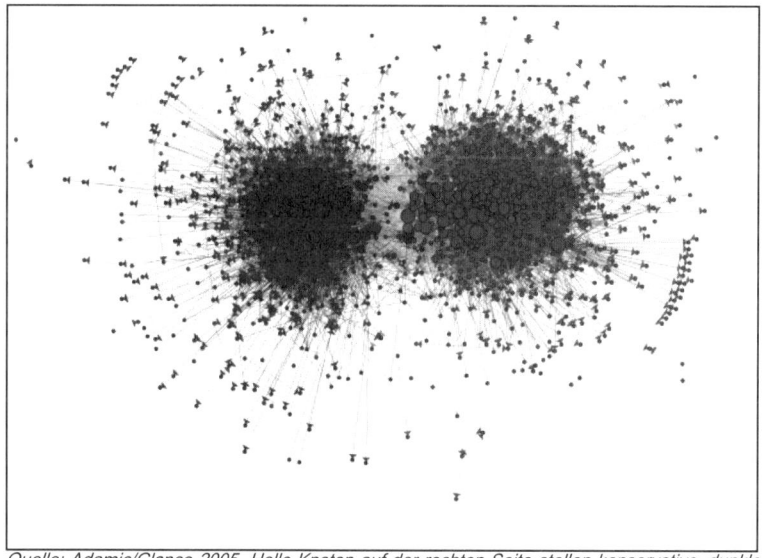

Quelle: Adamic/Glance 2005. Helle Knoten auf der rechten Seite stellen konservative, dunkle Knoten auf der linken Seite hingegen liberale Weblogs dar.

91 Prozent der Verweise blieben innerhalb des jeweiligen politischen Lagers, und die Rangfolge der Weblogs nach eingehenden Links folgte einer „power law"-Verteilung. Auch die Themen der Diskussionen unterschieden sich, so dass die Autoren zu dem Schluss kommen:

„We witnessed a divided blogosphere: liberals and conservatives linking primarily within their separate communities, with far fewer cross-links exchanged between them. This division extended into their discussions, with liberal and conservative blogs focusing on different news articles, topics, and political figures" (Adamic/Glance 2005, S. 14/15).

Wahlkämpfe sind besondere politische Ereignisse, die einerseits der Selbstdarstellung von Politikern noch einmal höhere Zwänge auferlegen als im alltäglichen Geschäft, andererseits die Diskussion um politische Themen auf wenige Schlüsselkonflikte zuspitzen. Weblogs könnten prinzipiell gut in die Wahlkampfstrategien der Parteien integriert werden, verbinden sich mit ihnen doch Erwartungen an persönliche Authentizität, Aktualität und Interaktion, die als Erfolgsfaktoren für erfolgreiche Wahlkämpfe in der Mediengesellschaft gelten (vgl. Heltsche 2005). Wer jedoch von den Weblogs der Politiker oder Parteien eine Umwälzung der politischen Kommunikation oder die Linderung wahrgenommener Probleme der politischen Kommunikation – als Stichworte seien hier beispielsweise Bürgerferne oder Immunität für Kritik genannt – erwartet, wird zwangsläufig enttäuscht werden.

Eine solche Hoffnung unterschätzt die strukturellen Zwänge, die das politische System auf seine Repräsentanten ausübt. Diese äußern sich zum Beispiel in Partei- und Fraktionsdisziplinen oder der großen Menge an wahrzunehmenden Terminen, die das persönliche, kontinuierliche, ausführliche und (selbst)kritische Führen eines Weblogs in der Regel verhindert. Insofern müsste es sich bei den Weblogs von Politikern um „eine unglückliche Verbindung [handeln] zwischen einer kulturellen Praxis, die auf Offenheit, starke Formen der Selbstdarstellung und lebhafte Debatten ausgerichtet ist, und einer politischen Kultur, in der die Akteure oft Nachteile befürchten müssen, wenn sie spontan, originell und allzu persönlich kommunizieren" (Coenen 2005, S.13).

Ähnlich wie bei den übrigen bisher diskutierten Praktiken des Bloggens darf auch vom Einsatz von Weblogs für die politische Kommunikation, insbesondere durch professionelle Repräsentanten des politischen Systems, keine völlige Abkehr von etablierten Handlungsmustern erwartet werden, sondern es ist vielmehr von einer wechselseitigen Durchdringung auszugehen. Für Ausmaß und Form künftiger politischer Weblogs wird von zentraler Bedeutung sein, wie sich die Erwartungen der Nutzer, die oft einen starken Anspruch an Offenheit und Transparenz haben, mit der Logik und dem Zeitregime des politischen Systems verbinden werden (vgl. Grundwald et al. 2005).

Erfahrungen aus den USA, in der die politische Blogosphäre eine wichtige Stellung erobert hat, können angesichts deutlicher Unterschiede in der politischen Kultur sowie dem Entscheidungs- und Mediensystem nicht ohne weiteres übernommen werden.[134] Das Verhältnis von politischen Parteien und Einzelkandidaten sowie der in den USA deutlich größere Druck, Unterstützer und finanzielle Mittel für Wahlkämpfe und politische Kampagnen zu mobilisieren, begünstigen dort das Entstehen von personalisierten Internetangeboten. Die Blogosphäre hat sich so, wie im letzten Abschnitt geschildert, als Ergänzung der massenmedial hergestellten Öffentlichkeit etabliert. Von einem solchen Zustand ist Deutschland noch entfernt. Der Bundestagswahlkampf 2005 hat der deutschen politischen Blogosphäre zwar einen Schub gegeben, doch es ist derzeit noch nicht abzusehen, inwieweit Mandatsträger und ehrenamtlich Engagierte auch im politischen Alltagsbetrieb das Format Weblog zur Information und Kommunikation nutzen werden.[135]

Angesichts der bisherigen Entwicklung von Weblog-Praktiken ist zu vermuten, dass auch im politischen Bereich eine Differenzierung stattfinden wird, die unterschiedliche Verwendungsweisen hervorbringt. Zum einen dürften Weblogs verstärkt als Plattform für eine „Pseudo-Personalisierung politischer Institutionen" (Coenen 2005, S. 27) eingesetzt werden, mit deren Hilfe Politiker ihre Verlautbarungen veröffentlichen und sich inszenieren, ohne echte Interaktionen mit den Lesern eingehen zu können oder zu wollen. Daneben ist davon auszugehen, dass Weblogs in wachsendem Maße in die Webauftritte von lokalen Parteigliederungen integriert werden, wo sie aktuelle Informationen liefern und die Kommunikation mit Sympathisanten, gelegentlich wohl auch mit politischen Widersachern fördern. Ihre Reichweite wird jedoch auf vergleichsweise kleine soziale Netzwerke beschränkt bleiben, sofern es nicht gelingt, mit Hilfe örtlicher Kampagnen eine themenspezifische Mobilisierung in der Bevölkerung zu erreichen.

Schließlich wird die zivilgesellschaftliche Blogosphäre derjenigen Angebote weiter wachsen, deren Autoren nicht parteipolitisch gebunden sind, sich aber an aktuellen Diskussionen beteiligen. Zwar wird in vielen Fällen für einen weitergehenden Einfluss von der Weblog- auf die politische Agenda nach wie vor die Mithilfe der Massenmedien nötig sein, die Argumente aufgreifen und einem weiten Publikum präsentieren muß, um Handlungsdruck für das politische System zu erzeugen. Doch

---

[134] Mit einem analogen Argument macht Berger (2005) die Unterschiede der Mediensysteme von Großbritannien und den USA für die dort jeweils unterschiedlich stark ausgeprägten „nationalen Blogosphären" verantwortlich.

[135] Von den geschätzten 70-80 Weblogs aus dem Umfeld der „Websozis" beispielsweise waren zwei Monate nach der Wahl noch etwa 60 aktiv (vgl. Kausch 2005).

zumindest in manchen Themenfeldern (zum Beispiel rund um die Informationsgesellschaft oder um Bürgerrechte) könnte die deutschsprachige Blogosphäre in den nächsten Jahren Teilöffentlichkeiten erzeugen, deren Diskussionen Auswirkungen auf politische Entscheidungen haben.

7 Fallstudie: Die Institutionalisierung von Weblog-Praktiken am Beispiel von „twoday.net"

In den vorigen Kapiteln wurde das einleitend entwickelte Analysemodell auf unterschiedliche Einsatzfelder von Weblogs angewandt. Dabei stellte sich heraus, dass in den drei untersuchten Bereichen – Weblogs als persönliche Online-Journale, als Instrument der Organisations-kommunikation sowie als (quasi-)journalistisches Format – jeweils unterschiedliche prozedurale Regeln und Erwartungen existieren, die unterschiedliche Konsequenzen für die entstehenden hypertextuellen und sozialen Netzwerke haben, die wiederum über die Blogosphäre hinaus-reichen. Damit wurden auf einer allgemeinen Ebene verschiedene Prak-tiken des Bloggens herausgearbeitet und diskutiert.

In diesem Kapitel soll ergänzend gezeigt werden, dass das Modell sich auch für die Analyse der Institutionalisierung von Weblog-Gemein-schaften eignet, also den Verlauf der Etablierung und Differenzierung von Verwendungsregeln und Netzwerken erfassen kann. Dazu werden Ergebnisse einer Fallstudie zur Weblog-Community twoday.net heran-gezogen, deren methodische Details im Anhang 1 dargestellt sind. Be-trachtet man ihre Entwicklung aus der Perspektive des oben geschilder-ten theoretischen Bezugsrahmens, lassen sich zwei aufeinander folgende Phasen unterscheiden: Eine Formierungs-Phase, in der sich innerhalb einer schnell wachsenden Nutzergemeinschaft Verwendungsregeln und soziale Netzwerke stabilisiert haben (vgl. Abschnitt 7.2), sowie eine der-zeit zu beobachtende Differenzierungsphase, in der sich durch anhal-tendes Wachstum der Nutzerschaft kleinere Gemeinschaften mit eige-nen Praktiken und Netzwerken herausbilden (vgl. Abschnitt 7.3). Zu-nächst folgen jedoch einige Bemerkungen zur Entwicklung des Ange-bots.

7.1 Ursprünge und Entstehung

Die Weblog-Community „twoday.net", die von der Wiener Multimedia-Agentur „Knallgrau" entwickelt und betreut wird, ging im Februar 2003 online. Sie basiert auf einer weiter entwickelten Version der Open-

Source-Plattform „Antville", die seit 2001 existiert, aber Ende 2002 an Kapazitätsgrenzen stieß und seitdem keine neuen Autoren mehr aufnimmt. Twoday.net konnte zu Beginn sehr viele Nutzer anlocken, die von dem Angebot Gebrauch machen wollten, ein kostenfreies Weblog anzulegen – allein in den ersten drei Tagen nach dem Start hatten sich 300 Personen registriert, wodurch von Beginn an ein Kern von aktiven Autoren bestand. Nach einer Woche etablierte Knallgrau zwei unterschiedliche kostenpflichtige Varianten und stellte das Gratisangebot ein, nahm es allerdings ein halbes Jahr später wieder auf.

Somit existieren inzwischen drei Weblog-Varianten, die sich im verfügbaren Speicher und dem Funktionsumfang unterscheiden: Das „free"-Modell bietet drei MB Speicher, beim „basic"-Modell stehen für 5,- Euro im Monat 100 MB Speicher sowie fortgeschrittene Statistik-Funktionen zur Verfügung, während das „advanced"-Modell 20,- Euro im Monat kostet, dafür 250 MB Speicher bereit hält und eine kommerzielle Nutzung des Weblogs erlaubt, die bei den anderen Modellen ausgeschlossen ist.[136] Etwa 90 Prozent der registrierten Nutzer haben sich für die kostenfreie Variante entschieden, die im Gegensatz zu anderen Weblog-Hostern auch frei von Werbeeinblendungen ist.

Die Gesamtzahl aller bei twoday.net eingetragenen Weblogs betrug zum Zeitpunkt der Fallstudie im Frühjahr 2005 etwa 6.600, wobei etwa 50 bis 100 Weblogs pro Woche neu hinzukamen. Die Software verlangt auch für die Kommentierung von Weblogeinträgen eine Registrierung (ohne dass ein eigenes Weblog geführt werden muss); die Gesamtzahl aller registrierten Personen liegt etwa um den Faktor drei höher als die Anzahl der Weblogs und betrug im Frühjahr 2005 etwa 18.000 Personen.[137] Damit war twoday.net zu diesem Zeitpunkt die drittstärkste Weblog-Community im deutschsprachigen Raum hinter myblog.de und blogg.de, in etwa gleich auf mit 20six.de.

Über die Soziodemographie der twoday.net-Community liegen Daten aus zwei Befragungen vor: Zum einen eine von Knallgrau im August 2004 durchgeführte Umfrage[138], zum anderen Ergebnisse aus der Umfrage „Wie ich blogge?!". Demnach sind unter den twoday.net-Autoren

---

[136] Vgl. http://hilfe.twoday.net/topics/Produkte+%26+Features/.

[137] Im Dezember 2005 war die Zahl der Weblogs schon auf etwa 18.000 und die Zahl der registrierten Nutzer auf etwa 41.000 angewachsen (vgl. http://www.knallgrau.at/company/weblog/stories/1267383/).

[138] Dabei wurden insgesamt 505 Personen befragt, von denen 170 ein Weblog bei twoday.net und 185 bei einem anderen Anbieter bzw. in Form einer stand-alone-Lösung führten. 84 der übrigen Befragten führen kein eigenes Weblog; bei 66 Personen lagen keine diesbezüglichen Informationen vor. Die Online-Befragung erfolgte auf der Grundlage einer selbstrekrutierenden Stichprobe und kann daher keine statistische Repräsentativität für die Gesamtheit der bei twoday.net registrierten Nutzer beanspruchen. Ich danke Knallgrau für die Überlassung der Rohdaten.

Männer und Frauen in etwa gleich verteilt. Die am stärksten besetzten Altersgruppen sind 19 bis 25 Jahre bzw. 26 bis 35 Jahre, während der Anteil der Befragten bis 18 Jahren zwar angestiegen ist, aber noch unter den Vergleichswerten der deutschsprachigen Blogosphäre liegt. Zwischen den beiden Befragungszeitpunkten ist der Anteil von Autoren aus Deutschland stark angestiegen, während österreichische Autoren relativ gesehen an Bedeutung verloren haben. Das formale Bildungsniveau der Befragten ist sehr hoch; Über zwei Drittel haben Abitur bzw. die österreichische Matura oder einen akademischen Abschluss.

Tabelle 7: Soziodemographie der twoday.net-Nutzer (in %)

	2004 (n=170)	2005 (n=840)	Allgemein[a] (n=3378)
Geschlecht			
Männlich	52,9	51,4	56,2
Weiblich	47,1	48,6	43,8
Alter			
Bis 18 Jahre	5,0	9,8	15,0
19 bis 25 Jahre	33,6	32,3	28,6
26 bis 35 Jahre	46,2	29,9	31,6
36 bis 50 Jahre	14,3	20,7	19,9
Über 50 Jahre	0,8	7,2	4,9
Wohnort in			
Deutschland	40,5	65,5	85,5
Österreich	51,2	25,8	5,6
Schweiz	6,6	5,5	5,5
Anderes Land	1,7	3,2	3,4
Formale Bildung [b]			
Kein Schulabschluss	--	2,5	4,4
Volksschule/Hauptschule	7,0	4,2	4,4
Mittlere Reife	--	13,6	20,2
Abitur / Matura	36,6	45,5	41,9
(Fach-)Hochschulabschluss	56,4	34,3	29,2

[a] Gesamtstichprobe der „Wie ich blogge?!"-Umfrage ohne twoday.net-Blogger.
[b] Aufgrund unterschiedlicher Antwortvorgaben sind einzelne Kategorien unbesetzt.
Quelle: Nutzerbefragung twoday.net (2004); Umfrage „Wie ich blogge?!" (2005 und allgemein)

Entwicklung und Ausbau der Plattform twoday.net liefern einige Beispiele für die Interaktionen zwischen Entwicklern und Nutzern und somit Belege für die soziale Konstruktion von (Software)-Technologien, wie sie in Abschnitt 3.2.3 allgemein beschrieben wurden. Feedback über die Nutzung der Plattform geht vor allem über das „Hilfe-Forum" ein. Dabei handelt es sich um ein eigenes Weblog, in dem alle registrierten Nutzer Fragen hinterlassen können, die dann von Knallgrau-Mitarbeitern oder anderen Nutzern beantwortet werden. Dieses Vorgehen hilft, die Unterschiede in den Wissensbeständen und Kompetenzen von Entwicklern, fortgeschrittenen Nutzern und denjenigen mit Problemen in der Anwendung der Software zu überbrücken. Einer der technisch Verantwortlichen beschreibt dies wie folgt:

„Was bei mir weniger einfließt, sind diese konkreten „Ich hätte gerne dies und das"-Anfragen, sondern beeindruckend sind eher Aussagen wie „Das verstehe ich nicht" oder „Aha, das habe ich jetzt nicht geschafft". Da komme ich dann drauf, dass es Fehler gibt und ich muss es mir neu überlegen. Man kann aber nicht von einem User erwarten, dass er sagt, wie es richtig ist. Ein User kann eigentlich immer nur sagen: ,aha, das hab ich jetzt anders verstanden'" (B1).

Neben direkten Anfragen, die im Hilfe-Forum sowie einer angegliederten FAQ-Seite gebündelt werden, kommen auch persönliche Eindrücke der Entwickler zum Tragen, die größtenteils selbst Weblogs auf twoday.net führen. Dadurch ist es ihnen möglich, Praktiken der Nutzer zu verfolgen und bei Bedarf mit Modifikationen der Software auf veränderte Nutzungsformen zu reagieren. Als weiteres Feedback-Element führte Knallgrau im Sommer 2004 die oben erwähnte Umfrage unter den Nutzern durch, um die Zufriedenheit mit der Plattform zu ermitteln sowie Verbesserungsvorschläge einzuholen. Für die Umfrage „Wie ich blogge?!" kooperierte Knallgrau mit dem Verfasser, um die Ansprache der registrierten Mitglieder zu gewährleisten.

Die Software „twoday", die Grundlage der Plattform twoday.net ist, stellt eine Weiterentwicklung der Weblog-Software Antville dar, die als Open-Source-Projekt entwickelt wurde.[139] Knallgrau erweiterte die ursprüngliche Plattform um verschiedene Funktionen (wie zum Beispiel ein vereinfachtes Nutzer-Interface), die die Bedienbarkeit erleichterten und neue Nutzer ansprachen. Aufgrund einiger Auseinandersetzungen über die parallele oder gemeinsame Weiterentwicklung von Antville und twoday etablierte Knallgrau im Sommer 2004 einen eigenen Zweig, dessen Modifikationen nicht mehr in die Ursprungssoftware eingehen. Wie Antville ist auch twoday weiterhin open-source-Software, die von interessierten Personen verwendet und weiter entwickelt werden kann. Ende 2005 veröffentliche Knallgrau den Quellcode und etablierte verschiedene Kanäle zur Koordinierung der freiwilligen Programmierer, die sich an der Weiterentwicklung der Software beteiligen wollen.[140]

Knallgrau versteht sich als Anbieter von „Weblog Solutions" und setzt die twoday-Software nicht nur für die hier untersuchte Plattform, sondern auch für externe Kunden ein. Im August 2004 startete in Kooperation mit dem österreichischen Mobilfunk-Anbieter A1 die Plattform „twoday@TU", ein Weblog-Angebot für die Studierenden und Mitarbeiter der Technischen Universität Wien.[141] In der zweiten

---

[139] Vgl. http://antville.helma.org/project/press/faq/.
[140] Vgl. http://twoday.org/wiki/.
[141] Vgl. http://twoday.tuwien.ac.at/info/.

Jahreshälfte 2004 entwickelte Knallgrau für die österreichische Regionalzeitung „Kleine Zeitung" die Online-Community „Meine Kleine". Registrierte Nutzer können hier ein Weblog (allerdings unter der Bezeichnung „Tagebuch") führen und eigene Bilder in einem Fotoalbum veröffentlichen. Im Mai 2005 ging ebenfalls in Kooperation mit A1 die Plattform „moday.at" online, die Kunden von „vodafone live!" das Führen eines „Mobile Blogs" oder „Moblogs" erlaubt, bei dem Bilder und Texte von einem Handy publiziert werden können.[142] Im Dezember 2005 startete schließlich ein Kundenportal der Telekom Austria, für das Knallgrau eine Weblog-Plattform mit umfangreichen Optionen zur Integration von Fotos und Tondateien beisteuerte.[143]

Knallgrau versteht Weblogs als technische Anwendung zur Unterstützung von online-basierten Kommunikations- und Interaktionsprozessen, die auch in anderen Kontexten als dem privaten Einsatz an Bedeutung gewinnen wird. Darunter fallen

„Weblog Solutions im Sinne von Community Lösungen für große Unternehmen, als auch als sehr spannende Anwendung im Business-Kontext unternehmensintern im weitesten Umfeld von Produktentwicklung, Innovationsmanagement, Wissensmanagement und ähnlichen Thematiken. Ich glaube, wir stehen erst am Anfang der Ideen und der Ahnungen, in welchen Bereichen und mit welchen Themen wir Weblogs einsetzen können und wie wir damit umgehen werden. Es wird in Zukunft nicht überall, wo Weblog-Prinzipien eingesetzt werden, Weblog heißen, aber mehr oder weniger Konzepte und Ideen aus dem Weblog-Umfeld werden definitiv maßgeblich die Zukunft des Internet mit bestimmen." (B3).

Twoday.net ist aus dieser Sicht mehr als nur ein Projekt zur Demonstration der technischen Kompetenzen der Agentur, sondern vor allem eine dynamische Nutzergemeinschaft, die Knallgrau Trends in Nutzungsweisen aufzeigt und als Experimentierfeld für die Integration weiterer technischer Funktionen dienen kann. Mittelfristig werden, so die Prognose, Weblogs mit anderen Anwendungen zusammenwachsen, die unter den Oberbegriff „social software" fallen, darunter beispielsweise Wikis zur kollaborativen Bearbeitung von Texten oder Anwendungen zur onlinegestützten Repräsentation und Erweiterung von sozialen Netzwerken.

---

[142] Vgl. http://www.moday.at/.
[143] Vgl. http://community.aon.at/a/awl.

7.2 Stabilisierung von Verwendungsregeln und Netzwerken

Das rasante Wachstum von twoday.net, zunächst in der etwa einmonatigen „Betaphase" und anschließend nach der erneuten Etablierung eines kostenfreien Angebots im Herbst 2003, brachte einen Kern von Nutzern mit sich, die das Bild der Community in der Anfangszeit prägten. Aus Sicht der Betreiber schlug sich dies in einem spezifischen Stil nieder, der twoday.net von anderen Weblog-Gemeinschaften abhebt:

„Bei uns sind eher die Geschichtenerzähler vorhanden, (…) im Unterschied zu anderen Weblog-Communites. Bei Blogg.de ist es vielleicht noch ähnlich, aber im Gegensatz zu Antville, dort ist die community wesentlich kreativer, da sind fast schon literarische Blogger. Literarisch nicht im Sinne von textlich literarisch, sondern generell alle Ausdrucksformen, die man in das literarische Eck einordnen könnte, wirklich schon künstlerisch. Bei uns gibt es nur wenig, was man als künstlerisch einstufen könnte, sondern das sind wirklich Geschichtenerzähler. Wenn ich an ein paar Weblogs denke, das sind Geschichten aus dem eigenen Leben, die halt mehr oder weniger spannend erzählt werden. (…) Das macht uns auch zu einem gewissen Grad sympathisch. Das ist etwas, was uns sehr zugute kommt, denn in sehr weiten Bereichen wird twoday als sympathisch wahrgenommen" (B4).

Twoday.net unterstützte die Formierung dieser Autorengemeinschaft durch einige technische Mittel, die die Sichtbarkeit einzelner Autoren erhöhen. Nutzer können andere Weblogs in ihre Blogroll aufnehmen, die auf der Startseite des Weblogs angezeigt wird und als Leseempfehlung für Besucher sowie als Ausdruck von freundschaftlichen Beziehungen zu anderen Community-Mitgliedern dient. Zusätzlich können Autoren andere Weblogs der Plattform abonnieren, um sich über Aktualisierungen auf dem Laufenden halten. Eine folgenreiche Entscheidung seitens der Entwickler war auch, für das Hinterlassen eines Kommentars eine Registrierung zu verlangen (eine Funktion, die noch aus der Vorgänger-Software Antville stammt).[144] Dadurch wird zwar eine technische Hürde aufgebaut, die das spontane Kommentieren etwas erschwert, doch gleichzeitig steigert diese Maßnahme die Sichtbarkeit innerhalb der Community. Führt nämlich der Kommentator selbst ein Weblog auf twoday.net, wird dieses beim Kommentieren direkt verlinkt. Ein drittes wesentliches Element der Sichtbarkeit ist die Übersicht der

---

[144] Seit August 2005 besteht die Möglichkeit, auch anonyme Kommentare zu hinterlassen, doch muss diese Option von den Weblog-Autoren freigeschaltet werden.

20 zuletzt aktualisierten Weblogs auf der Startseite von twoday.net („The latest twoday"), wobei neben dem Namen des Weblogs jeweils auch ein (frei vom Nutzer wählbares) Icon sowie die Titel der letzten drei Postings angezeigt werden.[145] Die Verbindung von Name und Icon erhöht die Chance der Wiedererkennung und stärkt mittelbar die sozialen Beziehungen auf der Plattform.

Knallgrau verzichtet bewusst auf weitergehende Formen des „community building", wie zum Beispiel eine redaktionelle Auswahl von besonders qualitätsvollen Beiträgen für die Startseite.[146] Zum einen wäre eine solche Auswahl sehr arbeitsaufwändig und potenziell konfliktär, da die Qualitätskriterien intransparent gewesen wären. Zum anderen hätte dies den Charakter von twoday.net als inhaltlich offene Weblog-Plattform zerstört, wie er den Betreibern vorschwebt:

„Grundsätzlich vom sozialen Aspekt ist es so, dass wir versuchen, einen open-space-Ansatz zu verfolgen, das heißt, nur Mittel, Wege und Instrumente zur Verfügung zu stellen, Rahmenbedingungen zu definieren, und innerhalb dieser Rahmenbedingungen eigentlich frei zuzusehen und zu warten, was passiert, weil das ist eigentlich viel interessanter und bietet mehr Möglichkeiten, als wenn man mit vorgefassten Meinungen und Dingen da rangeht und etwas aufoktroyiert. Und es passt eigentlich auch nicht zur Community, die sehr stark darauf bedacht ist, sich selbst einzubringen, sich selbst auszudrücken und so weiter." (B3)

Mittelbar erhält sich Knallgrau durch diese Unabhängigkeit auch die notwendige Distanz zu den Nutzern, um im Konfliktfall schlichten zu können. Grundlage sind die in den „Allgemeinen Geschäftsbedingungen" niedergelegten Regeln, die Nutzer bei der Registrierung anerkennen, insbesondere der Abschnitt 15 „Verhaltensregeln". Dort überträgt Knallgrau die inhaltliche Verantwortung an die Autoren, behält sich aber nicht nur vor, in strafrechtlich relevanten Fällen Texte zu löschen,

---

[145] Die Nutzer haben sich die Startseite dabei teilweise auf ganz eigene Art als von den Entwicklern intendiert angeeignet, indem sie mit der Liste und der erzeugten Sichtbarkeit gespielt haben. Beispielsweise haben Autoren die Titel ihrer Beiträge im Hinblick auf die Darstellung auf der Startseite formuliert, um kleine Sätze zu bilden.

[146] Allerdings veröffentlichte die Agentur im Frühjahr 2004 das Buch „readme.txt", eine Sammlung von Auszügen verschiedener twoday-Weblogs inklusive einiger Kommentare aus den ersten zwölf Monaten der Community (Ostleitner/Schuster 2004). Rappold sieht diese Publikation auch als eine Art Geburtstagsgeschenk an die Nutzer: „Das war zum ersten Geburtstag von twoday. Schon etwas, wo wir gesagt haben, wir wollen unseren Usern auch vor Augen führen, was hier geschaffen wurde innerhalb eines Jahres, nämlich von ihnen, das irgendwie auch etwas Bleibendes, etwas Nachhaltiges ist. Das war es uns einfach wert, das war etwas, das wir der community zurückgeben wollten und insofern war es eher eine spontane Aktion, sich das zu überlegen. Ich habe auch den Eindruck, dass es sehr gelungen ist bzw. auch sehr gut aufgenommen wurde." (B3)

sondern auch wenn vulgäre oder hasserfüllte Sprache benutzt wird. Bislang gab es nur vereinzelt Situationen, in denen die Betreiber aktiv werden mussten, darunter Beiträge mit einer Nähe zu rechtsradikalen Positionen, aber auch zur Pornographie. Um auf solche Vorfälle reagieren zu können, zählt Knallgrau auf die Mitarbeit der Nutzer, die anstößige Beiträge melden können, denn ein eigenständiges Überwachen aller Inhalte würde an fehlenden Ressourcen scheitern.

Zusätzlich übernimmt die Nutzergemeinschaft selbst eine regulierende Funktion, indem sie gemeinsame Standards definiert und bei ihrer Verletzung sanktionierend eingreift. In einer spezifischen Konfliktsituation, die durch sexuell explizite Schilderungen aus dem Swinger-Milieu ausgelöst wurde, diskutierten die Nutzer in über 200 Kommentaren zum beanstandeten Beitrag sowie in zusätzlichen Kommentaren über 30 Weblogs hinweg. Eine besondere Rolle spielten dabei einige wenige Nutzer, die aufgrund ihrer hohen Zentralität im Netzwerk der twoday-Weblogs einen besonderen Status und daraus abgeleitet auch eine moralische Autorität haben. Der Respekt der anderen Nutzer vor diesem Community-Kern verlieh den Kommentaren, die teilweise über andere Medienkanäle untereinander abgestimmt wurden, ein besonderes Gewicht. Ihre kritische Haltung führte dazu, dass der betreffende Autor die umstrittenen Beiträge löschte, ohne dass Knallgrau formell eingreifen musste. Das Beispiel macht deutlich, wie die Stellung des Einzelnen im Netzwerk der Plattform eine Form von Sozialkapital darstellt, da sich in ihr persönliche Reputation und moralische Autorität ausdrückt und die Chancen steigen, Unterstützung für die eigene Position zu finden und Einfluss auszuüben.

Twoday.net-Autoren bewegen sich folglich in einer Kommunikationsumgebung, die verschiedene Regelkomplexe mit unterschiedlicher Reichweite vorgibt. Die Allgemeinen Geschäftsbedingungen stecken einen Rahmen ab, der für alle registrierten Nutzer verbindlich ist. Wiederholte Kommunikation lässt eine Nutzergemeinschaft entstehen, innerhalb der sich weitere, spezifischere Erwartungen an angemessene Inhalte stabilisieren. Diese geteilten Verwendungsregeln werden durch individuelle Praktiken ergänzt, in denen jeweils spezifische prozedurale Regeln, also Erwartungen und Erwartungserwartungen, das Bloggen bestimmen und sich im individuellen Selbstverständnis eines Weblog-Autoren bündeln. Wie die leitfadengestützten Interviews zeigen, existiert hierbei eine breite Palette, denn die Befragten verstehen ihr Weblog beispielsweise als persönliches Archiv für Selbstreflexionen (A1), als Forschungs- oder Lerntagebuch (A3, A8), oder als Informationsforum zu spezifischen Themen (A7, A2).

Das jeweilige Selbstverständnis äußert sich in spezifischen Routinen, zum Beispiel gewissen zeitlichen Mustern, wann Weblogeinträge verfasst werden: Ein Autor bezeichnet sich als „Eulenmensch" (A5), der seine Beiträge vor allem abends und nachts verfasst, während eine andere Autorin – die ein Weblog mit vorrangig wissenschaftlichen Themen führt (A6) – zu Beginn ihres Arbeitstags relevante Zeitungsartikel sichtet und gegebenenfalls im Weblog kommentiert. Andere Routinen betreffen den Vorgang des Publizierens selbst: Viele Autoren geben an, ihr Weblog kontinuierlich in einem Browserfenster geöffnet zu halten, um Ideen und interessante Verweise direkt veröffentlichen zu können (z. B. A8, A9). Wenn es sich um längere Texte handelt, die möglicherweise komplexere Argumentationen verlangen, greifen manche auf externe Textverarbeitungsprogramme zurück und feilen teilweise mehrere Tage an einem Eintrag. Gegenüber dem „spontanen Bloggen" sind diese Fälle allerdings deutlich in der Minderheit.

Routinen der Auswahl und Präsentation von Inhalten bestimmen die Wahrnehmung und Wiedererkennbarkeit eines Weblogs. Neben dem grundlegenden Layout der Seite, das von Seiten der Anbieter durch verschiedene, teilweise modifizierbare Design-Vorlagen erleichtert wird, wirken sich auch individuelle sprachliche Muster (A1)[147] oder die Entscheidung, das Weblog in englisch zu betreiben (A2) auf die Wiedererkennung und die Öffnung des Weblogs für bestimmte Publika aus. Die individuellen Praktiken sind nicht notwendigerweise stabil, sondern können sich im Verlauf von Aneignung und Gebrauch des Genres wandeln. Aufgrund der prinzipiellen Offenheit der technischen Form „Weblog" für verschiedene Inhalte ähnelt gerade die erste Zeit der Nutzung häufig einer Experimentierphase, in der sich die Autoren mit dem Genre vertraut machen und es auf seine Eignung für den eigenen Zweck überprüfen.[148] Oft geschieht dies unter Rückgriff auf andere Weblogs, die als Vorbild für die eigene Verwendung dienen.

In der ersten Phase der Nutzung stabilisieren sich üblicherweise die Routinen und Erwartungen, die die individuellen Weblog-Praktiken in

---

[147] Autorin A1 zeigt nicht nur einige sprachliche Idiosynkrasien, sondern nummeriert ihre Beiträge im Titel fortlaufend und schafft sich so ein weiteres Ordnungskriterium, um die Wiederauffindbarkeit von Gedanken zu erleichtern. Ein Beispiel: „618 – nur fürn Fall dass es irgendwen peripher intresiert warum ich nur halbtags arbeit.net.can here's the reason: [Foto] die diesjÄhrige unordnung erstrÄckt sich bis dato über nicht mehr als einen quadratmeter mit 50 cm höhe, aber dieser quadratmeter hats in sich. dieser quadratmeter bedingt, dass ich nun den ganzen tag daheim bleibe und erst knapp vor beginn mein josefstÄdter hÄferl holen fahre. doch die häferl geschichten sind auf alpha." (http://woelfin.twoday.net/stories/702255/).

[148] Diese Unsicherheit drückt sich besonders in den ersten Einträgen in das eigene Weblog aus. Typischerweise lesen diese sich so: „Erstkontakt: Hallo, also jetzt ist es so weit, mein erstes Webblog..." (http://barbarella.twoday.net/stories/356614/).

der Folgezeit bestimmen. Allerdings berichten einige befragte Autoren davon, dass sich der Schwerpunkt ihres Weblogs im weiteren Verlauf des Gebrauchs verschoben hat. In einem Fall (A6) waren es vor allem Bedenken zur eingeschränkten Anonymität des Weblogs, die zu einem Rückgang von persönlichen Themen zugunsten von fachlich-wissenschaftlichen Kommentaren geführt hat. Ein anderer Autor (A2) berichtet, dass sich der inhaltliche Fokus seines Weblogs in dem Maße verändert hat, wie sich sein Publikum über den Freundeskreis hinaus erweitert hat:

> „Prinzipiell habe ich den Weblog früher als was sehr Persönliches betrachtet. Ich habe gedacht, ich schreib zum Spaß für meine Freunde. Ich habe das früher so gemacht, dass ich oft E-Mails geschickt habe über Themen, die ich gerade interessant finde, habe aber selten Rückmeldung bekommen und mir auch gedacht, vielleicht schreibe ich viele an, die das gar nicht interessiert. Daher habe ich mir einen Platz gesucht, wo ich die Informationen, die ich relevant finde, ins Netz stellen kann und die Leute, die es interessiert, können vorbeischauen. Was dann passiert ist: Mit der Zeit haben dann viel mehr Leute zu meinem Blog gelinkt, teilweise auch Professoren, was dann dazu geführt hat, dass der persönliche Teil und die Spaßsachen immer mehr zurückgegangen sind und ich versucht habe, mehr interessante und unpersönliche Informationen zu bringen. Da habe ich mehr und mehr drauf geachtet" (A2).

Veränderungen der eigenen Interessen oder in der generellen Lebenssituation können die Bedeutung eines Weblogs verringern und bis hin zu seiner Aufgabe führen, weil sich bestimmte Motive und gesuchte Gratifikationen (s.u.) verändern:

> „gleichzeitig taucht in der letzten zeit immer wieder die frage auf, welche rolle mein blog eigentlich spielt und bisher spielte. ich wollte immer bloß schreiben. bloß: warum wollte ich das? möglicherweise hat es mir damals, als ich mit dem Bloggen angefangen habe, an Gesprächspartnern gefehlt, von denen ich mich verstanden fühlte. eine sache, die sich verändert hat. ich habe heute so viele menschen um mich, die mir sehr aufmerksam zuhören, mir und meinen gedanken sehr viel interesse entgegen bringen und mich einfach verstehen" (A4; vgl. http://missunderstood.twoday.net/stories/ 726598).

Bei der Auswahl von Themen kommen verschiedene Rezeptionsregeln ins Spiel. Die befragten Blogger haben unterschiedlich umfangreiche Repertoires von regelmäßig besuchten Weblogs und anderen Informationsquellen (z. B. die Webseiten von Tageszeitungen oder Fachjournalen), wobei die Anzahl der regelmäßig besuchten Seiten stark variiert (unter den Gesprächspartnern zwischen weniger als zehn bis hin zu mehreren Hundert). Daneben berichten einige Autoren aber auch von „Blogspaziergängen" (A9) auf der twoday.net-Plattform, wo sie ausgehend von der Übersicht der jüngst aktualisierten Seiten zu ihnen bisher unbekannten Weblogs gelangen, die interessante Themen versprechen. Mit steigender Zahl der Quellen stellt sich das Problem des Managements der Informationsfülle, sodass einige Autoren zwischenzeitlich dazu übergegangen sind, sich per RSS Feed Reader über Aktualisierungen auf dem Laufenden zu halten. Dadurch entfällt das vergleichsweise aufwändige Ansurfen der einzelnen Quellen, doch das Selektionsproblem wird nicht vollständig gelöst, da es auf die Ebene der Relevanzbeurteilung von Feeds verlagert wird. Eine Alternative ist die bewusste Selbstbeschränkung, auch im Vertrauen auf die strukturell bedingte Filterleistung der Blogosphäre. In der Gruppendiskussion wurden diese unterschiedlichen Strategien des Informationsmanagements deutlich:

> „A3: Die Alternative ist ja, ob Du Dir zehn Homepages anschaust. Da kommst Du nie drauf, was es Neues gibt. Wenn Du mit einem RSS Reader einfach die Neuigkeiten bekommst, brauchst Du nicht lang suchen, was es Neues gibt. Wenn Dich grundsätzlich das Thema interessiert…
>
> A2: Aber es ist doch die Frage, wie viel von dem, was durch den RSS Feed reinkommt, ist im Schnitt verwertbar. Wenn sich das in Grenzen hält, muss ich sehr sehr viel lesen, um wenig relevante Informationen zu bekommen.
>
> A3: Aber was ist die Alternative?
>
> A2: Naja, dass ich nur die Blogs lese, die in meinem Gebiet berichten, und dass ich mich auf die verlasse."

Die gesuchten Gratifikationen, die Autoren mit ihrem Weblog verbinden, sind in unterschiedlichem Maße an anderen Personen orientiert (vgl. Tabelle 8). In beiden Befragungen der twoday.net-Autoren wurde die Motive „zum Spaß" und „um eigene Gedanken und Erlebnisse für mich festzuhalten" am Häufigsten genannt – das Weblog übernimmt also für die Mehrheit der Autoren (auch) die Funktion eines persönlichen Journals. Nur etwas mehr als ein Drittel nutzt das Weblog darüber hinausgehend als eine Art Tagebuch, in dem man sich Gefühle von der Seele schreiben kann. Eine befragte Autorin drückte diesen Zweck wie folgt aus: „Das wichtigste beim Bloggen ist für mich die Selbstreflexion. Das ist weniger die Kommunikation, sondern einfach das sich Selbst ausdrücken" (A1). Diesen innenorientierten Motiven stehen stärker außenorientierte Motive gegenüber, vor allem der Austausch mit anderen über das Geschriebene: „Für mich ist mein Blog wie ein offenes Tagebuch. Ich kann dort alles niederschreiben, andere können es lesen und mir auch antworten. Einfach genial" (A9). Deutlich seltener wird in der Befragung genannt, dass mit dem Weblog Wissen vermittelt und soziale Kontakte explizit aufrechterhalten oder geknüpft werden sollen. Allerdings sind die Anteile dieser Motive bei der „Wie ich blogge?!"-Umfrage höher ausgefallen, was auf eine Erweiterung der Praktiken hindeutet.

Tabelle 8: Gesuchte Gratifikationen beim Führen eines Weblogs

Motiv	2004 (n=170)	2005 (n=812)	Allgemein [a] (n=3497)
Um eigene Gedanken und Erlebnisse für mich festzuhalten	71,8	61,1	61,8
Zum Spaß	66,1	65,5	72,1
Weil ich gerne schreibe	55,6	59,7	63,3
Um mich mit anderen über eigene Gedanken und Erlebnisse auszutauschen	59,7	45,4	49,8
Um mir Gefühle von der Seele zu schreiben	38,7	45,9	44,1
Um mein Wissen in einem Themengebiet anderen zugänglich zu machen	22,6	32,8	33,5
Um mit Freunden und Bekannten in Kontakt zu bleiben	19,4	32,4	33,4
Um neue Bekanntschaften zu knüpfen	16,1	20,9	28,7
Aus beruflichen Gründen	10,5	16,4	11,9

[a] Gesamtstichprobe der „Wie ich blogge?!"-Umfrage ohne twoday.net-Blogger.
Quelle: Nutzerbefragung twoday.net (2004); Umfrage „Wie ich blogge?!" (2005 und allgemein)

Sowohl die innen- wie die außenorientierten Motive für das Führen eines Weblogs beruhen darauf, dass es Leser gibt, die sich mit den veröffentlichten Texten auseinandersetzen. In ihren Publikationsroutinen antizipieren die Autoren Erwartungen dieser Leser und richten sie als Erwartungserwartungen an sich selbst:

„Ich denke mir immer, es sollte ein Eintrag pro Tag sein von meiner Seite. Meistens bin ich froh, wenn ich was interessantes lese und schon beim Lesen weiß, das klingt nach einer interessanten Stelle, die Du *[für das eigene Weblog; Anm. des Verf.]* herausnehmen kannst. Das geht zwei oder dreimal pro Woche, dass man was halbwegs Passendes hat. Wenn nicht, dann möchte man doch, um irgendwas auf dem Blog hat, schnell noch vor dem Schlafengehen was hinaufschmeißen. Das passiert dann schon, dass ich ein bis zwei Stunden teilweise suche, um etwas Passendes zu finden. Meistens ist das gar nix wahnsinnig tolles, aber etwas, wo ich mir denke, das interessiert jetzt die Leute. Ich versuche, den Leserstrom auf einem Level zu halten. (…)

Dass die in etwa wissen, dass ca. ein bis zwei Beiträge pro Tage kommen. Meistens ist es dann so, dass man sich überlegt: Jetzt hast Du drei interessante Sachen, tue einfach auf Vorrat etwas anlegen, dann hat man es und schmeißt es online und ist froh, dass wieder was oben steht." (A2)

Die befragten Autoren besitzen in der Regel eine Vorstellung vom „idealtypischen Leser" (A6), auf den hin sie Beiträge zuschneiden. Bei den journal- oder tagebuchartigen Weblogs sind es meist Freunde und Familienangehörige, während bei den eher fachwissenschaftlich orientierten Weblogs dagegen die Erwartung vorherrscht, dass die Leser primär an der Qualität der veröffentlichten Inhalte und der sich möglicherweise daran entzündenden Diskussionen interessiert sind: „Was ich im Auge habe, ist die Fortsetzung einer Podiumsdiskussion, wo qualifizierte Leute sitzen, wo auch quasi qualifizierte Teilnehmer (…) dabei sind" (A3). Die Identifizierung von Lesern fällt aufgrund der Kommunikationssituation schwer: Zwar wissen die meisten Autoren von zumindest einigen Personen, die das Weblog regelmäßig besuchen, doch aufgrund der Asynchronität und der nur partiellen Sichtbarkeit von Besuchern (wer keinen Kommentar hinterlässt, bleibt ein unsichtbarer „Lurker") fällt es ihnen schwer, Größe und Zusammensetzung des erreichten Publikums einzuschätzen.

Neben der Auswertung von Zugriffsstatistiken und Logfiles, die allerdings nur in den kostenpflichtigen Varianten möglich ist, können Autoren die Reichweite ihres Weblogs vor allem anhand der Kommentare zu eigenen Beiträgen einschätzen. Kommentare erhalten dadurch eine weitere Bedeutung, die über die inhaltliche Auseinandersetzung mit den publizierten Texten hinausgeht, weil sie den Autoren Anhaltspunkte für die Rezeption des Weblogs geben. Auch bei denjenigen Autoren, die ihr Weblog primär als persönliches Journal führen, haben Rückmeldungen seitens der Leser ein wichtige Bedeutung: „Beim Text im Web kann ich immer damit rechnen, dass irgendwas passiert, mir jemand eine SMS schreibt (…). Das ist halt recht schön, wenn man da Feedback kriegt." (A1). Eher die Ausnahme, die die Regel bestätigt, ist einer der befragten Autoren, der sein Weblog als „reines Informationsblog" (A7) versteht und die Kommentarfunktion komplett deaktiviert hat.

Verschiedene Aspekte des Umgangs mit Kommentaren zeigen, dass diese durchaus strategisch für Zwecke des Beziehungsmanagements eingesetzt werden. Um Feedback positiv zu sanktionieren und zu verstärken, reagieren die meisten Autoren auf Kommentare mit einer eigenen Antwort: „Einfach auch um zu zeigen, dass ich sehe, dass jemand da ist und die Leute nicht ignoriere. Das ist ein Zeichen von Höflichkeit."

(A6). Andere Autoren nutzen die Eigenschaft der twoday.net-Plattform aus, dass bei Kommentaren der Name mit einem Link zum eigenen Weblog (sofern vorhanden) hinterlegt ist. Ein Kommentar wird dadurch automatisch auch zur Werbung für das eigene Weblog und kann Leser anziehen:

> „Mir passiert es oft, dass ich irgendwo der erste oder einzige Kommentar bin, der sagt „Das ist gut", was natürlich meinerseits zu einer Art „promotion" führt. Jeder, der kommentiert, ist irgendwie auch darauf aus, sich selbst bekannt zu machen" (A1).

Ein Interviewpartner hat damit experimentiert, fremde Kommentare genauso wie die eigenen Beiträge einer Art Qualitätskontrolle zu unterwerfen, um den Charakter seines Weblogs als fachliche Publikation zu erhalten:

> „Ich habe eine Zeitlang versucht, schlechte Kommentare raus zu schmeißen, obwohl es nicht bös gemeint war; in vielen Fällen waren es nette Kommentare über mich als Person, aber ich denke einen anderen interessiert das nicht, es ist irgendwie störend. (…) Wenn mein Weblog schon ein Fachblog ist, dann soll es auch eine sachliche Information liefern." (A2)

Das Ausmaß an Anschlusskommunikation, das ein Weblogeintrag in den Kommentaren oder anderen Weblogs nach sich zieht, ist von verschiedenen Faktoren abhängig. Neben der Größe der Leserschaft sind es insbesondere Thema und Stil des Beitrags, die Kommentare „herausfordern". Besonders provokante oder pikante Texte können zahlreiche Antworten nach sich ziehen, während bei wissenschaftlich-fachlichen Beiträgen die Schwelle für den Leser möglicherweise höher liegt, eine eigene Bemerkung zu hinterlassen. Schließlich kommen technische Restriktionen wie die (inzwischen gelockerte) Registrierungspflicht für das Kommentieren hinzu. Wie geschildert, fördert diese zwar die Sichtbarkeit und mittelbar die Vernetzung innerhalb der Plattform, erschwert aber Nicht-Mitgliedern das schnelle, zwanglose Antworten auf einen Beitrag. Außerdem steht den Autoren die Trackback-Funktion zur Verfügung, um Rückbezüge von zitierten Texten zum eigenen Weblog herzustellen, doch die Befragten nutzen diese fortgeschrittene Funktion kaum, was auch die Betreiber bestätigen (B2).

Die hypertextuellen Netzwerke aus Beiträgen, Kommentaren und Verlinkungen über Weblogs hinweg unterstützen die Formierung von sozialen Netzwerken. Teilweise sind dies Beziehungen, die schon vor Beginn des Bloggens existierten und nun über diesen zusätzlichen Kanal gepflegt werden, wenn Autoren ihre Freunde, Verwandte oder Kollegen mit Hilfe des Weblogs informiert halten. Dagegen haben Kontakte, die erst über das Bloggen entstanden sind, aus Sicht der Befragten einen anderen Stellenwert: Selbst wenn man regelmäßig die Weblogs anderer Autoren liest und dort kommentiert, nehmen diese eher den Rang von Bekanntschaften statt von Freundschaften ein. Zwar bestünde jederzeit die Möglichkeit, andere Blogger auch in persona zu treffen (in unregelmäßigen Abständen finden auch Treffen von twoday-Mitgliedern statt), doch dies scheint eher die Ausnahme zu sein. Nichtsdestotrotz berichten verschiedene Befragte davon, dass die weblogbasierten Netzwerke Unterstützung bei Alltagsproblemen oder größeren privaten Krisen leisten, also Sozialkapital zur Verfügung stellen können:

- „Vor allem aber blogge ich, weil andere Blogger mir antworten können und man sich so auch untereinander austauschen kann. Man sieht, das andere gleiche oder ähnliche Probleme hat und fühlt sich nicht allein gelassen mit seinem Problem" (A9)
- „Was auch noch wichtig ist, ist die hilfsbereitschaft in der blogosphere... dadurch erkennt man auch eine gemeinschaft. Immer wenn jemand ein problem mit der technik oder so hat dann wird einfach weitergeholfen..." (A8)
- „Ich habe selbst 2002 eine kurze, intensive, dann aber doch recht schmerzhafte Liebesgeschichte erlebt, wo ich lediglich sagen kann: Da haben mir fremde Leute, fremde Leserinnen geholfen, über den ersten Schmerz hinwegzukommen." (A1)

Die Existenz von unterschiedlich starken sozialen Beziehungen drückt sich in bestimmten Metaphern aus, die die Befragten heranziehen, um die Netzwerke zu beschreiben. Eine Autorin (A1) grenzt twoday.net von anderen Plattformen, insbesondere von Antville ab: „Die Blog-Community sind Dörfer. Twoday ist diese Satelliten-Stadt. Das kam vor zwei Jahren als etwas völlig Neues mit einer komischen Idee: Du musstest dafür zahlen" (A1). In der eng verbundenen Weblog-Gemeinschaft von Antville, deren Teilnehmer über einen längeren Zeitraum interagieren und aufgrund der Zugangsrestriktionen in den letzten Jahren weitgehend unter sich geblieben sind, hat sich eine sehr viel stärkere Vertrautheit und Verbundenheit herausgebildet, als in der daraus hervorgegangenen Plattform twoday.net, deren Nutzerzahlen ständig wachsen und die noch dazu einen stärker kommerziellen Hintergrund hat. Dennoch erlebt die Autorin auch dort vergleichsweise enge Beziehungen, die (um im Bild zu bleiben) ähnlich zu „Nachbarschaften" in Städten funktionieren können.

Eine andere räumliche Metapher spielt auf die Möglichkeiten der Kontrolle an, die Autoren über die Kommunikationsvorgänge in ihrem eigenen Weblog haben:

„Es ist eben nicht so, ich gehe auf ein großes Fest, und wenn ich da zuviel getrunken habe, pöbel ich da rum, sondern ich bin definitiv in meinem Haus, in meiner Wohnung, und da verstehe ich mich auch zu verhalten, da verhalte ich mich sicherlich anders als in einem öffentlichen Raum. Dieser Raum-Kontext, der hier geschaffen wird, der ist glaube ich ganz wichtig für viele Dinge: Für Verhalten der community untereinander, für content-Niveau, für das unterschiedlichste Sozialverhalten, das sich hier ausdrückt" (B3).

Anders als in öffentlichen Online-Foren, die eher einem Marktplatz oder der klassischen Agora ähneln, besitzen Weblog-Autoren eine nahezu vollständige Kontrolle über die kommunikativen Äußerungen, die dort veröffentlicht werden: Sie selbst entscheiden über die Themen, Länge und Gestaltung der Beiträge und können notfalls Kommentare von anderen Nutzern löschen, falls darin eine Grenze überschritten wird.

Diese Kontrollmöglichkeiten sind Bestandteil unterschiedlicher Strategien des Identitätsmanagements: Während manche Autoren ihren Namen im Weblog veröffentlichen (A2, A3) oder persönliche Informationen auf der Startseite des Weblogs angeben (A9), sind andere sehr darauf bedacht, dass keine Rückschlüsse auf ihre tatsächliche Identität gezogen werden können, um die eigene Privatsphäre zu wahren. Ein Autor äußert beispielsweise Bedenken, er könne im Weblog

„ein gewisses persönliches Zeitschema öffentlich (..) machen, welches auch rückzuverfolgen ginge. Man kennt es unter anderem vielleicht auch als ‚social engineering'! Wenn dabei passend zum zeitlichen Ablauf eine Identität preisgegeben wird, stellt sich auch ein ziemlich umfangreiches Abbild der eigenen Tätigkeiten oder meinethalben auch der psychischen Verfassung einer Person dar. Das ist schon ein ziemlich zweischneidiges Schwert, wenn man völlig unbedarft und freizügig mit diesen Informationen hausieren geht!" (A5).

Eine von mehreren Personen (A1, A6) genannte Strategie ist es, verschiedene Weblogs oder Homepages zu führen, die unterschiedliche Aspekte der eigenen Person behandeln und sich möglicherweise an völlig unterschiedliche Leserkreise richten. Dies erscheint besonders wichtig, um die Kollision mit Regeln und Erwartungen aus anderen Rollenzusammenhängen zu vermeiden; insbesondere, um durch das private Bloggen nicht in berufliche Schwierigkeiten zu kommen. Schließlich gibt es technische Möglichkeiten, die Sichtbarkeit des eigenen Weblogs zu beeinflussen: Die Plattform twoday.net bietet die Option, automatische Notifikationen zu deaktivieren, die bei der Aktualisierung des Weblogs versendet werden. Dadurch kann man verhindern, dass eigene neue

Beiträge auf der Startseite gelistet werden oder von Suchmaschinen indiziert werden. Autoren können also durch ein Zusammenspiel von individuellen Praktiken und technischen Optionen ihre Selbstdarstellung gestalten und strategisches Identitätsmanagement betreiben.

7.3 Weitere Entwicklung

Die Diffusion von Weblogs ist ein dynamischer Prozess – nicht nur im trivialen Sinn, dass sich im Lauf der Zeit die Anzahl von Weblogs erhöht, sondern auch in der Hinsicht, dass sich im Verlauf der Diffusion individuelle Routinen und kollektiv geteilte Gebrauchsweisen sowie die einhergehenden Erwartungen verändern. Im vorigen Abschnitt habe ich die Herausbildung und Institutionalisierung von Weblog-Praktiken bei twoday.net beschrieben, wie sie sich bis zum Zeitpunkt der Untersuchung (Frühjahr 2005) darstellten. Allerdings deuteten sich in den Gesprächen mit den Anbietern bereits einige Entwicklungen an, die die Gestalt von twoday.net im weiteren Verlauf prägten und prägen werden.

Das quantitative Wachstum von twoday.net erfordert von Knallgrau eine Reaktion, da – ganz gemäß des klassischen Verlaufs von Diffusionsprozessen (vgl. Rogers 1983) – die neu hinzukommenden Nutzer oft deutlich geringere technische Kompetenzen mitbringen als die „early adoptors". Aus Ressourcengründen kann Knallgrau auf diese Entwicklung nur in sehr begrenztem Maße mit einer Ausweitung des technischen Supports reagieren; vielmehr ist geplant, die Bedienung des Autoren-Interfaces noch weiter zu vereinfachen und so die Zugangsschwellen weiter zu senken, um möglichst viele Nutzer anzusprechen: „Im Wesentlichen, um ein Massending zu haben, musst Du es so simpel halten wie möglich" (B1). Diese Vereinfachung soll jedoch nicht durch einen Abbau, sondern durch eine Differenzierung der dargebotenen Funktionalitäten erreicht werden. Unerfahrene Nutzer könnten ein Menü angezeigt bekommen, das vier oder fünf Optionen für die wesentlichen Vorgänge des Veröffentlichens und Verwaltens von Beiträgen umfasst. Fortgeschrittenen Nutzer stünde dagegen ein erweitertes Interface zur Verfügung, in dem weitere Funktionen ausgewählt werden können, um z. B. das Design des eigenen Weblogs personalisieren zu können. Dadurch würden sich Publikationsroutinen weiter verändern und ausdifferenzieren.

In den Planungen von Knallgrau drückt sich eine Spannung zwischen Einfachheit in der Bedienung und Offenheit für eigene Modifikationen aus, die schon zu Beginn von twoday.net sichtbar war. Ein Erfolgsfaktor der Plattform gegenüber Antville, aber auch gegenüber Stand-Alone-

Systemen war, dass sie deutlich weniger Kompetenzen seitens der Nutzer erforderte, um ein eigenes Weblog einzurichten:

> „Antville ist ein sehr reduziertes, sehr einfaches Tool, wo Du schon HTML und so was können musst, um was Anständiges hin zu kriegen. Das heißt, das Niveau ist schon wesentlich höher, weil die die es nicht geschafft haben, sind wieder rausgefallen. Wohingegen wir von Anfang an gesagt haben: Das muss für einen Durchschnittsuser einfach zu bedienen sein, wir wollen dass jeder das machen kann – und damit erweitern wir natürlich das potenzielle Feld der User, aber verengen und beeinflussen gleichzeitig die Art und Weise, die Form, wie es gemacht wird. Das ist eben auch sichtbar." (B4)

Nicht jedes Weblog wird dauerhaft geführt. Etwa jedes zehnte registrierte twoday.net-Mitglied, das an der Umfrage „Wie ich blogge?!" teilgenommen hat (9,8 %), stellte sein Weblog zwischenzeitlich wieder ein.[149] Die Hälfte von ihnen (51 %) führte ihr Weblog nur drei Monate oder kürzer, und vier Fünftel (82 %) der Ex-Blogger hatten ihr Weblog höchstens ein halbes Jahr online. Diese Anteile deuten darauf hin, dass vor allem in der Anfangsphase eines Weblogs Umstände auftreten können, die das Angebot wieder einschlafen lassen. Nach den Motiven für die Aufgabe des Weblogs befragt, gab die Mehrheit an, die Lust daran verloren zu haben (vgl. Tabelle 9). Unter denjenigen Befragten, die ihr Weblog weniger als drei Monate führten, ist der Anteil noch höher und beträgt fast zwei Drittel. Diese ehemaligen Autoren geben auch in etwas höherer Zahl an, dass Bloggen sie zu viel Zeit kostete oder dass es zu wenig Rückmeldungen gab. Unter den Autoren mit längerer Erfahrung waren dagegen Bedenken, die eigene Privatsphäre öffentlich zu machen, zusammen mit dem Zeitaufwand das zweithäufigst genannte Motiv.

Wie im vorigen Abschnitt bereits beim Vergleich der Umfragedaten von 2004 und 2005 deutlich geworden ist, zeigt sich das Wachstum der Nutzerzahlen auch an Veränderungen in der Zusammensetzung der Mitglieder: Das Geschlechterverhältnis hat sich, bei ohnehin schon sehr ausgeglichenem Stand, weiter angenähert. In der Altersgruppe der Teenager, vor allem aber bei Personen über 36 Jahren gab es ein größeres Wachstum; hier liegt twoday.net auch knapp über den Vergleichszahlen anderer Anbieter. Unter den Motiven, ein Weblog zu führen, haben die eher außenorientierten Gründe gegenüber 2004 an Bedeutung gewonnen. Dennoch sind die führenden Motive weiterhin intrinsischer Art.

---

[149] Im Anschreiben mit der Bitte um Teilnahme wurden ausdrücklich auch Ex-Blogger als Zielgruppe der Umfrage genannt. Es ist jedoch davon auszugehen, dass viele dieser Personen nicht an der Studie teilgenommen haben und daher der wahre Anteil der Ex-Blogger an den registrierten twoday.net-Nutzern deutlich höher ist.

Tabelle 9: Motive für Aufgabe nach Alter des twoday.net-Weblogs (in %)

(n=82)	< 3 Monate	> 3 Monate
Ich habe einfach die Lust verloren	64	55
Bloggen war mir zu zeitaufwändig	38	30
Ich bekam kein Feedback auf mein Weblog	29	20
Ich musste das Weblog zeitlich begrenzt für Schule, Studium oder Beruf führen	26	25
Ich hatte Bedenken, meine Privatsphäre öffentlich zu machen	21	30
Ich hatte technische Schwierigkeiten	7	3
Es war mir zu teuer	2	3

Quelle: Umfrage „Wie ich blogge?!", Oktober 2005 – nur registrierte Mitglieder von twoday.net.

Das Wachstum von twoday.net äußert sich aber auch in einer Veränderung der sozialen Netzwerke, die mit Hilfe der Weblogs geknüpft werden. Allgemeine Erkenntnisse der Netzwerkforschung (s.o.) legen nahe, dass die Relationen in einem Netzwerk nicht gleichmäßig verteilt sind, wenn inkrementelles Wachstum und „preferential attachement" vorliegen. Vielmehr entstehen in solchen Fällen Cluster von Weblogs, die untereinander relativ eng verbunden sind, aber vergleichsweise wenige oder lockere Beziehungen zu anderen Teilen des Netzwerks besitzen, die noch dazu vorrangig über einige wenige zentrale Knoten verlaufen. In einer Analyse der twoday.net-Nutzerschaft konnte Schuster (2004) eine solche Struktur nachweisen und im Interview auch eine Erklärung für das „preferential attachement" geben – die Relationen von neu hinzukommenden Weblogs spiegeln zunächst vor allem bereits existierende soziale Beziehungen wider:

„Es gibt definitiv so etwas wie Subcommunities. Die sind manchmal größer, manchmal kleiner; manchmal bestehen sie kürzer, manchmal über einen längeren Zeitraum, und es gibt teilweise auch Verbindungen zwischen diesen Subcommunities, aber es ist meistens so: Einer bringt einen anderen zum Bloggen in seinem Freundeskreis, der bringt wieder jemanden mit und der wieder jemanden, die bilden dann schon so eine Subcommunity" (B4).

Für neu hinzukommende Weblogs wird es mit wachsender Größe der Nutzerschaft immer schwerer, eine zentrale Stellung in der Community zu erreichen, da die Chance auf Aufmerksamkeit (und mittelbar dadurch auch für soziale Beziehungen) immer mehr sinkt. Nur noch in seltenen Fällen gelingt es Nutzern, eine ähnliche hohe Sichtbarkeit zu erlangen, wie sie viele der Autoren aus der Frühphase von twoday.net haben – oft ist das auch gar nicht deren Ziel. Dadurch verändert sich das Bild, das twoday.net nach außen abgibt: Die vergleichsweise enge Gemeinschaft der „Geschichtenerzähler", die in der Anfangsphase nach innen wie außen prägend war, löst sich zwar nicht komplett auf (Knallgrau schätzt, dass etwa 80 % der Beta-Nutzer weiterhin ihr Weblog auf twoday.net

167

führen), wird aber durch zahlreiche „Micro-Communities" ergänzt. Dabei handelt es sich um kleinere, thematisch spezialisierten Netzwerke von Weblogs, die nicht auf eine plattformweite Sichtbarkeit angelegt sind, sondern vor allem das eigene soziale Umfeld bedienen:

„Relevanz entsteht durch Nähe, und im Endeffekt sind Katzenbilder von XY absolut nicht relevant, aber wenn der mein Bruder ist und Katzen sind sein wichtigstes Thema, dann ist es für mich relevant. Insofern wird Relevanz über Nähe bestimmt und deshalb nimmt das Bloggen in Zukunft ganz klar die Ausrichtung „Micro-Communities" mit meiner Familie und meinen fünf besten Freunde, da spielt sich das Thema ab, auch in Zukunft. Die, die bloggen um 10.000 Leser zu haben, das ist die Minderheit, das wird in Zukunft vielleicht 0,5 % der Blogger sein – sonst hätten wir nicht viele Blogger." (B3)

Angesichts dieser Differenzierung sozialer Netzwerke nach Größe und inhaltlichem Schwerpunkt denkt Knallgrau darüber nach, diejenigen Funktionen zu erweitern, die Formierung und Pflege von sozialen Netzwerken unterstützen.[150] Die Startseite hat zwischenzeitlich sowohl aus Sicht der befragten Autoren wie der Anbieter an Bedeutung verloren. Sie ist nicht mehr die zentrale Anlaufstelle, um sich über Aktualisierungen zu informieren, weil durch die Menge der Weblogs die Einträge auf der Startseite zu schnell durchwechseln und es unwahrscheinlich wird, dass man einzelne Personen wieder erkennt.[151] Die Bedeutung der Startseite liegt inzwischen eher darin, Ausgangspunkt für „Blogspaziergänge" zu sein, das heißt quasi zufällig Weblogs aufzurufen und so möglicherweise neue Seiten kennen zu lernen. Ihre Funktion hat sich also vom Erzeugen von Sichtbarkeit in einer überschaubaren Gruppe von Nutzern auf das eher willkürliche Lenken von Aufmerksamkeit geändert.

Dennoch besteht Bedürfnis von Seiten der Nutzer, über Aktualisierungen in anderen Weblogs benachrichtigt zu werden. Knallgrau plant daher die Integration eines RSS-Feed-Readers, über den andere Twoday-Weblogs und externe Quellen in das eigene Weblog eingebunden werden könnten. Dieses erhielte so den Status eines „Mikroportals", das die Beziehungen zu anderen Online-Seiten bündelt und übersichtlich darstellt. Letztlich würde twoday.net damit um Funktionen des Informations- und Beziehungsmanagements erweitert, die eine Selbstorganisation von Netzwerken unterstützen und die Tradition von Weblogs als dezentraler Technologie fortsetzen:

---

[150] In der oben erwähnten Weblog-Plattform der Telekom Austria sind solche Funktionen bereits enthalten.

[151] In Abhängigkeit von Wochentag und Tageszeit kann es passieren, dass ein aktualisierter Beitrag weniger als zehn Minuten auf der Startseite zu sehen ist, bevor er von neueren Beiträgen verdrängt wird.

„Weblogs haben viele Potenziale, historisch bestehen sie aus Einzelskripten, die sich in einer extrem heterogenen technischen Welt vernetzen müssen auf simpelste Weise. Das läuft über Blogrolls, RSS, auch Trackbacks. Das heißt, da ist ein irres Potenzial, sich selbst zu organisieren, das muss man einfach ausbauen, es aktivieren, es den Leuten einfacher machen, das zu machen. RSS wird auch irgendwann dieses Abo-System ablösen, das heißt, dass Du nicht nur intern abonnieren und Dich vernetzen kannst, sondern auch extern Deine Interessenslisten hast. (…) Es geht vor allem um die Vernetzung. Nicht einen zentralen Hub zu haben, sondern dieses Potenzial auszunutzen, dass die Leute untereinander sich vernetzen." (B1)

7.4 Zusammenfassung

Die Ergebnisse der Fallstudie zu twoday.net, die mit den theoretischen Konzepten aus Abschnitt 3 beschrieben wurde, zeigen Form und Konsequenzen von Praktiken des Bloggens sowie die Dynamik des Institutionalisierungsprozesses einer Weblog-Community. Ihre Nutzer bilden im Lauf der Aneignung des Mediums individuelle Routinen und Selbstverständnisse heraus, wobei sie auf Erfahrungen mit anderen Online-Medien und Vorbilder zurückgreifen können. Unterschiedliche Publikations-, Rezeptions- und Vernetzungsregeln bestimmen das Handeln als Autor oder Leser von Weblogs, wobei Aspekte des Informations-, des Identitäts- und des Informationsmanagements in Form von routinisierten Erwartungen und Erwartungserwartungen stabilisiert sind. Zwei Verwendungsweisen stechen aus den untersuchten Fällen hervor: Das Weblog als persönliches Journal sowie als Mittel für fachliche Information und Austausch. In beiden Fällen schätzen die Befragten an der Kommunikationsumgebung, dass sie weitgehende Kontrolle über die Art der präsentierten Inhalte erlaubt und den Kontakt mit anderen Personen erleichtert.

Weblogbasierte Netzwerke sind nicht auf die Plattform twoday.net beschränkt, sondern reichen darüber hinaus. Die twoday.net-Blogger schaffen hypertextuelle Netzwerke, die Weblogs und andere Online-Quellen einbeziehen, um über aktuelle fachliche oder persönliche Entwicklungen zu berichten. Darauf bauen soziale Netzwerke auf, die über die weblogbasierte Kommunikation hinausgehen und den Beteiligten Sozialkapital zur Verfügung stellen. Dies kann für so unterschiedliche Zwecke wie emotionale Unterstützung in privaten Krisensituationen, professionelles Wissensmanagement oder den Austausch von persönlichen Neuigkeiten mobilisiert werden. Es bildet auch die Grundlage für

Autorität und Einfluss innerhalb der Community und kann in Fällen von Regelverletzungen zur Konfliktregulierung eingesetzt werden.

In der Anfangsphase hat das rasche Wachstum von twoday.net die Bildung eines Kerns von Nutzern begünstigt, die über längere Zeit das Bild der Community nach außen geprägt haben und durchaus als Vorbild für neue Autoren galten. Inzwischen scheint ein Punkt erreicht, an dem das weitere Wachstum vor allem zu einer Differenzierung von kleineren Gemeinschaften führt, die nur partielle Sichtbarkeit haben. Die verantwortliche Agentur Knallgrau beobachtet diese Prozesse und plant, auf Veränderungen in der Zusammensetzung der Nutzer mit technischen Modifikationen zu reagieren, um soziale Prozesse zu beeinflussen. Besonderes Augenmerk gilt dabei der Bedienbarkeit für möglichst große Nutzerkreise mit unterschiedlichen Kompetenzen sowie der Unterstützung von Aufbau und Pflege sozialer Netzwerke.

8   Ausblick: Weblogs als „Social Software"

Eine kommunikationssoziologische Perspektive auf Weblogs sollte, so die These dieser Studie, besonderes Augenmerk auf die Praktiken ihres Gebrauchs legen, weil sie dadurch dem Wechselspiel zwischen situativer Aneignung im Handeln und überindividuellen Strukturen gerecht wird. Die Diffusion von Weblogs geht mit ihrer Institutionalisierung einher, das heißt die Nutzer entwickeln im Lauf der Zeit spezifische Routinen und Erwartungen für den Umgang mit dem Format. Diese verfestigen sich zu stabilen, von mehreren Personen geteilten Verwendungsregeln, die gewissermaßen als Richtlinien für den adäquaten Einsatz von Weblogs fungieren. Sie geben dem Nutzer einen Rahmen vor, durch welche Handlungen seine Gratifikationen mit einer gewissen Wahrscheinlichkeit erfüllt werden können, und sind gemeinsamer Nenner von Verwendungsgemeinschaften, also von Personengruppen, die sich des Formats auf ähnliche Art und Weise bedienen. Dabei greifen die Nutzer auch auf Erfahrungen mit anderen Formaten der computervermittelten Kommunikation zurück, übertragen also zum Beispiel Erwartungen und Regeln aus forumsbasierten Diskussionen oder aus der Pflege persönlicher Homepages.

Die Stabilisierung von Verwendungsweisen geschieht somit nicht im luftleeren Raum, sondern vor dem Hintergrund von Erfahrungen mit anderen Medienformaten und Kulturmustern. Es ist daher zwangsläufig eine „Normalisierung" von Weblogs zu erwarten, wie sie Singer (2005) für journalistische Weblog-Praktiken feststellt. Sobald Weblogs beispielsweise als Instrument der Organisations- oder der politischen Kommunikation eingesetzt werden, unterliegen sie der Logik dieser gesellschaftlichen Subsysteme; als Kanal des Onlinejournalismus sind sie mit organisatorisch verfestigten Mechanismen der Selektion und Produktion von Nachrichten konfrontiert, die eine starke Beharrungskraft haben. Der „lange Arm des real life" (Schönberger 2000) bewirkt, dass keine revolutionären Veränderungen stattfinden.

Dennoch bringen Weblogs eigene Elemente in diese Praktiken mit ein, eröffnen und erweitern also die Optionen, die dem Autor innerhalb institutionell relativ geschlossener Einsatzfelder zur Verfügung stehen. Die Herausbildung und Verfestigung von Weblog-Praktiken umfasst daher Tendenzen der Öffnung wie der Schließung, die in komplexer

Weise miteinander interagieren. Dieses spannungsreiche Verhältnis wird in den Selbstverständnis- und Abgrenzungsdiskursen deutlich, die kollektive Erwartungen und Bedenken an Weblogs formulieren sowie bestimmte Verwendungsweisen legitimer oder „richtiger" erscheinen lassen als andere. Sie tragen daher zu einer kollektiven Formierung von interpretativem Wissen bei, das als Bestandteil von Verwendungsregeln die individuellen Praktiken rahmt.

Aus der Diskussion der vorangegangenen Kapitel sollte deutlich geworden sein, dass eine wertende Zuschreibung, die Weblogs einzig als revolutionäres Werkzeug oder Ausdruck der Banalisierung öffentlicher Kommunikation sieht, die Konsequenzen ihrer Institutionalisierung nicht angemessen erfasst. Betrachtet man das Wechselspiel von technischen Optionen, routinisierten Verwendungsweisen und daraus resultierenden Netzwerken, lassen sich Weblogs vielmehr als Instrument des Identitäts-, Informations- und Beziehungsmanagements deuten, das in unterschiedlichen Situationen eingesetzt werden kann. In Bezug auf das *Identitätsmanagement* wurde gezeigt, dass Weblogs – wie andere Internetdienste auch – einen Einfluss auf die Selbstpräsentation und Identitätskonstruktion von Nutzern haben. Die Kontrolle über die Selbstdarstellung in einem Weblog unterstützt die Stabilisierung einer online dargestellten Identität, die in der Regel authentische Aspekte des Selbst widerspiegelt. Dabei müssen Autoren eine Balance zwischen Privatheit und Öffentlichkeit herstellen, die durch verschiedene technische Mechanismen unterstützt und für unterschiedliche Publika differenziert werden kann. Hierin liegen auch die Grenzen für das Leitbild der Authentizität, insbesondere wenn es mit Zwängen für eine stark kontrollierte Selbstdarstellung konfrontiert wird. Das Weblog einer öffentlichen Person, beispielsweise einem hochrangigen Experten oder einem politischen Mandatsträger, wird nur in Ausnahmefällen ähnlich umfassend persönlich sein, wie das eines als Privatperson auftretenden Autoren.

Das *Informationsmanagement* unterstützen Weblogs insbesondere dadurch, dass sie themenspezifische Öffentlichkeiten herstellen, die von unterschiedlicher Reichweite sein können. Die Aufmerksamkeit, die einzelnen Informationen zukommt, wird dabei sowohl durch individuelle Rezeptionsmechanismen als auch durch die (technisch unterstützte) Filterleistung der sozialen Netzwerke unterstützt. Letzteres verweist auf einen wichtigen Unterschied zu massenmedial hergestellten Öffentlichkeiten, die eine Prüfung der Relevanz von Informationen vor der Veröffentlichung vornehmen, während in der Blogosphäre die Selektion und Validierung von Argumenten in verteilten Konversationen, also erst nach der Veröffentlichung stattfindet. Zum Werkzeug des *Beziehungs-*

managements werden Weblogs schließlich durch die Förderung interpersonaler Kommunikation, in deren Verlauf sich hypertextuelle und
soziale Netzwerke herausbilden. Sie stellen dem Einzelnen Sozialkapital
zur Verfügung, das wiederum für Informationszwecke, Unterstützungsleistungen oder für die Stabilisierung von (Teil-)Identitäten mobilisiert
werden kann.

Aufgrund der hohen Dynamik des Untersuchungsfelds kann diese
Studie in vielen Bereichen nur beanspruchen, eine Momentaufnahme zu
liefern. An verschiedenen Stellen dieser Studie sind Forschungslücken
sichtbar geworden, die es in der nächsten Zeit zu schließen gilt. Dies
betrifft insbesondere Daten über Ausmaß, Wachstum und Zusammensetzung der Blogosphäre als Ganzes. Auch die wissenschaftliche Auseinandersetzung mit Form und Konsequenzen von Weblogs befindet
sich erst in den Anfängen, kann allerdings auf eine Vielzahl von Erkenntnissen aus den „New Media Studies" zurückgreifen. Klassische
kommunikationswissenschaftliche und soziologische Konzepte wie
Norm, Öffentlichkeit oder Netzwerk helfen uns dabei, die Unterschiede
und Gemeinsamkeiten im Gebrauch von Weblogs vergleichend zu
identifizieren.

Solche Vergleiche können sich verschiedener Methoden bedienen
(die in Abschnitt 2.3 skizziert wurden) und auf unterschiedlichen Analy-
seebenen ansetzen. Hier wurde der Versuch unternommen, den Einsatz
von Weblogs in der persönlichen, der journalistisch-politischen und der
Organisationskommunikation zu untersuchen. Diese Einteilung lässt jedoch Raum für Alternativen, indem beispielsweise die Differenzierung
unterschiedlicher „Sub-Praktiken" in den genannten Fällen thematisiert
wird oder zusätzliche Einsatzfelder untersucht werden (beispielsweise
indem Weblogs als Literaturform gedeutet werden). Die Institutionalisierung von Weblog-Praktiken konnte bei einem Anbieter nachgezeich-
net werden, doch es wäre wünschenswert, zusätzliche Fallstudien vorzunehmen, bei denen insbesondere auch der internationale Vergleich
berücksichtigt wird, also zum Beispiel kulturelle und institutionelle
Faktoren der jeweiligen Mediensysteme einbezogen werden, um Unterschiede und Gemeinsamkeiten zu erklären. In allen genannten Fällen
besteht Forschungsbedarf dahingehend, dass die Entwicklung von
Praktiken im Zeitverlauf untersucht werden sollte. Erst in Längsschnitt-
studien werden Dynamik und Dialektik von Stabilisierung und Wandel
der Nutzungsweisen sowie der daraus resultierenden Netzwerke vol-
lends sichtbar.

Schließlich ist die Rolle von Weblogs im weiteren Kontext der computervermittelten Kommunikation zu bestimmen. In den letzten Jahren

sind verschiedene weitere onlinegestützte Anwendungen des Informations-, Identitäts- und Beziehungsmanagements entstanden, die unter dem Begriff „Social Software" zusammengefasst werden können. Neben Weblogs sind hier zum Beispiel Wikis, kollaborative Verschlagwortungs- und Klassifikationssysteme oder Networking-Plattformen zu nennen, in denen die Nutzer Teile ihrer persönlichen und beruflichen Netzwerke explizit machen. Der Wert, den diese Anwendungen für den Einzelnen haben, steigt tendenziell mit der Anzahl anderer beteiligter Nutzer, die Informationen zur Verfügung stellen und für Interaktionen bereitstehen.[152] Sie basieren zudem auf einem anderen Prinzipien der Software-Architektur: Anstatt großer Versionssprünge und langer Entwicklungszyklen wird die Software in kleinen Schritten kontinuierlich weiter entwickelt und über offene Schnittstellen mit anderen Diensten gekoppelt; das Gesamtbild ähnelt „small pieces loosely joined" (Weinberger 2002). Viele dieser Programme werden nicht mehr auf dem eigenen Rechner installiert, sondern verlagern sich ins Internet; das World Wide Web könnte, so Prognosen, den Desktop-Computer als dominierende Informations- und Kommunikationsumgebung ablösen.[153]

Diese Entwicklungen verstärken den Trend zum „continuous computing" (Roush 2005) oder „ubiquitous computing" (Weiser 1991), worunter die technisch zunehmend bruchlose Integration von digitalen Geräten, Netzwerken und Software in den Lebensalltag der Menschen gemeint ist. Wir sind längst von einer „Informationswolke" umgeben, die durch immer ausgefeiltere und auf die Gestalt des eigenen sozialen Netzwerks angepasste Suchalgorithmen angezapft werden kann. Dadurch steigt einerseits die Möglichkeit, gezielt und kontextabhängig Informationen zu spezifischen Themen zu recherchieren und mit anderen Menschen in Kontakt zu treten, was die eigenen Handlungschancen steigert. Andererseits lassen sich dadurch aber auch Profile von Personen und ihren Interaktionen in bisher ungeahnter Detailfülle zusammentragen, was Szenarien der allgegenwärtigen Überwachung und des gläsernen Bürgers neue Nahrung gibt. Die Startseite einer zukünftigen Suchmaschine (vgl. Abbildung 10) mag uns zur Zeit noch amüsieren, doch angesichts der immensen Datenmengen, die Organisationen wie Google, Yahoo oder Microsoft bereits jetzt gespeichert haben, erscheint sie nicht völlig unplausibel.

---

[152] Dieses Prinzip ist kein ausschließliches Merkmal von Social Software, sondern gilt für zahlreiche Kommunikationstechnologien. Es wird auch als „Metcalfe's Law" bezeichnet (vgl. http://en.wikipedia.org/wiki/Metcalfe's_law).

[153] Obwohl Geschäftsmodelle und Ertragschancen oft noch unklar sind, bilden diese Entwicklungen inzwischen die Grundlage für Hoffnungen auf einen neuen kommerziellen Internet-Boom, der mit dem Schlagwort „Web 2.0" (vgl. O'Reilly 2005) umrissen wird.

Abbildung 10: Fiktiver Screenshot von „Google 2084"

Quelle: http://www.nytimes.com/imagepages/2005/10/10/opinion/1010opart.html.

Trotz der vorgeblichen Niederschwelligkeit von Anwendungen wie Weblogs oder Wikis existieren verschiedene Barrieren, die es unwahrscheinlich machen, dass alle Bevölkerungsteile gleichermaßen von den Potenzialen dieser Technologien profitieren. Social Software erweitert nur für diejenigen Personengruppen die Möglichkeiten des Handelns, die über bestimmte Ressourcen und Kompetenzen verfügen, darunter insbesondere kulturelle Techniken des Rezipierens, Sammelns, Gliederns und Aufbereitens der im Internet verfügbaren Informationsmengen im Licht der eigenen Interessen. Hier existieren weiterhin beträchtliche Unterschiede, die insbesondere mit dem formalen Bildungsgrad zusammenhängen.[154] Zudem stellt sich das grundsätzliche, in einschlägigen Diskussionen aber oft vernachlässigte Problem der ungleich innerhalb und zwischen Gesellschaften verteilten Zugangsmöglichkeiten zum Internet. Wenn die Teilhabe an oder der Ausschluss von neuen Infor-

---

[154] Bei Jugendlichen, die in mancher Hinsicht als Vorreiter der Aneignung neuer Kommunikationstechnologien gelten können, erweist sich der formale Bildungsgrad als zentraler Faktor für die Ausdifferenzierung unterschiedlicher Nutzungsweisen (vgl. Otto et al. 2005). Jugendliche mit höheren formalen Bildungsgrad zeichnen sich durch variablere Nutzungsweisen aus, die sie sich in stärkerem Maße selbstgesteuert, das heißt über Reflexionen und Dialog mit anderen Nutzern, aneignen.

mations- und Kommunikationstechnologien, für die keine äquivalenten Angebote in der Offline-Welt zur Verfügung stehen, über Lebenschancen einer Person bestimmt, wird die digitale Spaltung zu einem gesellschaftlichen Problem, das sich durch technische Innovationen eher noch verstärkt, als dass es gelindert wird.

Es ist nicht abzusehen, dass die Innovationsgeschwindigkeit des Internets in den nächsten Jahren abnehmen wird. Über die Folgen des technologischen Wandels entscheidet aber nicht die technische Machbarkeit per se, sondern die Integration in sozial bedeutungsvolle Praktiken und gesellschaftliche Strukturen. Insofern handelt es sich bei Weblogs wie bei anderen Anwendungen um Social Software in einem ganz grundsätzlichen Sinn. Ob und für wen der technische Fortschritt in diesem Bereich positive oder negative Konsequenzen hat, hängt maßgeblich von unseren Entscheidungen über den Einsatz ab – erst in der Aneignung durch Menschen realisieren sich die Potenziale des Internets.

Anhang

Methodik der eigenen Untersuchungen

Diese Studie stützt sich in Teilen auf zwei empirische Projekte, die der Verfasser im Lauf des Jahres 2005 durchgeführt hat: Die qualitativ orientierte Fallstudie des Weblog-Anbieters „twoday.net" sowie die quantitative Umfrage „Wie ich blogge?!", die Daten zur gesamten deutschsprachigen Blogosphäre erhob.

Fallstudie „twoday.net"

Die Fallstudie zur Weblog-Community „twoday.net" verband im Sinne der „Grounded Theory" (vgl. Strauss/Corbin 1990) Phasen der theoretisch-konzeptionellen Modellbildung und der Datenerhebung miteinander. Neben der kontinuierlichen Beobachtung von Kommunikationsprozessen auf twoday.net[155] führte der Verfasser im Zeitraum von Mitte Januar bis Ende Februar 2005 insgesamt elf leitfadengestützte Gespräche und eine Gruppendiskussion durch, die Grundlage von Kapitel 7 sind.[156] Die Gesprächspartner waren zum einen Mitarbeiter der Agentur „Knallgrau new media solutions GmbH", zum anderen Weblog-Autoren, die bei twoday.net als Nutzer registriert sind (vgl. Tabelle 10 und Tabelle 11). Die Auswahl und Befragung geschah in einem mehrstufigen Prozess: Zunächst wurden diejenigen Mitarbeiter von Knallgrau interviewt, die mit twoday.net betreut sind. Um die Weblog-Autoren zu kontaktieren, stellte Michael Schuster (Projektleiter von twoday.net) zu Beginn des Forschungsvorhabens eine Liste von 14 Weblogs zur Verfügung, die eine gewisse Sichtbarkeit und Zentralität in der Community besitzen. Die Autoren wurden vom Verfasser per Mail angeschrieben,

---

[155] Bisweilen nahm dies auch Züge einer teilnehmenden Beobachtung an, wenn ich Kommentare auf besuchten Weblogs hinterließ oder Beiträge in meinem eigenen Weblog über den Fortgang des Forschungsprojekts verfaßte.

[156] Vgl. grundsätzlich zur Methode der leitfadengestützten Interviews Meuser/Nagel 1991, 1994 sowie Flick 2000.

auf das Projekt hingewiesen und um ein Gespräch gebeten. Einige Personen zeigten kein Interesse oder antworteten erst gar nicht; zwei Autoren, die nicht in der ursprünglichen Liste genannt waren, wurden über das Weblog des Verfassers auf die Untersuchung aufmerksam und nahmen von sich aus Kontakt auf. Zusätzlich fand Anfang Februar eine Gruppendiskussion in den Räumlichkeiten von Knallgrau statt, für die Teilnehmer über die twoday.net-Homepage kontaktiert wurden.[157]

Tabelle 10: Interviewpartner Knallgrau

Nr	Name	Position
B1	Platzer, Matthias	Geschäftsführer Knallgrau
B2	Platzer, Michael	Gesamtprokurist Knallgrau
B3	Rappold, Dieter	Geschäftsführer Knallgrau
B4	Schuster, Michael	Projektleiter twoday.net

Tabelle 11: Interviewpartner Weblog-Autoren

Nr.	Name des Weblogs	URL-Präfix.twoday.net	Geschlecht & Alter	Art[a]
A1	Les Intimitées Louviennes	woelfin	W, 36 Jahre	FTF
A2	Mahalanobis	mahalanobis	M, *k.A.*	GI
A3	MichaelG´s collaboratives blogging-Lerntagebuch	mglerntbloggen	M, *k.A.*	GD
A4	Miss.understood	missunderstood	W, 29 Jahre	FTI
A5	*Nicht freigegeben*	*Nicht freigegeben*	M, 32 Jahre	E
A6	No comment	jupe	W, 30 Jahre	FTF, GI
A7	Omega News	omega	M, 57 Jahre	E
A8	PR-Blog-World	barbarella	W, 22 Jahre	I
A9	Wunder Alltag...	charlotte	W, 22 Jahre	E

[a] FTF: Face-to-Face Interview; GD: Gruppendiskussion; E: E-Mail-Interview

Die Gesprächspartner der Agentur Knallgrau wurden als professionelle Experten über die Entwicklung von twoday.net, betriebswirtschaftliche und programmiertechnische Aspekte sowie die weitere Entwicklung des Angebots befragt.[158] Bei den Autoren lag der Fokus auf der eigenen „Blogger-Biographie" inklusive dem Selbstverständnis, den individuellen Blogging-Routinen sowie der Einbindung in soziale Netzwerke in twoday.net und darüber hinaus. Der Gesprächsleitfaden wurde jeweils flexibel gehandhabt, um spontan aufkommende Gedanken aufgreifen und vertiefen zu können. In allen Fällen wurden die Gesprächspartner als Experten für das zu untersuchende Handlungsfeld der Weblog-Praktiken behandelt und mit dem Ziel befragt, ihr teilweise nur latent vorliegende Wissen über die eigenen Weblog-Praktiken manifest zu machen, um in der Gesamtschau der Gespräche überindividuelle Gemeinsam-

---

[157] Vgl. http://info.twoday.net/stories/487580/.
[158] Da die befragten Mitarbeiter von Knallgrau selbst auch Weblogs führen, veränderten sich allerdings gelegentlich die Rollen, aus denen heraus geantwortet wurde.

keiten und Unterschiede identifizieren zu können. Durch die Auswahl von Autoren, die unterschiedlich lange ein Weblog führen, konnte der Prozess der Formierung und Verbreitung von Handlungsmustern und Erwartungen aus verschiedenen Perspektiven beleuchtet werden. Dieses Vorgehen verleiht den Ergebnissen der Autoren-Interviews zwar keine Repräsentativität im statistischen Sinne, doch sie erscheinen als inhaltlich repräsentativ für verschiedene Praktiken des Bloggens, die sich auf der Plattform twoday.net finden.

Die Interviews mit den Knallgrau-Mitarbeitern sowie ein Teil der Gespräche mit den Nutzern wurden face-to-face geführt, als MP3-Datei mitgeschnitten und anschließend transkribiert. Mit vier Nutzern, die nicht in Wien leben, wurden E-Interviews durchgeführt.[159] Da kein voriger Kontakt zu den potenziellen Interviewpartnern bestand, waren in der Regel zwei oder drei E-Mails nötig, um über das Projekt und die Forschungsinteressen zu informieren sowie die Modalitäten des Gesprächs zu klären. Die eigentlichen Interviews fanden in der Regel in Cafés bzw. als Serie von drei bis sechs E-Mails statt, in denen einzelne Themenkomplexe mit mehreren offen formulierten Fragen angesprochen wurden. Beide Formen des leitfadengestützten Interviews bieten gegenüber einer standardisierten Befragung den Vorteil, dass sie sehr viel detailliertere und "reichere" Informationen ergeben.

Als große forschungspraktische Erleichterung des E-Interviews erwies sich, dass die Antworten der Gesprächspartner bereits elektronisch vorlagen und die zeitaufwändige Phase der Transkription entfiel. Je nach Ausführlichkeit der Antworten entsprechen die E-Interviews in etwa 30-45-minütigen face-to-face-Gesprächen. Die Tatsache, dass die Befragten bei den E-Interviews über ihre Antworten nachdenken konnten, stellt einen Vorteil dar: Der Reflexionsgrad ist höher, während der Verlust von Spontaneität (den Bampton/Cowton 2002 als mögliches Problem dieser Datenerhebungsmethode anführen) meine Erkenntnisinteressen nicht negativ beeinflusst. Da keine linguistischen Analysen geplant waren, stellte das Fehlen von nonverbalen Signalen (Körpersprache, parasprachliche Merkmale, etc.) keinen Nachteil dar.

---

[159] Grundsätzlich zur Methode des E-Interview siehe Bampton/Cowton 2002. Zitate aus den E-Mails wurden in ihrer ursprünglichen orthographischen Form belassen..

Umfrage „Wie ich blogge?!"

Im Oktober 2005 führte der Verfasser eine onlinegestützte Umfrage unter deutschsprachigen Weblog-Autoren und –Lesern durch. Die Ansprache geschah auf unterschiedlichen Wegen: In Kooperation mit den Weblog-Anbietern twoday.net und blogg.de wurden deren registrierte Nutzer per E-Mail angeschrieben und auf die Umfrage hingewiesen. Die Rücklaufquoten bei diesen beiden Teilgruppen liegen bei 8,2 Prozent (twoday.net) bzw. 14,6 Prozent (blogg.de). Am Ende des Fragebogens wurden die Teilnehmer gebeten, in ihrem eigenen Weblog (sofern vorhanden) einen Verweis auf die Umfrage zu setzen, um weitere Personen zu gewinnen. Dazu stand eine Grafik bereit, die entweder heruntergeladen oder mit Hilfe eines Abschnitts HTML-Code direkt in das eigene Weblog eingebunden werden konnte. Zusätzlich platzierten verschiedene Weblog-Anbieter (neben twoday.net und blogg.de auch sixapart.de, blog.de und blogigo.de) den Verweis auf die Umfrage auf ihren Startseiten.

Diese Art der Rekrutierung nach dem Schneeball-Prinzip war nötig, weil kein Gesamtverzeichnis aller Weblog-Autoren zur Verfügung steht und insbesondere auch Personen erreicht werden sollten, die ihr Weblog als Stand-alone-System führen. Der Hinweis auf die Umfrage verbreitete sich sehr schnell – in der ersten Oktoberwoche waren laut blogstats.de die Startseite des Fragebogens sowie eine Informationsseite im Weblog des Verfassers[160] die meist verlinkten Seiten in der deutschsprachigen Blogosphäre. Insgesamt riefen 11.565 Personen zumindest die Startseite der Umfrage auf, von denen 4.217 den Fragebogen vollständig ausfüllten. Zusätzlich wurden auch Antworten derjenigen Befragten mit einbezogen, die mindestens die ersten drei Fragebogenseiten beantwortet hatten, sodass der gesamte Datensatz 5.246 Personen umfasst (vgl. Tabelle 12).

Der Rücklauf pro Tag weist ein Muster auf, das sich von dem rein E-Mail-basierter Ankündigungen unterscheidet (vgl. Schmidt 2005b): Nach fünf Tagen war die Hälfte der gesamten Teilnehmerzahl erreicht, doch in der verbleibenden Zeit sank der Rücklauf nur sehr langsam und erst nach zwei Wochen hatten 75 Prozent der gesamten Stichprobe teilgenommen (vgl. Abbildung 11). Zum Vergleich: Bei den Teilgruppen, die per E-Mail eingeladen wurden, hatten schon nach zwei Tagen 75 Prozent der endgültigen Teilnehmerzahl den Fragebogen beantwortet.

Aufgrund der Kombination von E-Mail-basierter Einladung und Selbstrekrutierung kann die Umfrage als Ganzes keinen Anspruch auf

---

[160] Vgl. http://www.bamberg-gewinnt.de/wordpress/wieichblogge2005/.

statistische Repräsentativität erheben. Angesichts der Laufzeit, der Verbreitung des Hinweises und der Beteiligung verschiedener Anbieter erscheint es aber plausibel, dass ein Großteil der aktiven deutschsprachigen Blogosphäre von der Befragung Kenntnis erhalten hat. Die Ergebnisse werden daher in der vorliegenden Studie als Anhaltspunkte für Zusammensetzung und Einstellungen von deutschsprachigen Weblog-Autoren und –Lesern interpretiert, die nichtsdestoweniger durch weitere quantitative Erhebungen ergänzt werden müssen.

Tabelle 12: Rücklauf der Umfrage „Wie ich blogge?!" (Gesamt)

Anbieter	Anzahl	Kontakt	In Analyse	Rücklauf
twoday.net	11.916	1.149	980	8,2 %
blogg.de	659	107	96	14,6 %
Generelle Ankündigung	Nicht bestimmbar	10.309	4.170	Nicht bestimmbar
Gesamt	Nicht bestimmbar	11.565	5.246	Nicht bestimmbar

Abbildung 11: Rücklauf der Umfrage „Wie ich blogge?!" (pro Tag)

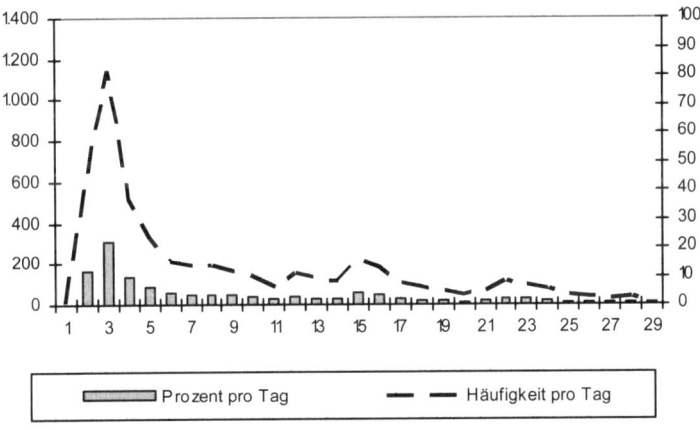

Abbildungs- und Tabellenverzeichnis

Literaturverzeichnis

Diese Arbeit stützt sich in vielen Bereichen auf Quellen, die im Internet verfügbar sind. Bei den Literaturangaben sind die Web-Adressen angegeben, unter denen die zitierten Dokumente bereit stehen. Die Bemerkung „Online verfügbar" bezieht sich auf Texte, die auch in Printform vorliegen. „Online-Publikation" verweist darauf, dass es sich um einen Beitrag aus einem Webangebot handelt, das nur im Internet bereitsteht. Soweit nicht anders angegeben, waren alle Angebote am 15.1.2006 online verfügbar.

21Publish (2005): Corporate Group Blogging. Building Business and Product Brands through Group Blogs and Blogging. Online-Publikation: http://www.21publish.com/skin/21Publish-GroupBlogging.pdf.

Abold, Roland (2005a): Wahlkampf in der Blogosphäre. Die Bedeutung von Weblogs im Vorfeld der Bundestagswahl 2005. BACES Discussion Paper, Nr.9. Bamberg. Online verfügbar: http://web.uni-bamberg.de/sowi/baces/Texte/Discussion%20Pap%209.pdf.

Abold, Roland (2005b): Weblogs im deutschen Bundestagswahlkampf 2005. Vortrag beim Workshop „Weblogs ´05", 16./17.11.2005, Linz. Online verfügbar: http://www.roland-abold.de/linz171105.ppt.

Adamic, Lada/Natalie Glance (2005): The political Blogosphere and the 2004 U.S. Election: Divided they blog. Vortrag beim "2nd Annual Workshop on the Weblogging Ecosystem: Aggregation, Analysis and Dynamics", 10.5.2005, Chiba. Online verfügbar: http://www.hpl.hp.com/research/idl/papers/politicalblogs/AdamicGlanceBlogWWW.pdf.

Adar, Eytan/Lada Adamic/Li Zhang/Rajan Lukose (2004): Implicit Structure and the Dynamics of Blogspace. HP Information Dynamics Lab. Online verfügbar: http://www.hpl.hp.com/research/idl/papers/blogs/blogspace-draft.pdf.

Alavi, Nasrin (2005): Wir sind der Iran. Köln.

Albrecht, Steffen/Maren Lübcke/Rasco Perschke/Marco Schmitt (2005): "Hier entsteht eine neue Internetpräsenz" – Weblogs im Bundestagswahlkampf 2005. In: Schmidt, Jan/Schönberger, Klaus/Stegbauer, Christian (Hrsg.): Erkundungen des Bloggens. Sozialwissenschaftliche Ansätze und Perspektiven der Weblogforschung. Sonderausgabe von kommunikation@gesellschaft, Jg. 6. Online-Publikation: http://www.soz.uni-frankfurt.de/K.G/F1_2005_Albrecht_Luebcke_Perschke_Schmitt.pdf.

Alphonso, Don/Kai Pahl (2004): Blogs! Text und Form im Internet. Berlin.

Altman, Irwin (1975): The Environment and Social Behavior. Privacy – Personal Space – Territory – Crowding. Monterey.

Altman, Irwin (1977): Privacy Regulation: Culturally Universal or Culturally Specific? In: Journal of Social Issues, Jg. 33, Nr. 3. S. 66-84.

Ausschnitt Medienbeobachtung (2005): MeinungsMonitoring. Bloggen für die Bundestagswahl. Berlin.

Bahrdt, Hans Paul (1961): Die moderne Großstadt. Soziologische Überlegungen zum Städtebau. Reinbek bei Hamburg.

Baker, Stephen (2005): The Lowdown on Podcasting. In: Business Week, 24.5.2005. Online verfügbar: http://www.businessweek.com/technology/content/may2005/tc20050524_9688_tc_211.htm.

Bampton, Roberta/Christopher J. Cowton (2002): The E-Interview. In: Forum Qualitative Sozialforschung, Jg. 3, Nr. 2, Mai 2002. Online-Publikation: http://qualitative-research.net/fqs-texte/2-02/2-02bamptoncowton-e.pdf.

Barabasi, Albert-Laszlo (2002): Linked. The new science of Networks. Cambridge.

Bar-Ilan, Judit (2005): Information hub blogs. In: Journal of Information Science, Jg. 31, Nr. 4, S.297-307.

Baumgartner, Peter (2005): Eine neue Lernkultur entwickeln: Kompetenzbasierte Ausbildung mit Blogs und E-Portfolios. In: Hornung-Prähauser, Veronika (Hrsg.): ePortfolio Forum Austria 2005. Salzburg. S. 33-38.

Baym, Nancy K. (2002): Interpersonal Life Online. In: Lievrouw, Leah/Sonia Livingstone (Hrsg.): Handbook of New Media. London. S. 62-76.

Beck, Klaus (2006): Computervermittelte Kommunikation im Internet. München.

Berger, Paul (2005): Is the British blogosphere lagging behind? In: Online Journalism Review, 17.11.2005. Online-Publikation: http://www.ojr.org/ojr/stories/051117berger/.

Berners-Lee, Tim (1998): Semantic Web Road map. Online-Publikation: http://www.w3.org/DesignIssues/Semantic.html.

Bijker, Wiebe (1995): Of bicycles, bakelites, and bulbs. Toward a theory of sociotechnical change. Cambridge.

Bijker, Wiebe/Thomas Hughes/Trevor Pinch (Hrsg.) (1987): The Social Construction of Technological Systems. New Directions in the Sociology and History of Technology. Cambridge, Mass.

Blackshaw, Pete (2005): Spamalot: Broadway Hit or Blog Epidemic?. In: ClickZ Experts, 18.10.2005. Online-Publikation: http://www.clickz.com/experts/brand/cmo/article.php/3556516.

Blood, Rebecca (2000): Weblogs: A History and Perspective. In: Rebecca's Pocket, 7.9.2000. Online-Publikation: http://www.rebeccablood.net/essays/weblog_history.html.

Blood, Rebecca (2002): The Weblog Handbook: Practical Advice on Creating and Maintaining Your Blog. Cambridge, MA.

Blood, Rebecca (2004): How Blogging Software reshapes the Online Community. In: Communications of the ACM, Jg. 47, Nr. 12, Dezember 2004. S. 53-55.

Böttger, Magdalena/Martin Röll (2004): Weblog Publishing as Support for Exploratory Learning on the World Wide Web. Vortrag bei der Konferenz „Cognition and exploratory learning in Digital Age", 15-17.12.2004, Lissabon. Online verfügbar: http://www.roell.net/publikationen/weblogs-exploratory-learning-celda04.pdf.

Bourdieu, Pierre (1983): Ökonomisches Kapital, kulturelles Kapital, soziales Kapital. In: Kreckel, Reinhard (Hrsg.): Soziale Ungleichheiten. Sonderband 2 der Sozialen Welt. Göttingen. S. 183-198.

Boyd, Danah (2001): Faceted Id/entity: Managing representation in a digital world. Cambridge, Mass.. Online verfügbar: http://www.danah.org/papers/Thesis.FacetedIdentity.pdf.

Braun, Sebastian (2001): Putnam und Bourdieu und das soziale Kapital in Deutschland. Der rhetorische Kurswert einer sozialwissenschaftlichen Kategorie. In: Leviathan, Jg. 29, Nr. 3, 2001, S. 337-354.

Brown, John S./Paul Duguid (1991): Organizational learning and communities-of-practice: Toward a unified view of working, learning, and innovation. In: Organization Science, Jg. 2, Nr. 1. S. 40-58.

Bucher, Hans-Jürgen/Steffen Büffel (2005): Vom Gatekeeper-Journalismus zum Netzwerk-Journalismus. Weblogs als Beispiel journalistischen Wandels unter den Bedingungen globaler Medienkommunikation. In: Blöbaum, Bernd/Armin Scholl (Hrsg.): Wandel im Journalismus. Wiesbaden. S. 85-121.

Burg, Thomas N. (Hrsg.) (2004): BlogTalks. Wien.

Burg, Thomas N. (Hrsg.) (2005): BlogTalks 2.0. Wien.

Burg, Thomas N./Doris Klepp/Christian Langreiter/Jan Schmidt/Markus Toyfl (2005): TechnologyLog. Unveröffentlicher Abschlußbericht eines Pilotprojekts für die Plattform Innovatives Österreich. Wien.

Burt, Ronald S. (1992): Structural holes. The social structure of competition. Cambridge, Mass.

Burt, Ronald S. (1999): The Social Capital of Opinion Leaders. In: Annals of the American Academy, Nr. 566, November 1999. S. 37-54.

Calvert, Clay (2000): Voyeur Nation. Media, Privacy, and Peering in Modern Culture. Boulder.

Castells, Manuel (2000): Materials for an exploratory theory of the network society. In: British Journal of Sociology, Jg. 51, Nr. 1, S. 5-24.

Castells, Manuel (2001): Das Informationszeitalter. Band 1: Der Aufstieg der Netzwerkgesellschaft. Opladen.

Charman, Suw (2005): Dark Blogs Case Study 01 - A European Pharmaceutical Group. Corante Research Report. Online-Publikation: http://www.suw.org.uk/files/Dark_Blogs_01_European_Pharma_Group.pdf.

Chesher, Chris (2005): Blogs and the crisis of authorship. Vortrag bei der Konferenz „Blogtalk Downunder", 19.-22.5.2005, Sydney. Online verfügbar: http://incsub.org/blogtalk/?page_id=40.

Claburn, Thomas (2005): Bloggers break Sony. In: Information Week, 16.11.2005. Online-Publikation: http://www.informationweek.com/story/showArticle.jhtml?articleID=174300636.

Coenen, Christopher (2005): Weblogs als Mittel der Kommunikation zwischen Politik und Bürgern – Neue Chancen für E-Demokratie? In: Schmidt, Jan/Schönberger, Klaus/Stegbauer, Christian (Hrsg.): Erkundungen des Bloggens. Sozialwissenschaftliche Ansätze und Perspektiven der Weblogforschung. Sonderausgabe von kommunikation@gesellschaft, Jg. 6. Online Publikation: http://www.soz.uni-frankfurt.de/K.G/B5_2005_Coenen.pdf.

Compaine, Benjamin (Hrsg.) (2001): The digital divide: facing a crisis or creating a myth? Cambridge, Mass.

Comscore Networks (2005): Behaviors of the Blogosphere: Understanding the Scale, Composition and Activities of Weblog Audiences. Reston, VA. Online verfügbar: http://www.comscore.com/blogreport/comScoreBlogReport.pdf

Cooley, Charles (1964): Human Nature and the Social Order. New York.

Copeland, Henry (2004): Blog reader survey. In: Blogads, 21.5.2004. Online-Publikation: http://blogads.com/survey/blog_reader_survey.html.

Cornfield, Michael/Jonathan Carson/Alison Kalis/Emily Simon (2005): Buzz, Blogs, and Beyond. The Internet and the National Discourse in the Fall of 2004. Preliminary Report, Pew Internet & American Life Project and BuzzMetrics. Online verfügbar: http://www.pewinternet.org/ppt/BUZZ_BLOGS__ BEYOND_Final05-16-05.pdf.

Crofts, Sheri/Jon Dilley/Mark Fox/Andrew Retsema/Bob Williams (2005): Podcasting: A new technology in search of viable business models. In: First Monday, Jg. 10, Nr. 9. Online-Publikation: http://firstmonday.org/issues/ issue10_9/crofts/.

Degele, Nina (2000): Informiertes Wissen. Eine Wissensoziologie der computerisierten Gesellschaft. Frankfurt am Main.

Degele, Nina (2002): Einführung in die Techniksoziologie. München.

Dennis, Brian M. (2004): On Webfeed Aggregators and Social Navigation. Vortrag beim „CSCW'04 Workshop on Social Networks", 6.-10.11.2004, Chicago. Online verfügbar: http://www.ischool.washington.edu/mcdonald/cscw04/papers/ Dennis-cscw04.pdf.

Dill, Stephen/Ravi Kumar/Kevin McCurley/Sridhar Rajagopalan/D. Sivakumar/Andrew Tomkins (2001): Self-similarity in the web. In: ACM Transactions on Internet Technology 2, Nr.3, S. 205–223. Online verfügbar: http://www.vldb.org/conf/2001/P069.pdf.

Donath, Judith/Dana Boyd (2004): Public displays of connection. In: BT Technology Journal, Jg. 22, Nr. 4, October 2004. S. 71-82.

Donath, Judith/Fernanda B. Viégas (2002): The Chat Circles Series: Explorations in designing abstract graphical communication interfaces. In: Proceedings of Designing Interactive Systems. 25.-28.Juni 2002. London. S. 359-369.

Döring, Nicola (2002): Personal Home Pages on the Web: A Review of Research. In: Journal of Computer-Mediated Communication, Jg. 7, Nr. 3. Online-Publikation: http://jcmc.indiana.edu/vol7/issue3/doering.html.

Döring, Nicola (2003): Sozialpsychologie des Internet. Die Bedeutung des Internet für Kommunikationsprozesse, Identitäten, soziale Beziehungen und Gruppen. 2. Auflage. Göttingen.

Döring, Nicola (2005): Mobile Weblogs. Chancen und Risiken im unternehmerischen Umfeld. In: Picot, Arnold/Tim Fischer (Hrsg.): Weblogs professionell. Grundlagen, Konzepte und Praxis im unternehmerischen Umfeld. Hannover. S. 191-212.

Drezner, Daniel W./Henry Farell (2004): The Power and Politics of Blogs. Paper presented at the 2004 American Political Science Association. Online verfügbar: http://www.danieldrezner.com/research/blogpaperfinal.pdf.

Dünne, Jörg (2004): Weblogs: Verdichtung durch Kommentar. In: Jörg Dünne/Dietrich Scholler/Thomas Stöber (Hrsg.): Internet und digitale Medien in der Romanistik: Theorie - Ästhetik - Praxis, Beiheft 2 von PhiN - Philologie im Netz. S. 35-65. Online verfügbar: http://www.fu-berlin.de/phin/beiheft2/b2t04.htm.

Eck, Klaus (2005): Boeings Blogger reagiert auf Kritik. In: PR Blogger, 12.4.2005. Online-Publikation: http://klauseck.typepad.com/prblogger/2005/04/boeings_blogger.html.

Eck, Klaus/Thomas Pleil (2005): Public Relations beginnt im vormedialen Raum. Weblogs als neue Herausforderung für das Issues Management. In: Picot, Arnold/Tim Fischer (Hrsg.): Weblogs professionell. Grundlagen, Konzepte und Praxis im unternehmerischen Umfeld. Hannover. S. 77-94.

Efimova, Lilia (2004): Discovering the iceberg of knowledge work: a weblog case. Proceedings of Fifth European Conference on Organizational Knowledge, Learning and Capabilities (OKLC04), Innsbruck, 2-3 April 2004. Online verfügbar: https://doc.telin.nl/dscgi/ds.py/Get/File-34786/OKLC_Efimova.pdf.

Efimova, Lilia/Aldo de Moor (2005): Beyond personal webpublishing: An exploratory study of conversational blogging practices. In: Proceedings of the Thirty-Eigth Hawaii International Conference on System Sciences (HICSS-38), 3-6 January 2005. Online verfügbar: https://doc.telin.nl/dscgi/ds.py/Get/File-44480/HICSS05_Efimova_deMoor.pdf.

Efimova, Lilia/Stephanie Hendrick/Anjo Anjewierden (2005): Finding „the life between buildings": an approach for defining a weblog community. Vortrag bei der „Internet Research 6.0: Internet Generations"-Konferenz, 5.-9. Oktober 2005, Chicago. Online verfügbar: https://doc.telin.nl/dscgi/ds.py/Get/File-55092/AOIR_blog_communities.pdf.

Eigner, Christian/Helmut Leitner/Peter Nausner/Ursula Schneider (2003): Online-Communities, Weblogs und die soziale Rückeroberung des Netzes. Graz.

Elias, Norbert (1939): Über den Prozess der Zivilisation. 2 Bände. Frankfurt.

Euro RSCG Magnet (2005): The Euro RSCG Magnet Survey of Media. Executive Summary. Online-Publikation: http://jackie.dvcotechnology.com/magnet_media/file.php/binaries/23/FinalDeck.pdf.

Feldman, Martha/Brian Pentland (2003): Reconceptualizing Organizational Routines as a Source of Flexibility and Change. In: Adminstrative Science Quarterly, Nr. 48, S. 94-118.

Fiedler, Sebastian (2003): Personal Webpublishing as a reflective conversational tool for self-organized learning. In: Burg, Thomas N. (Hrsg.): BlogTalks. Wien. S. 197-216.

Fischer, Tim (2005): Die Entwicklung von Weblog Issues am Beispiel des Klingeltonanbieters Jamba. In: Picot, Arnold/Tim Fischer (Hrsg.): Weblogs professionell. Grundlagen, Konzepte und Praxis im unternehmerischen Umfeld. Hannover. S. 247-252.

Fittkau & Maaß (2005): Weblogs – ein überschätztes Phänomen. Presseinformation zur 21. WWW-Benutzer-Analyse W3B. Hamburg. Online verfügbar: http://www.fittkaumaass.com/download/W3B21_Studie_Weblog.pdf.

Fjaervik, Steffen (2005): Blogger Gets the Top Spot. In: eMedia Tidbits, 18.11.2005. Online-Publikation: http://www.poynter.org/column.asp?id=31&aid=92396.

Flick, Uwe (2000): Qualitative Forschung. Theorie, Methoden, Anwendung in Psychologie und Sozialwissenschaften. 5. Auflage. Reinbek bei Hamburg.

Foley, John (2005): The Weblog Question. In: Information Week, 31.1.2005. Online verfügbar: http://www.informationweek.com/story/showArticle.jhtml?articleID =59100462.

Franz, Julia (2005): Praktiken des Bloggens im Spannungsfeld von Demokratie und Kontrolle. In: Schmidt, Jan/Schönberger, Klaus/Stegbauer, Christian (Hrsg.): Erkundungen des Bloggens. Sozialwissenschaftliche Ansätze und Perspektiven der Weblogforschung. Sonderausgabe von kommunikation@gesellschaft, Jg. 6. Online-Publikation: http://www.soz.uni-frankfurt.de/K.G/B6_2005_Franz.pdf.

Früh, Werner (2004): Inhaltsanalyse: Theorie und Praxis. 5. Auflage. Konstanz.

Garstka, Hansjürgen (2003): Informationelle Selbstbestimmung und Datenschutz. Das Recht auf Privatsphäre. In: Schulzki-Haddouti, Christiane (Hrsg.): Bürgerrechte im Netz. Schriftenreihe der Bundeszentrale für politische Bildung, Band 382. Bonn. S. 48-70.

Gasson, Susan (2005): The dynamics of sensemaking, knowledge, and expertise in collaborative, boundary-spanning design. In: Journal of Computer-Mediated Communication, Jg. 10, Nr. 4. Online-Publikation: http://jcmc.indiana.edu/ vol10/issue4/gasson.html.

Gebhardt, Julian (2001): Inszenierung und Verortung von Identität in der computervermittelten Kommunikation. Rahmenanalytische Überlegungen am Beispiel des „Online-Chat". In: kommunikation@gesellschaft, Jg. 2, 2001, Beitrag 7. Online-Publikation: http://www.soz.uni-frankfurt.de/K.G/B7_2001_ Gebhardt.pdf.

Giddens, Anthony (1988): Die Konstitution der Gesellschaft. Frankfurt/New York.

Gill, Kathy E. (2004): How can we measure the influence of the Blogosphere? Vortrag bei der "WWW2004 conference", 17-22.5.2004, New York. Online verfügbar: http://faculty.washington.edu/kegill/pub/www2004_blogosphere_ gill.pdf.

Gillmor, Dan (2004): We the Media. Sebastopol, CA.

Glaser, Mark (2005): Did London bombings turn citizen journalists into citizen paparazzi? In: Online Journalism Review, 12.7.2005. Online-Publikation: http://www.ojr.org/ojr/stories/050712glaser/.

Glock, Friedrich (2003): Design Tools and Framing Practices. In: Computer Supported Cooperative Work, Nr. 12. S. 221-239.

Goffman, Erving (1976): Wir alle spielen Theater. Die Selbstdarstellung im Alltag. 3. Auflage. München.

Goffman, Erving (1977): Rahmen-Analyse. Ein Versuch über die Organisation von Alltagserfahrungen. Frankfurt.

Goggin, Gerad (2005): ‚Have fun and change the world': Moblogging, Mobile Phone Culture and the Internet. Vortrag bei der Konferenz „BlogTalk Downunder", 20.-21.5.2005, Sydney. Online verfügbar: http://incsub.org/blogtalk/ ?page_id=119.

Gorny, Eugene (2004): Russian LiveJournal: National specifics in the development of a virtual community. Online-Publikation: http://www.ruhr-uni-bochum.de/ russ-cyb/library/texts/en/gorny_rlj.pdf.

Granovetter, Mark (1973): The strength of weak ties. In: American Journal of Sociology, Vol. 78, S. 1360-1380.

Grassmuck, Volker (2004): Freie Software. Zwischen Privat- und Gemeineigentum. 2. Auflage. Bonn. Online verfügbar: http://freie-software.bpb.de/.

Green, Sandra (2004): Individualisierung und Wissensarbeit. Individualisierungsprozesse in Unternehmen und ihre Auswirkungen am Beispiel der Personalorganisation. Wiesbaden.

Gruhl, Daniel/Ramanathan Guha/David Liben-Nowell/Andrew Tomkins (2004): Information Diffusion through Blogspace. In: Proceedings of the 13th International World Wide Web Conference, Mai 2004. New York. S. 491-501. Online verfügbar: http://theory.lcs.mit.edu/~dln/papers/blogs/idib.pdf.

Grunwald, Achim/Gerhard Banse/Christopher Coenen/Leonhard Hennen (2005): Internet und Demokratie. Endbericht zum TA-Projekt ,Analyse netzbasierter Kommunikation unter kulturellen Aspekten'. Arbeitsbericht des Büros für Technikfolgen-Abschätzung beim Deutschen Bundestag, Nr. 100. Berlin.

Gumbrecht, Michelle (2004): Blogs as „Protected Space". Vortrag bei der World Wide Web Conference, 17-22.4.2004, New York. Online verfügbar: http://www.blogpulse.com/papers/www2004gumbrecht.pdf.

Gurak, Laura/Smiljana Antonijevic/Laurie Johnson/Clancy Ratliff/Jessica Reyman (Hrsg.) (2004): Into the Blogosphere. Rhetoric, Community, and Culture of Weblogs. Online-Publikation: http://blog.lib.umn.edu/blogosphere/.

Haas, Tanni (2005): From "Public Journalism" to the "Public's Journalism"? Rhetoric and reality in the discourse on weblogs. In: Journalism Studies, Jg. 6, Nr. 3, 2005. S. 387-396.

Habermas, Jürgen (1968): Strukturwandel der Öffentlichkeit. Neuwied.

Haeusler, Johnny (2005): Spreeblick Verlag KG gegründet. In: Spreeblick, 11.6.2005. Online-Publikation: http://www.spreeblick.com/2005/06/11/spreeblick-verlag-kg-gegrundet/.

Hagel, John III/Arthur G. Armstrong (1997): Net Gain – Profit im Netz. Märkte erobern mit virtuellen Gemeinschaften. Wiesbaden.

Halverson, Christine A. (2004): The Value of Persistence: A study of the creation, ordering and use of conversation archives by a knowledge worker. In: Proceedings of the 37th Hawaii International Conference on System Sciences. Online verfügbar: http://csdl.computer.org/comp/proceedings/hicss/2004/2056/04/205640108a.pdf.

Hargittai, Eszter (2005): Re: an Ess-ian Q: when does the personal becomes public? Beitrag zur "AIR-L"-Mailingliste, 5.9.2005. Online verfügbar: http://listserv.aoir.org/pipermail/air-l-aoir.org/2005-September/008384.html.

Hasse, Raimund/Josef Wehner (1997): Vernetzte Kommunikation. Zum Wandel strukturierter Öffentlichkeit. In: Becker, Barbara/Michael Paetau (Hrsg.): Virtualisierung des Sozialen. Die Informationsgesellschaft zwischen Fragmentierung und Globalisierung. Frankfurt. S. 53-80.

Haußer, Karl (1995): Identitätspsychologie. Berlin.

Haythornthwaite, Caroline (2005): Introduction: Computer Mediated Collaborative Practices. In: Journal of Computer Mediated Communication, Jg. 10, Nr. 4, Beitrag 11. Online-Publikation: http://jcmc.indiana.edu/vol10/issue4/haythornthwaite.html.

Heer, Jeffrey/Danah Boyd (2005): Vizster. Visualizing Online Social Networks. Vortrag beim „IEEE Symposium on Information Visualization 2005", 23.-25.10.2005, Minneapolis. Online verfügbar: http://jheer.org/publications/2005-Vizster-InfoVis.pdf.

Heintz, Bettina (2004): Emergenz und Reduktion. Neue Perspektiven auf das Mikro-Makro-Problem. In: Kölner Zeitschrift für Soziologie und Sozialpsychologie. Jg. 56, Nr. 1. S. 1-31.

Heiss, Silke F. (2004): Personale und interpersonale Faktoren für die Wissenskommunikation in Communities of Practice. In: Reinhardt, Rüdiger/Martin J. Eppler (Hrsg): Wissenskommunikation in Organisationen. Methoden, Instrumente, Theorien. Berlin u. a. S. 157-176.

Heltsche, Maren (2005): Blogs im Dienst politischer Kommunikation. In: politik-digital.de, 20.10.2005. Online-Publikation: http://www.politik-digital.de/edemocracy/wahlkampf/bundestagswahl05/ausschnittwahlblogs051020.shtml.

Hepp, Andreas (2004): Netzwerke der Medien. Medienkulturen und Globalisierung. Wiesbaden.

Herring, Susan/Inna Kouper/Lois Ann Scheidt/Elijah Wright (2004b): Women and children last: The discursive construction of weblogs. In: Gurak, Laura/Smiljana Antonijevic/Laurie Johnson/Clancy Ratliff/Jessica Reyman (Hrsg.): Into the Blogosphere. Rhetoric, Community, and Culture of Weblogs. Online-Publikation: http://blog.lib.umn.edu/blogosphere/women_and_children.html.

Herring, Susan/Lois Scheidt/Sabrina Bonus/Elijah Wright (2004a): Bridging the Gap. A genre analysis of Weblogs. Vortrag bei der "37th Hawaii International Conference on System Sciences", 5.-8.1.2004, Hawaii. Online verfügbar: http://www.ics.uci.edu/~jpd/classes/ics234cw04/herring.pdf.

Hewitt, Hugh (2005): Blog. Understanding the information reformation that's changing your world. Nashville.

Hienzsch, Ulrich/Elizabeth Prommer (2004): Die Dean-Netroots - Die Organisation von interpersonaler Kommunikation durch das Web. In: Hasebrink, Uwe/Lothar Mikos/Elizabeth Prommer (Hrsg.): Mediennutzung in konvergierenden Medienumgebungen. München. S. 147-172.

Hiler, John (2002a): Google Loves Blogs. How Weblogs influence a Billion Google Searches a week. In: Microcontent News, 26.2.2002. Online-Publikation: http://www.microcontentnews.com/articles/googleblogs.htm.

Hiler, John (2002b): Google Time Bomb. Will Weblogs blow up the world's favorite search engine? In: Microcontent News, 3.3.2002. Online-Publikation: http://www.microcontentnews.com/articles/googlebombs.htm.

Hitzler, Roland/Anne Honer/Christoph Maeder (Hrsg.) (1994): Expertenwissen - Die institutionalisierte Kompetenz zur Konstruktion der Wirklichkeit. Opladen.

Hoffmann, Marcel/Kai-Uwe Loser/Thomas Herrmann (2001): Organisatorisches Wissensmanagement. In: Schwabe, Gerhard/Norbert Streitz/Rainer Unland (Hrsg.): CSCW-Kompendium. Lehr- und Handbuch zum computerunterstützten kooperativen Arbeiten. Berlin u. a.. S. 476-483.

Hoffmann, Nicole (2006): Von mobilen Logbüchern und vermeintlichen Ja-Sagern. Das world wide web als Ort mobiler Wissenskonstruktion und –subversion. In: Gebhardt, Winfired/Ronald Hitzler (Hrsg.): Nomaden, Vagabunden oder Flaneure? Wissensformen und Denkstile der Gegenwart. Wiesbaden. Im Druck.

Höflich, Joachim R. (1996): Technisch vermittelte interpersonale Kommunikation. Grundlagen organisatorischer Medienverwendung, Konstitution „elektronischer Gemeinschaften". Opladen.

Höflich, Joachim R. (1997): Zwischen massenmedialer und technisch vermittelter Kommunikation – der Computer als Hybridmedium und was die Menschen damit machen. In: Beck, Klaus/Gerhard Vowe (Hrsg.): Computernetze – ein Medium öffentlicher Kommunikation? Berlin. S. 85-104.

Höflich, Joachim R. (2003): Mensch, Computer und Kommunikation: Theoretische Verortungen und empirische Befunde. Frankfurt a.M.

Huffaker, David A./Sandra L. Calvert (2005): Gender, Identity, and Language Use in Teenage Blogs. In: Journal of Computer-Mediated Communication, Jg. 10, Nr. 2. Online-Publikation: http://jcmc.indiana.edu/vol10/issue2/huffaker.html.

Ito, Joichi (2004): Weblogs und Demokratieentwicklung. Tokio. Online-Publikation: http://joi.ito.com/static/emergent_democracy_de.pdf.

Jadin, Tanja/Bernad Batinic (2005): Weblog im Einsatz bei Online-Gruppenarbeiten. Ein effektives Lernwerkzeug? Vortrag beim Workshop „Weblogs ´05", 16./17.11.2005, Linz. Online verfügbar: http://www.elearning.jku.at/dateien/jadin/Vortrag_Weblog05.pdf.

Jankowski, Nicholas W. (2002): Creating Community with Media: History, Theories and Scientific Investigations. In: Lievrouw, Leah; Livingstone, Sonia (Hrsg.) (2002): Handbook of New Media. London. S. 34-49.

Jankowski, Nicholas/Ole Prehn/James Stappers (Hrsg.) (1992): The people's voice. Local radio and television in Europe. London.

Jansen, Dorothea (2003): Einführung in die Netzwerkanalyse. 2. Auflage. Opladen.

Jarren, Otfried/Kurt Imhof/Roger Blum (Hrsg.) (2000): Zerfall der Öffentlichkeit? Wiesbaden.

Johnson, Bobbie (2005): The mum, the nanny, her blog and some others. In: Guardian Unlimited Technology Blog. 20.7.2005. Online-Publikation: http://blogs.guardian.co.uk/technology/archives/2005/07/20/the_mum_the_nanny_her_blog_and_some_others.html.

Kahn, Richard/Douglas Kellner (2004): New media and internet activism: from the „Battle of Seattle" to blogging. In: New Media & Society, Jg. 6, Nr. 1. S. 87-95.

Kaiser, Stephan/Gordon Müller-Seitz (2005a): Knowledge Management via a Novel Information Technology – The Case of Corporate Weblogs. In: Journal of Universal Computer Science, Special Issue: Proceedings of I-Know ´05: 5th International Conference on Knowledge Management, S. 465-473.

Kaiser, Stephan/Gordon Müller-Seitz (2005b): Unleashing Passion for Knowledge – Examining Weblogs as a Communication Technology to Foster Organizational Knowledge and Learning. Vortrag bei der "6th International Conference on Organizational Learning and Knowledge", 9.-11.6.2005, Trento.

Kantel, Jörg (2002): Archäologie des Bloggens. In: Texte zur Wirtschaft. 25.9.2002. Online-Publikation: http://www.tzw.biz/www/home/article.php?p_id=2028.

Katz, Elihu/Lazarsfeld Paul F. (1955): Personal Influence. The Part Played by People in the Flow of Mass Communication. Glencoe.

Kausch, Martina (2005): Weblogs in der Wahlkampagne der SPD am Beispiel der WebSozis. Vortrag beim Workshop „Weblogs ´05", 16./17.11.2005, Linz.

Kesmodel, David (2005): „Splogs" Roil Web, and Some Blame Google. In: Wall Street Journal Online, 19.10.2005. Online-Publikation: http://online.wsj.com/ public/article/SB112968552226872712-h37m_ YUT3BqCvLRfhl6rqzKObnE_20061019.html.

Kilchmann, Esther (2004): „Ich bin nur ein fiktionaler Charakter, hey?". Frankfurter Allgemeine Zeitung, 16.07.2004, Nr. 163, S. 40.

Koh, Andy/Alvin Lim/Ng Ee Soon/Benjamind H. Detenber/Mark Cenite (2005): Ethics in Blogging. Bericht der School of Communication and Information, Nanyang Technogical University, Singapur. Online-Publikation: http://weblogethics.blogspot.com/2005/07/ethics-in-blogging-2005.html.

Kottke, Jason (2003): Weblogs and Power Laws. In: Kottke.org, 9.2.2003. Online-Publikation: http://www.kottke.org/03/02/weblogs-and-power-laws.

Kozlov, Slava (2004): Achieving Privacy in Hyper-Blogging Communities: Privacy Management for Ambient Intelligence. Vortrag beim Workshop „WHOLES. A Multiple View of Individual Privacy in a Networked World", 30-31.01.2004, Stockholm. Online verfügbar: http://www.sics.se/privacy/wholes2004/papers/ kozlov.pdf.

Kuhn, Martin (2005): C.O.B.E: A Proposed Code of Blogging Ethics. Online-Publikation: http://rconversation.blogs.com/COBE-Blog%20Ethics.pdf.

Kumar, Ravi/Jasmine Novak/Prabhakar Raghavan/Andrew Tomkins (2004): Structure and evoultion of Blogspace. In: Communications of the ACM, Jg. 47, Nr. 12. S. 35-39.

Lassica, JD (2003): What is Participatory Journalism? Online Journalism Review, 7.8.2003. Online-Publikation: http://www.ojr.org/ojr/workplace/ 1060217106.php.

Lau, Jörg (2005): In Weblogistan. In: Die ZEIT, 16.6.2005. S. 42.

Lave Jean/Wenger Etienne (1991), Situated Learning – Legitimate Peripheral Participation, Cambridge.

Lenhart, Amanda/Mary Madden (2005): Teen Content Creators and Consumers. „Pew Internet & American Life Project" research report. Washington. Online verfügbar: http://www.pewinternet.org/pdfs/PIP_Teens_Content_ Creation.pdf.

Lievrouw, Leah (2002): Determination and Contingency in New Media Development: Diffusion of Innovations and Social Shaping of Technology Perspectives. In: Lievrouw, Leah/Sonia Livingstone (Hrsg.): Handbook of New Media. London. S. 183-199.

Lievrouw, Leah A./Sonia Livingstone (2002): The social shaping and consequences of ICTs. In: Dies. (Hrsg.): Handbook of new media. Social shaping and consequences of ICTs. London. S. 1-15.

Lin, Nan (1999): Building an Network Theory of Social Capital. In: Connections, Jg. 22, Nr. 1. S. 28-51.

Lorenz-Meyer, Lorenz (2005): Trendanalyse: Wie werden sich die digitale Medienszene und der klassische Journalismus entwickeln? In: Netzwerk Recherche (Hrsg): Online-Journalismus. Chancen, Risiken und Nebenwirkungen der Internet-Kommunikation. Wiesbaden. S. 43-49.

Lübcke, Maren/Rasco Perschke (2004): Communication Networks: Developing a new framework for describing and analysing online-communication. Vortrag bei der „RC33 Sixth International Conference on Social Science Methodology", 16-20.8.2004. Amsterdam.

Lueg, Christopher/Danyel Fisher (Hrsg.): From Usenet to CoWebs. Interacting with Social Information Spaces. London.

LVZ (2005): „Pseudojournalismus". In Leipziger Volkszeitung, 22.9.2005. Online verfügbar: http://www.lvz-online.de/lvz-heute/8202.html.

Lyons, Daniel (2005): Attack of the Blogs. In: Forbes Magazine, 14.11.2005. Online verfügbar: http://www.forbes.com/forbes/2005/1114/128_print.html.

Machilek, Franz/Astrid Schütz/Bernd Marcus (2004): Selbstdarsteller oder Menschen wie du und ich? Intentionen und Persönlichkeitsmerkmale von Homepagebesitzer/innen/n. In: Zeitschrift für Medienpsychologie, Jg. 16, Nr. 3, S. 88-98.

Machill, Marcel/Christoph Neuberger/Wolfgang Schweiger/Werner Wirth (2003): Wegweiser im Netz: Qualität und Nutzung von Suchmaschinen. In: Machill, Marcel/Carsten Welp (Hrsg.): Wegweiser im Netz. Qualität und Nutzung von Suchmaschinen. Gütersloh. S. 13-490.

MacKinnon, Rebecca (2005): Conference Report: Blogging, Journalism & Credibility. Battleground and Commom Ground. 21./22. Januar 2005, Harvard University. Online-Publikation: http://cyber.law.harvard.edu:8080/webcred/wp-content/webcredfinalpdf_01.pdf.

Maier, Ronald (2004): Knowledge Management Systems. Information and Communication Technologies for Knowledge Management. Berlin.

Malhotra, Arvind/Ann Majchrzak (2004): Enabling knowledge creation in far-flung teams: best practices for IT support and knowledge sharing. In: Journal of Knowledge Management, Jg. 8, Nr. 4. S. 75-88.

Malsch, Thomas/Christoph Schlieder (2002): Communication without Agents? From Agent-Oriented to Communication-Oriented Modeling. In: Lindemann, Gabriela/Daniel Moldt/Mario Paolucci (Hrsg.): Regulated Agent-Based Social Systems: First International Workshop, RASTA 2002. Berlin/Heidelberg. S. 113-133.

Mansell, Robin/Roger Silverstone (Hrsg.) (1996): Communication by Design. The politics of information and communication technologies. Oxford.

Marlow, Cameron (2005): The structural determinants of media contagion. Boston.

Marr, Mirko (2004): Wer hat Angst vor der digitalen Spaltung? Zur Haltbarkeit des Bedrohungsszenarios. In: Medien & Kommunikationswissenschaft, Jg. 52, Nr. 1, 2004. S. 76-94.

Matheson, Donald (2004): Weblogs and the epistemology of the news: some trends in online journalism. In: New Media & Society, Jg. 6, Nr. 4. S. 443-468.

Matzat, Uwe (2003): Cooperation and Community on the Internet. Past Issues and Present Perspectives for theoretical-empirical research. In: Analyse & Kritik, Jg. 26, Nr. 1. S. 63-90. Online verfügbar: http://www.tue-tm-soc.nl/users/matzat/matzat-2004-analyse-kritik.pdf.

Mayer-Uellner, Robert (2003): Das Schweigen der Lurker. Politische Partizipation und soziale Kontrolle in Online-Diskussionsforen. München.

McKenna, Katelyn/John Bargh (1998): Coming out in the age of the Internet: Identity ,demarginalization' from virtual group participation. In: Journal of Personality and Social Psychology. Jg. 75, Nr. 3. S. 681-694.

McNeill, Laurie (2003): Teaching an old genre new tricks: The diary on the Internet. In: Biography, Jg. 26, Nr. 1. S. 24-47.

Mead, George Herbert (1968): Geist, Identität und Gesellschaft. Frankfurt am Main.

Meuser, Michael/Ulrike Nagel (1991): ExpertInneninterviews – vielfach erprobt, wenig bedacht. Ein Beitrag zur qualitativen Methodendiskussion. In: Garz, Detlev/Klaus Kraimer (Hrsg.): Qualitativ-empirische Sozialforschung. S. 441-468. Opladen.

Meuser, Michael/Ulrike Nagel (1994): Expertenwissen und Experteninterview. In: Hitzler, Roland/Anne Honer/Christoph Maeder (Hrsg.): Expertenwissen. Opladen. S. 180-192.

Miller, Carolyn R./Dawn Sheperd (2004): Blogging as social action: A genre analysis of the Weblog. In: Gurak, Laura/Smiljana Antonijevic/Laurie Johnson/Clancy Ratliff/Jessica Reyman (Hrsg.): Into the blogosphere: Rhetoric, community, and culture of weblogs. Online-Publikation: http://blog.lib.umn.edu/blogosphere/blogging_as_social_action_a_genre_analysis_of_the_weblog.html.

Misoch, Sabina (2004): Identitäten im Internet. Selbstdarstellung auf privaten Homepages. Konstanz.

Möller, Erik (2005): Die heimliche Medienrevolution. Wie Weblogs, Wikis und freie Software die Welt verändern. Hannover.

Morner, Michèle (2003): The emergence of open-source software projects: How to stabilize self-organizing processes in emergent systems. In: Hernes, Tore/Tor Bakke (Hrsg.): Autopoietic organizational theory: Drawing on Niklas Luhmann's social systems perspective. Oslo. S. 259-271.

Mortensen, Torill/Jill Walker (2002): Blogging thoughts: personal publication as an online research tool. In: Morrison, Andrew (Hrsg.): Researching ICTs in context. Intermedia Report 3/2002, University of Oslo. Oslo. S. 249-279. Online verfügbar: http://www.intermedia.uio.no/konferanser/skikt-02/docs/Researching_ICTs_in_context-Ch11-Mortensen-Walker.pdf.

Münch, Richard/Jan Schmidt (2005): Medien und sozialer Wandel. In: Jäckel, Michael (Hrsg.): Lehrbuch der Mediensoziologie. Opladen. S.201-218.

N24 (2005): US-Armee erlaubt Soldaten-Weblogs. Meldung vom 14.6.2005. Online verfügbar:
http://www.n24.de/wirtschaft/multimedia/index.php/n2005061415211700002.

Nardi, Bonnie A./Diane J. Schiano/Michelle Gumbrecht/Luke Swartz (2004): Why we Blog. In: Communications of the ACM, Jg. 47, Nr. 12, December 2004. S. 41-46.

Neuberger, Christoph (2003): Google, Blogs & Newsbots. Mediatoren der Internetöffentlichkeit. Vortrag beim Kongreß „Strukturwandel der Öffentlichkeit 2.0 – Mediendemokratie = Medien + Demokratie?", Dezember 2003, Berlin. Online verfügbar: http://www.bpb.de/files/AJGN9T.pdf.

Neuberger, Christoph (2005a): Formate der aktuellen Internetöffentlichkeit. Über das Verhältnis von Weblogs, Peer-to-Peer-Angeboten und Portalen zum Journalismus. In: Medien und Kommunikationswissenschaft, Jg. 53., Nr. 1. S. 73-92.

Neuberger, Christoph (2005b): Weblogs verstehen. Über den Strukturwandel der Öffentlichkeit im Internet. In: Picot, Arnold/Tim Fischer (Hrsg.): Weblogs professionell. Grundlagen, Konzepte und Praxis im unternehmerischen Umfeld. Hannover. S. 113-129.

Neumann-Braun, Klaus (2000): Das Ende des Privaten? Web Cam-Angebote und deren Rezeption - eine Fallstudie. In: Kommunikation@Gesellschaft, Beitrag 1/2000. Online-Publikation: http://www.soz.uni-frankfurt.de/K.G/B1_2000_Neumann-Braun.pdf.

Neus, Andreas/Philipp Scherf (2005): Opening minds: cultural change with the introduction of open-source collaboration methods. In: IBM Systems Journal, Jg. 44, Nr. 2. S. 215-225.

Ó Baoill, Andrew (2004): Weblogs and the Public Sphere. In: Gurak, Laura/Smiljana Antonijevic/Laurie Johnson/Clancy Ratliff/Jessica Reyman (Hrsg.): Into the blogosphere: Rhetoric, community, and culture of weblogs. Online-Publikation: http://blog.lib.umn.edu/blogosphere/weblogs_and_the_public_sphere.html.

O'Reilly, Tim (2005): What is Web 2.0. Online-Publikation: http://www.oreillynet.com/pub/a/oreilly/tim/news/2005/09/30/what-is-web-20.html

Olbertz, Dirk (2004): Das Blog-Buch. Weblogs für Einsteiger und Profis. München.

Olbrich, Sophie (2005): Magere Ausbeute - in der Politik sind Weblogs noch selten. In: politik-digital.de, 14.4.2005. Online-Publikation: http://www.politik-digital.de/edemocracy/netzkultur/weblogs050414.shtml.

Olen, Helaine (2005) The New Nanny Diaries Are Online. In: New York Times, 17.7.2005. Online verfügbar: http://www.nytimes.com/2005/07/17/fashion/sundaystyles/17LOVE.html.

Ostleitner, Alexander/Michael Schuster (Hrsg.) (2004): Readme.txt. Twoday.net 2003-2004. Norderstedt.

Otto, Hans-Uwe/Nadia Kutscher/Alexandra Klein/Stefan Iske (2005): Soziale Ungleichheit im virtuellen Raum: Wie nutzen Jugendliche das Internet? Überarbeitete Fassung eines Forschungsberichts für die Bundesinitiative „Jugend ans Netz". Bielefeld. Online verfügbar: http://www.bmfsfj.de/Kategorien/Forschungsnetz/forschungsberichte,did=14282.html.

Palen, Leysia/Paul Dourish (2003): Unpacking „Privacy" for a Networked World. In: Proceedings of the SIGCHI Conference on Human Factors in Computing Systems. Fort Lauderdale. S. 129-136.

Paquet, Sébastien (2002): Personal knowledge publishing and its uses in research. In: Seb's Open Research, 3. Oktober 2002. Online-Publikation: http://radio.weblogs.com/0110772/stories/2002/10/03/personalKnowledgePublishingAndItsUsesInResearch.html.

"Parker" (Pseudonym) (2005): Frontline Blogging. In: This is rumour control, 20. April 2005. Online-Publikation: http://www.thisisrumorcontrol.org/node/2079.

Patil, Sameer/Alfred Kobsa (2004): Instant Messaging and Privacy. In: Proceedings of HCI 2004, Leeds. S.85-88. Online verfügbar: http://www.ics.uci.edu/~kobsa/papers/2004-HCI-kobsa.pdf.

Paus-Haase, Ingrid/Uwe Hasebrink/Uwe Mattusch/Susanne Keuneke/Friedrich Krotz (1999): Talkshows im Alltag von Jugendlichen. Der tägliche Balanceakt zwischen Orientierung, Amüsement und Ablehnung. Opladen.

Pax, Salam (2003): The clandestine diary of an ordinary Iraqi. New York.

Perschke, Rasco/Maren Lübcke (2005): Zukunft Weblog?! – Lesen, Schreiben und die Materialität der Kommunikation. Anmerkungen zu einem neuen Typus der On-line Kommunikation aus kommunikationstheoretischer Sicht. In: Schmidt, Jan/Schönberger, Klaus/Stegbauer, Christian (Hrsg.): Erkundungen des Bloggens. Sozialwissenschaftliche Ansätze und Perspektiven der Weblogforschung. Sonderausgabe von kommunikation@gesellschaft, Jg. 6. Online-Publikation: http://www.soz.uni-frankfurt.de/K.G/B7_2005_Perschke_ Luebke.pdf.

Perseus (2003): The Blogging Iceberg. Online-Publikation: http://www.perseus. com/blogsurvey/iceberg.html.

Perseus (2005): The Blogging Geyser. Online-Publikation: http://www.perseus. com/blogsurvey/geyser.html.

Picot, Arnold/Tim Fischer (Hrsg.) (2005): Weblogs professionell. Grundlagen, Konzepte und Praxis im unternehmerischen Umfeld. Hannover.

Pinchot, Gifford (1988): Intrapreneuring. Mitarbeiter als Unternehmer. Wiesbaden.

Pleil, Thomas (2005): Öffentliche Meinung aus dem Netz? Neue Internet-Anwendungen und Public Relations. In: Arnold, Klaus/Christoph Neuberger (Hrsg.): Alte Medien – Neue Medien. Theorien, Beispiele, Prognosen. Festschrift für Jan Tonnemacher. Wiesbaden. S. 242 - 262.

Poor, Nathaniel (2005): Mechanisms of an Online Public Sphere: The Website Slashdot. In: Journal of Computer-Mediated Communication, Jg. 10, Nr. 2. Online-Publikation: http://jcmc.indiana.edu/vol10/issue2/kvasny.html.

Postmes, Tom/Russell Spears/Martin Lea (2000): The Formation of Group Norms in Computer-Mediated Communication. In: Human Communication Research, Jg. 26, Nr. 3, July 2000. S. 341-371.

Proximity (2005): Corporate Blogging – Chance für den Dialog. Hamburg.

Putnam, Robert D. (2000): Bowling Alone. The collapse and revival of American community. London/New York.

Quintas, Paul (1996): Software by design. In: Mansell, Robin/Roger Silverstone (Eds.): Communication by Design. The politics of information and communication technologies. Oxford. S. 75-102.

Rainie, Lee (2005): The state of blogging. Pew Internet & American Life Project Data Memo. Januar 2005. Online verfügbar: http://www.pewinternet.org/pdfs/ PIP_blogging_data.pdf.

Rammert, Werner (1993): Technik aus soziologischer Perspektive. Forschungsstand – Theorieansätze – Fallbeispiele. Ein Überblick. Opladen.

Raymond, Eric (1999): The Cathedral & the Bazaar. Musings on Linux and Open Source by an accidental revolutionary. New York.

Reckwitz, Andreas (1997): Struktur. Zur sozialwissenschaftlichen Analyse von Regeln und Regelmässigkeiten. Opladen.

Reckwitz, Andreas (2003): Grundelemente einer Theorie sozialer Praktiken: Eine sozialtheoretische Perspektive. In: Zeitschrift für Soziologie, Jg. 32, Nr. 4, S. 282-301.

Reichmayr, Ingrid (2005): Weblogs von Jugendlichen als Bühnen des Identitätsmanagements. Eine qualitative Untersuchung. In: Schmidt, Jan/ Schönberger, Klaus/Stegbauer, Christian (Hrsg.): Erkundungen des Bloggens. Sozialwissenschaftliche Ansätze und Perspektiven der Weblogforschung. Sonderausgabe von kommunikation@gesellschaft, Jg. 6. Online-Publikation: http://www.soz.uni-frankfurt.de/K.G/B8_2005_Reichmayr.pdf.

Reid-Steere, Elizabeth (2000): Das Selbst und das Internet: Wandlungen der Illusionen vom einen Selbst. In: Thiedeke, Udo (Hrsg.): Virtuelle Gruppen. Charakteristika und Problemdimensionen. Wiesbaden. S. 273-291.

Reinhardt, Rüdiger/Martin J. Eppler (Hrsg.) (2004): Wissenskommunikation in Organisationen. Methoden, Instrumente, Theorien. Berlin u. a.

Renner, Karl-Heinz/Astrid Schütz/Franz Machilek (Hrsg.) (2005): Internet und Persönlichkeit. Differentiell-psychologische und diagnostische Aspekte der Internetnutzung. Göttingen u. a.

Reporters without Borders (2005): Handbook for Bloggers and Cyber-Dissidents. Paris. Online verfügbar: http://www.rsf.org/IMG/pdf/handbook_bloggers_ cyberdissidents-GB.pdf.

Rheingold, Howard (1994): Virtuelle Gemeinschaft. Soziale Beziehungen im Zeitalter des Computers. Bonn.

Robes, Jochen (2005): What's in it for me? Über den Nutzen von Weblogs für Wissensarbeiter. In: IM - Information Management & Consulting, Nr. 3. Online verfügbar: http://www.weiterbildungsblog.de/archives/whats_in_it_for_me.pdf.

Rogers, Everett M. (1983): Diffusion of Innovation. New York.

Röll, Martin (2005a): Corporate E-Learning mit Weblogs und RSS. In: Hohenstein, Andreas/Karl Wilbers (Hrsg.): Handbuch E-Learning. Expertenwissen aus Wissenschaft und Praxis. Ergänzungslieferung April 2005, Beitrag 5.11. Köln.

Röll, Martin (2005b): Knowledge Blogs. Persönliche Weblogs im Intranet als Werkzeuge im Wissensmanagement. In: Picot, Arnold/Tim Fischer (Hrsg.): Weblogs professionell. Grundlagen, Konzepte und Praxis im unternehmerischen Umfeld. Hannover. S. 95-110.

Rössler, Patrick (1997): Agenda Setting. Theoretische Annahmen und empirische Evidenzen einer Medienwirkungshypothese. Opladen.

Rössler, Patrick/Werner Wirth (2001): Inhaltsanalysen im World Wide Web. Probleme und Perspektiven. In: Wirth, Werner/Edmund Lauf (Hrsg.): Inhalts- analyse. Perspektiven, Probleme, Potenziale. Köln. S. 280-302.

Roush, Wade (2005): Social Machines. In: Technology Review. August 2005. Online verfügbar: http://www.technologyreview.com/articles/05/08/issue/feature_ social.asp.

Rucht, Dieter (2004): The quadruple ‚A'. Media strategies of protest movements since the 1960s. In: van de Donk, Wim/Brian D. Loader/Paul G. Nixon/Dieter Rucht (Hrsg.): Cyberprotest. New Media, Citizen and Social Movements. London/New York. S. 29-56.

Saxer, Ulrich (1999): Organisationskommunikation aus kommunikationswissen- schaftlicher Sicht. Eine Standortbestimmung. In: Szyszka, Peter (Hrsg.): Öffent- lichkeit. Diskurs zu einem Schlüsselbegriff der Organisationskommunikation. Opladen/Wiesbaden. S. 21-36.

Schenk, Michael (1995): Soziale Netzwerke und Massenmedien. Tübingen.

Schlobinski, Peter/Torsten Siever (Hrsg.) (2005): Sprachliche und textuelle Aspekte in Weblogs. Ein internationales Projekt. In: Networx, Nr. 46. Hannover. Online verfügbar: http://www.mediensprache.net/networx/networx-46.pdf.

Schmidt, Jan (2005a): Der virtuelle lokale Raum. Zur Institutionalisierung lokalbezogener Online-Nutzungsepisoden. München.

Schmidt, Jan (2005b): Der Einfluß von Weblogs auf Ankündigung und Rücklauf von Online-Befragungen. Berichte der Forschungsstelle „Neue Kommunikationsmedien" 05-02. Bamberg. Online verfügbar: http://www.fonk-bamberg.de/pdf/fonkbericht0502.pdf.

Schmidt, Jan (2005c): Wahlkampf ´05 in der Blogosphäre. In: politik-digital.de, 26.5.2005. Online-Publikation: http://www.politik-digital.de/edemocracy/wahlkampf/wahlkampf_blogosphere050525.shtml.

Schmidt, Jan/Florian Mayer (2006): Weblogs und Wikis in der universitären Lehre. Ergebnisse einer Seminarevaluation. Berichte der Forschungsstelle „Neue Kommunikationsmedien" 06-02. Bamberg. Online verfügbar: http://www.fonk-bamberg.de/pdf/fonkbericht0602.pdf.

Schmidt, Jan/Schönberger, Klaus/Stegbauer, Christian (2005b): Erkundungen von Weblog-Nutzungen. Anmerkungen zum Stand der Forschung. In: Dies. (Hrsg.): Erkundungen des Bloggens. Sozialwissenschaftliche Ansätze und Perspektiven der Weblogforschung. Sonderausgabe von kommunikation@ gesellschaft, Jg. 6. Online-Publikation: http://www.soz.uni-frankfurt.de/K.G/B4_2005_Schmidt_Schoenberger_Stegbauer.pdf.

Schmidt, Jan/Schönberger, Klaus/Stegbauer, Christian (Hrsg.) (2005a): Erkundungen des Bloggens. Sozialwissenschaftliche Ansätze und Perspektiven der Weblogforschung. Sonderausgabe von kommunikation@gesellschaft, Jg. 6. Online-Publikation: http://www.soz.uni-frankfurt.de/K.G/.

Schneider, Steven M./Kirsten A. Foot (2004): The web as an object of study. In: New Media and Society, Jg. 6, Nr. 1. S. 114-122.

Schnell, Rainer/Paul B. Hill/Elke Esser (2005): Methoden der empirischen Sozialforschung. 7. überarbeitete Auflage. München.

Schön, Stefan (2000): Gestaltung und Unterstuetzung von Communities of Practice. München.

Schönberger, Klaus (2000): Internet und Netzkommunikation im sozialen Nahbereich. Anmerkungen zum langen Arm des 'real life'. In: forum medienethik 2/2000: Netzwelten, Menschenwelten, Lebenswelten. Kommunikationskultur im Zeichen von Multimedia. S. 33-42.

Schönberger, Klaus (2005): Persistente und rekombinante Handlungs- und Kommunikationsmuster in der Weblog-Nutzung. Mediennutzung und soziokultureller Wandel. In: Schütz, Astrid/Stephan Habscheid/Werner Holly/Josef Krems/Günther G. Voß (Hrsg.): Neue Medien im Alltag. Befunde aus den Bereichen: Arbeit, Leben und Freizeit. Lengerich. S. 276-294.

Schönberger, Klaus (2006): Weblogs: Persönliches Tagebuch, Wissensmanagement-Werkzeug und Publikationsorgan. In: Schlobinski, Peter (Hrsg.): Sprache und Kommunikation in den Neuen Medien. DUDEN, Thema Deutsch, Bd. 7. Mannheim u. a. In Vorbereitung.

Schöneborn, Dennis B. (2005): Impression Management Beats Knowledge Management. Exploring the (In-)Visibility of Decision Processes in Project Documentation. Vortrag bei der "First European Communication Conference", 24.-26.11.2005, Amsterdam.

Schulze, Gerhard (1992): Die Erlebnisgesellschaft. Frankfurt/New York.

Schuster, Michael (2004): Applying Social Network Analysis to a small Weblog Community: Hubs, Power Laws, the Ego Effect and the Evolution of Social Networks. Vortrag bei der Konferenz „Blogtalk 2.0", 5-6.7.2004, Wien. Online verfügbar: http://www.knallgrau.at/blogtalk/files/twoday.net_network.pdf.

Scott, Esther (2004): „Big Media" meets the „Bloggers": Coverage of Trent Lott's Remarks at Strom Thurmond's Birthday Party. Kennedy School of Government Case Study C14-04-1731.0. Online verfügbar: http://www.ksg.harvard.edu/ presspol/Research_Publications/Case_Studies/1731_0.pdf.

Shirky, Clay (2002): Weblogs and the Mass Amateurization of Publishing. In: Clay Shirky's Writings about the Internet, 3.10.2002. Online-Publikation: http://www.shirky.com/writings/weblogs_publishing.html.

Shirky, Clay (2003): Power Laws, Weblogs, and Inequality. In: Clay Shirky's Writings about the Internet, 8.2.2003. Online-Publikation: http://www.shirky.com/ writings/powerlaw_weblog.html.

Siegert, Michael T./Michael Chapman (1987): Identitätstransformationen im Erwachsenenalter. In: Frey, Hans-Peter/Karl Haußer (Hrsg.): Identität. Entwicklungen psychologischer und soziologischer Forschung. Stuttgart. S. 139-150.

Sifry, David (2005): State of the Blogosphere, October 2005. In: Sifry's Alerts, 17.10.2005. Online-Publikation: http://www.sifry.com/alerts/archives/ 000343.html.

Simmel, Georg (1895/1995): Zur Psychologie der Mode. Soziologische Studie. In: Dahme, Heinz-Jürgen/Otthein Rammstedt (Hrsg.): Georg Simmel – Schriften zur Soziologie. Eine Auswahl. Frankfurt. S. 131-139.

Simmel, Georg (1908/1999): Soziologie. Untersuchungen über Formen der Vergesellschaftung. Band 11 der Gesamtausgabe (Hrsg. von O. Rammstedt), 3. Auflage. Frankfurt.

Singer, Jane B. (2005): The political j-blogger. ‚Normalizing' a new media form to fit old norms and practices. In: Journalism, Jg. 6, Nr. 2. S. 173-198.

Smith, Marc (2003): Measures and Maps of Usenet. In: Lueg, Christopher/Danyel Fisher (Hrsg.): From Usenet to CoWebs. Interacting with Social Information Spaces. London. S. 47-78.

Snell, James (2005): Blogging@IBM. In: Developer Works, 16.5.2005. Online-Publikation: http://www-128.ibm.com/developerworks/blogs/dw_blog_ comments.jspa?blog=351&entry=81328.

Sorapure, Madeleine (2003): Screening moments, scrolling lives: Diary writing on the web. In: Biography, Jg. 26, Nr. 1. S. 1-23.

Spiegel Online (2005): Sonys Copyrightschutz verletzt Copyright. 19.11.2005. Online-Publikation: http://www.spiegel.de/netzwelt/politik/ 0,1518,385736,00.html.

Stafford, Laura/Susan Kline/John Dimmick (1999): Home e-mail: relational maintenance and gratification opportunities. In: Journal of broadcasting & electronic media, Jg. 43, Nr. 4, S. 659-669.

Stegbauer, Christian (2001): Grenzen virtueller Gemeinschaft. Strukturen internet-basierter Kommunikationsforen. Wiesbaden.

Stieler-Lorenz, Brigitte/Yvonne Paarmann (2004): Wissenskommunikation und Lernen in Organisationen. In: Reinhardt, Rüdiger/Martin J. Eppler (Hrsg): Wissenskommunikation in Organisationen. Methoden, Instrumente, Theorien. Berlin u. a. S.177-197.

Stöber, Rudolf (2003): Mediengeschichte. Die Evolution „neuer" Medien von Gutenberg bis Gates. Eine Einführung. Zwei Bände. Wiesbaden.

Strauss, Anselm/Juliet Corbin (1990): Grounded Theory. Grundlagen qualitativer Sozialforschung. Weinheim.

Sullivan, Andrew (2002): The Blogging Revolution. Weblogs Are To Words What Napster Was To Music. In: Wired, Jg. 10, Nr. 5. Online verfügbar: http://www.wired.com/wired/archive/10.05/mustread.html?pg=2.

Sunstein, Cass (2004): Democracy and Filtering. In: Communications of the ACM, Jg. 47, Nr. 12, S. 57-59.

Süss, Daniel (2004): Mediensozialisation von Heranwachsenden. Dimensionen – Konstanten – Wandel. Wiesbaden.

Taylor, James R. (2001): The „Rational" Organization Reconsidered: An Exploration of Some of the Organizational Implications of Self-Organizing. In: Communication Theory, Jg. 11, Nr. 2, S. 137-177.

Terdiman, Daniel (2004): Bloggers suffer burnout. In: Wired.com, 8.7.2004. Online-Publikation: http://www.wired.com/news/culture/0,1284,64088,00.html.

The Economist (2005): Chief humanising officer. 10.2.2005. Online verfügbar: http://www.economist.com/people/displaystory.cfm?story_id=3644293.

Theis-Berglmair, Anna M. (2003): Organisationskommunikation. Theoretische Grundlagen und empirische Forschungen. 2. Auflage. Münster.

Thomas, Angela (2005): Fictional Blogging and the Narrative Identities of Adolescent Girls. Vortrag bei der Konferenz „BlogTalk Downunder", 18-22.5.2005, Sidney. Online verfügbar: http://incsub.org/blogtalk/images/AngelaThomasBlogPaper.doc.

TNS Infratest (2005): (N)Onliner Atlas 2005 - Eine Topographie des digitalen Grabens durch Deutschland. Hamburg.

Tricas, Fernando/Victor Ruiz/Juan Merelo (2003): Do we live in a small world? Measuring the spanish-speaking blogosphere. Vortrag bei der Konferenz „Blogtalk 2.0", 5-6.7.2004, Wien. Online verfügbar: http://geneura.ugr.es/~jmerelo/habilitacion2005/papers/65.pdf.

Turkle, Sherry (1998): Leben im Netz. Identität im Zeitalter des Internet. Reinbek bei Hamburg.

Van den Hooff, Bart/Mareike Weyers/Dominique Peters/Jos de Lange (2005): Technological facilitation of knowledge sharing in communities of practice. Vortrag bei der Jahrestagung der ICA, Communication and Technology Division, 26.-30.5.2005, New York.

van Eimeren, Birgit/Heinz Gerhard/Beate Frees (2004): Internetverbreitung in Deutschland: Potenzial vorerst ausgeschöpft? ARD/ZDF-Online-Studie 2004. In: Media-Perspektiven, 8/2004, S. 250-270.

Venolia, Gina (o.J.): A Matter of Life or Death: Modeling Blog Mortality. Unveröffentlichter Forschungsbericht. Redmond. Online verfügbar: http://research.microsoft.com/~ginav/ljmodeling.pdf.

Viégas, Fernanda B. (2005): Bloggers' Expectations of Privacy and Accountability. An Initial Survey. In: Journal of Computer-Mediated Communication, Jg. 10, Nr. 3, Beitrag 12. Online-Publikation: http://jcmc.indiana.edu/vol10/issue3/viegas.html.

Von Rosenbladt, Bernhard (Hrsg.) (2001): Freiwilliges Engagement in Deutschland. Freiwilligensurvey 1999. Schriftenreihe des Bundesministeriums für Familie, Senioren, Frauen und Jugend, Band 194.1. 2. korrigierte Auflage. Stuttgart.

Wackå, Frederick (2005): Policies compared: Today's corporate blogging rules. In: CorporateBloggingBlog, 6.6.2005. Online-Publikation: http://www.corporateblogging.info/2005/06/policies-compared-todays-corporate.asp.

Wagner, Rose MM (1998): Community Networks in den USA. Von der Counterculture zum Mainstream? Hamburg.

Wagner, Sandra (2004): Die Nutzung des Internet als Medium für die politische Kommunikation: Reinforcement oder Mobilisierung? In: Brettschneider, Frank/Jan van Deth/Edeltraud Roller (Hrsg.): Die Bundestagswahl 2002 - Analysen der Wahlergebnisse und des Wahlkampfes. Wiesbaden. S. 119-141.

Wall, Melissa (2005): ,Blogs of War'. Weblogs as news. In: Journalism, Jg. 6, Nr. 2, S. 153-172.

Warneken, Bernd-Jürgen/Andreas Wittel (1997): Die neue Angst vor dem Feld. Ethnographisches Research up am Beispiel der Unternehmenskulturforschung. In: Zeitschrift für Volkskunde, Jg. 93, Nr. 1, S. 1–17.

Webster, Frank (1995): Theories of the Information Society. London.

Wei, Carolyn (2004): Formation of Norms in a Blog Community. In: Gurak, Laura/Smiljana Antonijevic/Laurie Johnson/Clancy Ratliff/Jessica Reyman (Hrsg.): Into the blogosphere: Rhetoric, community, and culture of weblogs. Online-Publikation: http://blog.lib.umn.edu/blogosphere/formation_of_norms.html.

Weinberger, David (2002): Small pieces loosely joined. A unified theory of the web. Cambridge, Mass.

Weiser, Mark (1991): The computer for the 21st century. In: Scientific American, Januar 1991. S. 19-25. Online verfügbar: http://www.sis.pitt.edu/~dist/coursePages/IS2470/weiser_overview.pdf.

Welker, Martin (2005): Weblogs: Ein neues Werkzeug für Journalisten? In: Picot, Arnold/Tim Fischer (Hrsg.): Weblogs professionell. Grundlagen, Konzepte und Praxis im unternehmerischen Umfeld. Hannover. S. 157-172.

Welker, Martin/Andreas Werner/Joachim Scholz (2005): Online-Research. Markt- und Sozialforschung mit dem Internet. Heidelberg.

Wellman, Barry (1999a) (Hrsg.): Networks in the global village. Life in contemporary communities. Boulder, Co..

Wellman, Barry (1999b): The Network Community: An Introduction. In: Ders. (Hrsg.): Networks in the global village. Life in contemporary communities. Boulder. S. 1-47.

Wellman, Barry (2001): Physical Place and Cyberplace: The Rise of Personalized Networking. In: International Journal of Urban and Regional Research, Jg. 25, Nr. 2, S. 227-252.

Wellman, Barry/Keith Hampton (1999): Living Networked On and Offline. In: Contemporary Sociology, Jg. 28, Nr. 6, S. 648-654.

Wellman, Barry/Milena Gulia (1999): The Network Basis of Social Support: A Network is more than the Sum of Its Ties. In: Wellman, Barry (Hrsg.): Networks in the global village. Life in contemporary communities. Boulder. S. 83-118.

Wenger, Etienne/Richard McDermott/William M. Snyder (2002): Cultivating communities of practice: a guide to managing knowledge. Boston.

Westner, Michael (2005): Übersicht über aktuelle Weblog-Skripte und –Services. In: Picot, Arnold/Tim Fischer (Hrsg.): Weblogs professionell. Grundlagen, Konzepte und Praxis im unternehmerischen Umfeld. Hannover. S. 175-190.

Weyer, Johannes (2000): Einleitung. Zum Stand der Netzwerkforschung in den Sozialwissenschaften. In: Ders. (Hrsg.): Soziale Netzwerke. Konzepte und Methoden der sozialwissenschaftlichen Netzwerkforschung. München. S. 1-34.

Wijnia, Elmine (2004): Understanding Weblogs: a communicative perspective. In: Burg, Thomas (Hrsg.): BlogTalks 2.0: The European Conference on Weblogs. S. 38-82. Online verfügbar: http://elmine.wijnia.com/weblog/archives/wijnia_understandingweblogs.pdf.

Willke, Helmut (1998): Organisierte Wissensarbeit. In: Zeitschrift für Soziologie, Jg. 27, Nr. 3, S. 161-177.

Winston, Brian (1998): Media, Technology and Society. A History: From the Telegraph to the Internet. London/New York.

Wolf, Anneke (2002): Diaristen im Internet. Vom schriftlichen Umgang mit Teilöffentlichkeiten. In: Kommunikation@Gesellschaft, Jg. 3, Beitrag 6. Online-Publikation: http://www.uni-frankfurt.de/fb03/K.G/B6_2002_Wolf.PDF.

Wresch, William (1996): Disconnected: Haves and Have-Nots in the Information Age. New Brunswick.

Wu, Fang/Bernardo A. Huberman (2004): Social Structure and Opinion Formation. Research Paper der HP Labs. Palo Alto. Online verfügbar: http://www.hpl.hp.com/research/idl/papers/opinions/opinions.pdf.

Zerfaß, Ansgar (1996): Unternehmensführung und Öffentlichkeitsarbeit. Grundlegung einer Theorie der Unternehmenskommunikation und Public Relations. Opladen.

Zerfaß, Ansgar (2005): Weblogs als Meinungsmacher: Neue Spielregeln für die Unternehmenskommunikation. In: Bentele, Günter/Manfred Piwinger/Gregor Schönborn (Hrsg.): Kommunikationsmanagement. Strategien, Wissen, Lösungen (Loseblattwerk). Neuwied.

Zerfaß, Ansgar/Dietrich Boelter (2005): Die neuen Meinungsmacher. Weblogs als Herausforderung für Kampagne, Marketing, PR und Medien. Graz.

Zerfaß, Ansgar/Swaran Sandhu (2005): CEO-Blogs: Personalisierung der Online-Kommunikation als Herausforderung für die Unternehmensführung. In: Picot, Arnold/Tim Fischer (Hrsg.): Weblogs professionell. Grundlagen, Konzepte und Praxis im unternehmerischen Umfeld. Hannover. S. 51-75.

Matthias Kohring
Vertrauen in Journalismus
Theorie und Empirie
2004, 302 Seiten, broschiert
ISBN 3-89669-442-1

Freimut Duve, Michael Haller (Hg.)
Leitbild Unabhängigkeit
Zur Sicherung publizistischer
Verantwortung
2004, 278 Seiten, broschiert
ISBN 3-89669-460-X

Oliver Quiring
Wirtschaftsberichterstattung und Wahlen
2004, 300 Seiten, broschiert
ISBN 3-89669-437-5

Matthias Kohring
Wissenschaftsjournalismus
Forschungsüberblick und
Theorieentwurf
2005, 340 Seiten, broschiert
ISBN 3-89669-482-0

Christoph Fasel (Hg.)
Qualität und Erfolg im Journalismus
2005, 358 Seiten, broschiert
ISBN 3-89669-700-5

Susanne Fengler, Stephan Ruß-Mohl
Der Journalist als »Homo oeconomicus«
2005, 224 Seiten, broschiert
ISBN 3-89669-466-9

Matthias Michael
Spiegel-TV
Analyse eines politischen
Fernsehmagazins
2005, 290 Seiten, broschiert
ISBN 3-89669-493-6

www.uvk.de

Michael Haller (Hg.)
Das freie Wort und seine Feinde
Zur Pressefreiheit in den Zeiten
der Globalisierung
2003, 226 Seiten, broschiert
ISBN 3-89669-430-8

Heinz Bonfadelli, Thomas Friemel
**Kommunikationskampagnen im
Gesundheitsbereich**
Grundlagen und Anwendungen
2006, ca. 160 Seiten, broschiert
ISBN 3-89669-579-7

Martina Leonarz
Gentechnik im Fernsehen
Eine Framing-Analyse
2006, ca. 310 Seiten, broschiert
ISBN 3-89669-504-5

Bernhard Debatin,
Rüdiger Funiok (Hg.)
Kommunikations- und Medienethik
2003, 264 Seiten, broschiert
ISBN 3-89669-371-9

Matthias Thiele
**Flucht, Asyl und Einwanderung
im Fernsehen**
2005, 350 Seiten, broschiert
ISBN 3-89669-497-9

Sascha Ott
Information
Zur Genese und Anwendung
eines Begriffs. Mit einem Vorwort
von Rafael Capurro
2004, 362 Seiten, broschiert
ISBN 3-89669-459-6